정치사상의 거장들 II

근 · 현대편 J. 로크에서 M. 베버까지

한스 마이어/호르스트 덴처 엮음 | 김준수 옮김

시와 진실

차 례

머 리 말

만일 우리가 더 이상 미래를 믿지 않게 된다면,
과거도 더 이상 온전하게 우리의 과거가 되지 못할 것이다.
그것은 죽은 문명의 과거가 되고 말 것이다.
T. S. 엘리엇, 『고전이란 무엇인가?』(1944)

문학의 거장들—이는 오래전부터 쓰이던 정평 있는 개념이다. 그리고 문학의 거장들을 편찬한 책은 어떤 사람에게는 유용해 보이고, 또 어떤 사람에게는 어쩌면 관습적인 것으로 보일 수도 있겠지만, 하여간 아무도 그것을 놀랍게 여기지는 않을 것이다. 그러나 정치사상의 거장들(고전 작가들**Klassiker**)? 마치 오늘날 '고전적' 요리책, '고전적' 추리소설, '고전적' 연인이라고 말할 때와 흡사하게 여기서 고전이라는 명예로운 칭호가 과도하게 확대되어 남용되는 것은 아닌가? 정치적인 것이 도대체 그와 같은 문학의 범주에 속할 수 있는가? 거장에 대한 생트-뵈브(Ch. A. Saint-Beuve)의 다음과 같은 정의가 시인이라는 쌍둥이 형제에게 타당하듯이 정치에 관해 글을 쓰는 저술가에게도—그가 제대로 쓴다고 가정할 경우에—마찬가지로 간결하고 분명하게 타당한가?

가치와 특징을 지닌 작가, 중요하게 인식되는 작가, 태양에 빛을 지고 있는 작가, 프롤레타리아 군중과 뒤섞여 있지 않은 작가.(『월요이야기 Ⅲ』*Causerie du lundi* Ⅲ, 1850)

실제로 이 책에 모아 놓은 여러 정치 저술가들이 이론의 여지 없이 한 가지 사상적 흐름이나 형태 사조로 함께 배열되지는 않는다. 그보다 오히려 그들 중 상당수는—그들이 같은 시간에 한 장소에 모여 있다고 가정해 본다면—서로 다투며 논박하고 논쟁하는 관계에 있다. 또한 그들은 정서나 사유의 영역에 영향을 주었을 뿐만 아니라 정치적 실천과 인간의 공동생활에 영향을 미치면서 변화시켰고 또 오늘날까지도 여전히 변화시키고 있다는 점에서도 순수문학의 거장들과 구별된다. 흔히 생각하기에 시대를 초월하고 항구적으로 타당하며 인간에게 보편적인 것이라는 관념과 결부되어 있는 고전이라는 칭호에 대한 권리 주장이 이들 사상가에게 어떤 근거에서 통용될 수 있겠는가?

이에 대한 첫 번째 답변은 표준적 목록(Kanon)[1]의 형성이라고 부를 만한 현상이 순수문학에서와 마찬가지로 정치사상의 분야에서도 존재한다는 것이다. 수많은 저작물들과 저자들 중에서 점차로 모범적이고 제1급의 것들(classici)이 결정(結晶)되어 간다. (라틴어로 'classicus' 라는 단어는 원래 최상위 납세 계층에 속한 사람들을 뜻한다!) 이 과정에는 문학 비판과 평가만큼이나 또한 세평과 독자들의 취향이 관여한다. 저자와 사회, 문학 작품과 역사적 시대 사이의 사회적·문화적 친화성도 하나의 역할을 한다. 간단히 말해서 고전의 기준은 오랜 기간 동안의 분화된 과정 속에서 형성된다. 정치에서 권위에 기대어 (독일에서는 빌헬름 1세[Wilhelm Ⅰ]에게 그렇게 하려고 했던 것처럼) 어느 한 정치가에게 '위인' 이라는 칭호를 부여하거나 혹은 (프리드리히 대제[Friedrich der Große]에게 일어났던 것처럼) 그 사람에게서 이 칭호를 추후에 다시 박탈하거나 할 수 없듯이, 정치의 문학적 거장을 서임하는 문제에서 문체론적·문학적 권위만이 유일하게 결정적인 관점인 것은 아니다. 중요한 것은 결국 늘—문학에서 매우 일반적이듯이—어느 한 고전적 작가가 통과해야 하는 시간의 시험이다. 왜냐하면 T. S. 엘리엇이 거장 버질(Vergil)에 대한 연구에서 말했듯이, "어느 한 고전이 고전으로 알려질 수 있는 것은 다만 회고적인 지혜, 즉 역사적 조망 속에서 얻어지는 지혜를 통해서이기 때문

1) (이하의 각주는 모두 역자에 의한 것이고, 원문에는 각주가 달려 있지 않다.) Kanon이 규범, 규준, 표준의 의미가 있으나, 문맥상으로 볼 때에 여기서는 누구를 고전 작가로 볼 것이냐 하는 '표준적 목록' 이 더 나아 보인다.

이다."(『고전이란 무엇인가?』, 1944)

서구의 전통에서 그런 고전적으로 정치적인 것에 대한 표준이 실제로 존재한다는 점은 의심할 여지가 없다—일치된 견해에 의해 거장이라는 술어를 부여받아 마땅한 작품들과 작가들의 주요 구성 요소에 대해서는 최소한 쉽게 합의할 수 있을 것이다. 고대와 중세에 대해서는 더더욱 그러하다. 플라톤(Platon), 아리스토텔레스(Aristoteles), 키케로(M. T. Cicero), 아우구스티누스(A. Augustinus,) 단테(A. Dante)는 물어볼 필요 없이 이 범주에 들어간다. 하지만 보편성이나 영향력에서 이들보다 뒤떨어지는 폴리비우스(Polybius), 암브로시우스(Ambrosius), 솔즈베리의 존(Johann von Salisbury), 파도바의 마르실리우스(Marsilius von Padua) 같은 저술가들 역시 거장의 범주에 들어간다. 근대에서는 선정하기가 더 까다로워진다. 정치적 언술들은 더욱 전문화되고, 민족적 차이가 더욱 첨예하게 드러나기 때문이다. 그러나 여기서도 또한 시간이 지나감에 따라 고대나 중세와 마찬가지로 유사한 표준이 형성되었다. 마키아벨리(N. Machiavelli), 보댕(J. Bodin), 비토리아(Fr. Vitoria), 그로티우스(H. Grotius), 홉스(Th. Hobbes), 푸펜도르프(S. Pufendorf) 등은 기본이 되는 인물들이다. 그 뒤를 근대 입헌 국가의 거장들인 로크(J. Locke), 몽테스키외(Montesquieu), 연방주의자들(The Federalist)과 칸트(I. Kant)가 잇고, 그 다음에는 루소(J.-J. Rousseau)에서 시작하여 헤겔(G. W. F. Hegel)과 토크빌(A. Tocqueville)과 마르크스(K. Marx)를 거쳐 니체(Fr. Nietzsche)에 이르는 근대의 혁명 이론가들이 잇는다. 그들과 함께 새롭고 아직 종결되지 않은 정치사상의 단계가 시작된다. 대략 이 정도의 저자들이 영·미의 정치이론서들을 찾아볼 때 발견되는 사람들이다. 또한 (사빈느[G. H. Sabine], 슈트라우스[L. Strauss]/홉슨[J. A. Hobson,] 투샤르[J. Touchard], 베르크슈트레서[A. Bergstresser]/오베른되르퍼[D. Oberndörfer] 등이 집필한) 좀 더 수준 높은 교재와 문헌집들 역시 이런 표준에서 출발한다. 더 나아가 영국의 블렉웰(Blackwell), 프랑스의 플레야드(Pléjade), 독일의 『정치학의 거장들』(*Klassiker der Politik*) 같은 대규모의 거장 시리즈도 마찬가지이다. 우리가 여기서 보고 있는 인물들은 문법학교에서 읽을거리를 담고 있는 고대와 중세 저술가들의 목록에 있는 것과 같은 대표적인 저자들이다. 본보기라는 의미에서 교육적 양식(様式)과 취향의 형성을 위한 고전성에서 말이다. 이때 어느 한 저자를 목록에 받아들이는 근거에 대한 정당화는 다만 그것이 이런 목적을 위해서 사용할 만한 문헌이라는 점에 있다.

그런데 문헌적 표준이 존재한다는 것은 단지 형식적인 논거, 전통주의적인 논거일 따름이다. 그러면 내용적으로 정치사상의 거장들이라고 말할 수 있는 권리를 주는 것은 무엇인가? 언어의 정확성이나 문학적 전형성(典型性)이 정치적 저자들에게도 물론 중요하지 않은 것은 아니지만, 이런 것이 그와 같은 권리를 주는 것은 아니다. 그런 기준에 따른다면 프랑스에서는 이를테면 콩트(A. Comte) 같은 사람은 글을 매끄럽게 쓰지 못하기 때문에 정치적 거장의 목록에 오르기가 쉽지 않을 것이다. 그리고 독일에서도 조금 더 엄격한 문학적 기준이 있었더라면 헤겔은 물론, 심지어 피히테(J. G. Fichte)나 막스 베버(Max Weber)도 마찬가지 사정이었을 것이다. 반면에 홉스처럼 이종동체(異種同體)적인 정신은 당대나 후세의 그 모든 거부에도 불구하고 선명하고 힘 있는 문체 덕분에 오늘날까지 명성을 이어가고 있다. 또한 형식적으로는 까다로울 게 없는 『연방주의자 논집』(*The Federalist Papers*)은 그 저널리즘적 신선함과 사람을 끌어들이는 복잡하지 않은 언술 방식 덕분에 보다 더 강력한 당대인들 가운데에서도 어렵지 않게 자신을 내세울 수 있었다. 그러나 고전의 반열에 오르려면 그보다 더 많은 것이 필요하다. 위대한 정치적 작품은 언어적 · 문학적 특질을 넘어서 그것이 기획되고 집필의 목적이 되는 사회와 특별한 관계에 있어야만 한다. 새로운 경험, 정치적 공동생활을 위해 건설적인 인식, 사회에 대한 권리 주장이 그 작품 속에 표명되어 있어야 한다—오늘이 아니라면 내일이라도 반향을 일으키고 받아들여지는 것, 저자 개인과 그가 살아가는 시대를 넘어서 지속적으로 영향을 미치는 것이어야 한다. 정치적 작품이 저자가 살아 있는 동안에 그 작용력의 절정에 도달하는 것이 반드시 필요하지는 않으며 또한 드문 일이기도 하다. 정치적 문헌에서 사상이 곧 행위가 되는 일은 매우 드물다. 중요한 저술가들이 무명으로 남아 있다가 사후에 비로소 뜻밖의 부흥기를 맞아 다시 세상에 드러나곤 한다. 그러나 우리가 정치사상의 거장이라고 말할 수 있는 것은 오직 그의 작품이 한 번은, 그것이 비록 짧은 기간이라 할지라도, 한 시대의 정치적 이념과 표상의 중심에 서 있었을 경우, 한 사회를 대표하는 경우—그리고 또 한 가지 결코 무시할 수 없는 조건으로서—그것이 보편적으로 파급될 가능성과 또한 역사 속에서 계속 영향을 미칠 만한 힘을 지닌 경우뿐이다.

정치적 고전 작품이란 당장의 일상이나 정치 시국에 일시적인 영향을 미치는 것만으로는 부족하고 그 작용 기간이 길다는 점, 달리 말하자면 목전의 정치가 미치는 작용 기간보다 느리다는 점이 이미 여기서 분명해진다. 정치계의 이론가와 분석가들이 이를 인식하지 못했을 때, 그들이 심지어 때때로 맹목적인 열정을 가지고 자신의 사상의 공적 영향력을 인위적으로 증대시키려고 시도했을 때, 그들은 대부분 정치의 함정과 덫에 좌초하고 말았다. 적어도 그들의 글과는 달리 그들의 실천적 정치 행위는 급속히 퇴색한다. 플라톤이라는 사람이 정치사에 남아 있는 것은 『국가』(*Politeia*)와 『법률』(*Nomoi*)의 저자로서이지 디온(Dion)의 조언자로서가 아니다. 또한 아리스토텔레스라는 사람이 남아 있는 것도 당대의 국가 헌정들을 모으고 체계화한 사람으로서이지 마케도니아(Macedonia) 왕자의 교사로서가 아니다. 마키아벨리의 『군주론』(*Principe*)은 피렌체(Firenze)의 민병대보다 훨씬 더 꿋꿋하게 시대의 폭풍을 견디어냈다. 그리고 루소가 코르시카(Corsica)와 폴란드를 위해서 만든 헌법 초안은 이 나라들의 정치적 운명에 거의 영향을 미치지 못했던 반면, 그의 『사회계약론』(*Contrat social*)은 근대 혁명의 기본서가 되었다. 정치사상의 거장들 가운데는 물론 정치가들이나 외교관들도 있었다.—키케로, 토머스 모어(Thomas Morus), 그로티우스, 토크빌 등은 그런 사람들 중 몇몇 탁월한 예들이다—그러나 그들은 예외적인 경우이고 일반적인 현상은 아니다. 정치에 대한 분석적 · 철학적 태도가 정치 관직의 실천적 감각과 동반하는 경우는 매우 드문 것 같다. 이 말이 이들 저술가가 정치 무대의 중립적이고 열정 없는 관찰자라는 뜻은 아니다. 정치에 관해서 글을 쓰는 사람 중 어느 누구도 그 시대의 정치적 혼란에 얽혀 들어가지 않을 수 없었다. 정치에 관해서 글을 쓰게 된 최초의 계기가 때로는 정치 체제에 대한 환멸이기도 하고(플라톤, 마키아벨리), 때로는 정치 저술가들 자신이 정당에 가입하기도 했으며(시에예스[J. E. Sieyes], 버크[E. Burke]), 또 때로는 새로운 정치 질서의 전령을 자처하기도 했다(단테, 루소, 콩트). 그러나 위대한 정치적 문헌들이 미치는 측정할 수 있고 파악할 수 있는 영향들의 대부분은 그 당시의 환경이나 동시대인들의 범위 내에 있지 않다. 생각의 변화가 실천적 태도의 규범으로 전화되기까지는 오랜 시간을 필요로 한다. 어느 정도 거리가 생기고 나서야 '개념화된' 철학적 정치가 지닌, 강력하고 관점을 규정하며 사건을 유발시키는, 작용이 드러난다—그렇게 되고 나면 그 작용이 아주 강력해져서 속물적 회의만이 역사 속에 드러난 관념의 영향력을 과소평가한다. 플라톤, 아우구스티누스, 루소, 헤겔, 마르크스, 니체 등이 그런 영향력을 지녔던 저술가들이다.

그렇지만 다시 한 번 질문해 보자. 여기 모아 놓은 사상가들의 목소리는 합창이 아니라 혼란스러운 소음만을 낳을 만큼 끊임없이 서로 반목하고 있는 것은 아닌가? 고전적인 것이 되려면 통일성, 일치, 지속성, 전통에 뿌리내림도 있어야 하지 않는가? 문학의 거장들에게서보다 정치적 거장들에게서 내적 통일성을 발견하기가 훨씬 더 어렵다는 점은 확실하다. 그렇다고 그들에게서 통일성이 전적으로 결여되어 있는 것은 아니다. 왜냐하면 자세히 살펴보면, 모든 고전적인 저자들은 정치적인 것에 대해 특수한 태도를 취하고 특수한 과제를 수행하기 때문이다. 첫째로 그들은 상기시킨다. 즉 그들은 정치 일상의 소음 속에서 (그 소음은 예나 지금이나 중요한 것보다도 그리고 때로는 심지어 정치적인 것 자체보다도 더 큰 소리를 내는데) 공동체에 늘 제기되는 과제를 상기하도록 주의시키고, 그 과제를 망각했을 경우에는 통치자들로 하여금 그것을 기억해내도록 환기시킨다. 둘째로 그들은 평가한다. 그들은 현실 정치에서 매일같이 일어나는 일을 근원적으로 설정된 공동생활의 질서, 공동체의 근본 협약, (루소가 말하는) 원초적 협약(**première convention**)이라는 척도 아래 놓는다. 셋째로 그들은 비판한다. 사고의 전환에 대한 책무로서 그리고 개혁의 단초로서 현재의 상태에 대한 철학적 비판—이것이 폴리스(***Polis***)에 대한 소크라테스와 플라톤의 물음 이래 모든 학문적 정치의 근원이다. 왜냐 하면 철학자의 과제는 선(善)에 대해 반성하는 가운데 정치 행위의 목표들을 올바른 것이라고 근거짓거나 혹은 그른 것이라고 배척하는 것이기 때문이다. 그리고 이 점에서 철학자는 인간다운 삶과 관련된 참다운 정치와 조응한다.

위대한 정치사상가들 사이의 연관성을 이렇게 이해한다면, 그들이 가진 사상의 연속성이 천편일률적인 진술에 있는 것이 아니라 늘 다시 제기되는 질문의 집요함에 있음을 알 수 있을 것이다. 그러면 또한 왜 이 사상가들이 서로 상충하기도 하고, 또 왜 그들의 말이 서로 다른 시대에 서로 다르게 들리는지도 분명해진다. 모든 정치 질서는 역사 속에서 실현되고 또 그 속에서 실현되어야 하기 때문에, 항상 주어지는 문제의 구체적인 내용은 그때마다의 상황과 함께 변하고 정치적 진술의 내용도 함께 변한다. 좋은 정치 질서에 대해 묻는 늘 동일한 질문이 서로 다른 시대에 그리고 서로 다른 사회에서 서로 다른 답변을 하게끔 만든다. 그렇지만 정치이론이 현실 정치로 하여금 특수한 역사적 과제를 상기하도록 지시한다는 점에서 다음과 같은 일들은 모두 주어진 상태에 대한 철학적 비판이라는 의미에서 항상 동일한 과정이다. 보댕이라는 사람은 종교 전쟁과 내적 자기분열의 시대에 최종적인 심판관으로서 군주의 주권에 주목한다. 몽테스키외라는 사람은 왕권이 점점 더 법에서 이탈하는 시기에 군주들이 내리는 명령의 자의성에 대항하여 법률이라는 '성문화된 이성'(*ratio scripta*)에서 균형을 찾으려고 한다. 자유주의의 시대인 19세기에는 강단 사회주의자들이 프롤레타리아트에 대해 사회가 지고 있는 의무를 상기시킨다. 그리고 막스 베버는 정치가의 행동이 그의 심성에 따라서가 아니라 그 행동의 결과에 따라서 판단되어야 한다는 이유에서 이데올로기와 유착되어 있는 심성의 정치(**Gesinnungspolitik**)에 대항하여 책임 윤리(**Verantwortungsethik**)를 언급한다.

고전적인 정치적 저술가의 표준은 우리에게 정치적인 것의 이런 내적 통일성을 잘 상기시켜줄 수 있을 것이다. 특히 오늘날에는 훨씬 더 그러하다. 왜냐하면 동과 서, 남과 북의 민족적 · 문화적 특수 전통들이 (막스 셸러[**Max Scheler**]가 말하는) '상쇄의 시대'에 아직 불분명하지만 새로운 형태로 서로 교차하고 있기 때문이다. 그렇지만 정치사상에 대한 고찰은 또한 미래에 이루어질 수도 있을 정치적 통합이 단순히 기술적 과정의 결과가 아니라는 점, 늘 그렇듯이 오늘날 새로운 정치 질서는 오직 평화와 정의를 위한 노력, 즉 공동생활의 올바른 규범을 위한 적극적인 노력으로부터 생겨난다는 점을 보여준다. 기술적 보조가 정치가에게서 올바름에 대한 물음이라는 짐을 덜어주지는 못한다. 정치가에게 중요한 '의사 일정 안건'(***res agendae***)은 정치학을 자처하는 테크노크라시나 미래학이 말하는 '미래의 사안'(***res futurae***)이 아니다. 왜냐 하면 정치는 미리 주어진 미래의 지평이 아니라 질서를 만드는 형태화라고 하는, 늘 새롭게 제기되는 과제이기 때문이다—이 책에 등장하는 인물들에게서 분명해지듯이 정치 이론의 역사가 보여주는 내용도 이와 다르지 않다.

두 권으로 된 『정치사상의 거장들』은 **6**판을 거듭하며 **30**년 이상 동안 표준서로 인정받아 왔다. 마지막으로 절판된 이후 벡 출판사(**C. H. Beck-Verlag**)는 이 두 권의 책을 좀 더 얇은 형태로 좀 더 폭넓은 독자층에 맞추어서 벡 시리즈로 내기를 원했다. 그렇게 하는 데에는 완전히 새로운 개정이 필요하게 되었는데, 이를 기회로 게재 원고의 절반 이상을 좀 더 젊고 능력 있는 저자들에게 새롭게 맡길 수 있었다. 그렇게 함으로써 이 책이 앞으로도 수십 년 이상 그 명성을 유지할 수 있게 되기를 편집자와 출판사는 희망한다.

이 책의 용도에 대해 간략하게 안내하겠다. 이 책은 부담 없는 독서에 쓰일 수도 있고 학문적 길잡이와 연구에도 쓰일 수 있으며 또 그러해야 할 것이다—그래서 이 책에 실린 거장들에 대한 각각의 논문마다 그 사람에 대한 하나의 전체적인 상(像)으로 완결되도록 노력했다. 저자의 생애와 작품과 영향사가 짤막하나마 상세하게 서술된다. 각각의 논문 첫머리에는 전기(傳記) 연대표가 있고, 본문 뒤 책 마지막에는 참고 문헌 목록이 뒤따른다. 이 책이 각론적 성격을 가지고 있느니만큼 자세한 원전 인용이나 주석은 피했다. 그러나 연대표나 참고 문헌 목록이나 본문 중의 첫 번째 인용구에 설명되어 있는 약자로 표기한 짧은 인용문을 통해 독자 스스로 원문을 연구할 기회를 가질 수 있을 것이다. 독자들의 편의를 위해서 여기서 루돌프 베버-파스(Rudolf Weber-Fas)(1977), 노르베르트 회르스터(Norbert Hoerster)(1976, ²1992), 클라우스 아도마이트(Klaus Adomeit)(1992/95), 테오 슈탐멘(Theo Stammen)(1997) 등이 편찬한 문헌집들을 언급해두겠다. 문헌집들 중에서 절판되었던 기본 서적인 베르크슈트레서/오베른되르퍼의 편찬서(1962, ²1975)가 다행스럽게도 완전히 개정되어 벡 시리즈에서 『고전적 국가철학. 플라톤부터 루소까지 원문과 개설』(*Klassische Staatsphilosophie. Texte und Einführungen von Platon bis Rousseau*), 디터 오베른되르퍼(Dieter Oberndörfer)/베아테 로젠츠바이크(Beate Rosenzweig) 편, 뮌헨, 2000으로 출판되었다.

–한스 마이어Hans Maier

존 로크
John Locke(1632~1704)

– 연대표 –

1632년	8월 23일 (영국 남부에 위치한) 링턴 Wrington에서 출생. 아버지는 법률가였음.
1642년	종교 문제로 시민전쟁 발발. 크롬웰 O. Cromwell이 승리함.
1652년	옥스퍼드Oxford의 크라이스트 처치 칼리지 Christ Church College에서 학업을 시작.
1658년	문학석사 학위를 취득하고 교원으로 활동.
1660년	왕정복고. 로크는 이를 환영함. 찰스 2세 Charles II 즉위.
1660~61년	신앙 문제에서 공권력의 권리에 관하여 두 편의 논문을 집필. 자연과학과 의학에 관해 연구. 로버트 보일 Robert Boyle(입자론자)과 친교.
1664년	자연법에 관한 여덟 편의 에세이를 집필.
1665~67년	독일 클레베Kleve의 브란덴부르크Brandenburg 공국 주재 영국 공사의 비서관으로 활동하다가, 휘그Whig당의 정치 지도자이자 훗날 섀프츠베리 Shaftesbury 백작이 되는 앤터니 애슐리Anthony Ashley의 시의侍醫 및 비서가 됨. 종교적 관용의 문제에 관한 연구에 몰두.
1671년	『인간오성론』 *Essay Concerning Human Understanding*의 집필 준비에 착수함.
1672~75년	프랑스를 여행하며 프랑스의 철학자, 자연과학자, 의학자들과 접촉.

1679년	섀프츠베리 경의 독려로 『통치론』 *Two Treaties on Government*의 주요 내용을 초고로 작성.
1681~83년	섀프츠베리 경이 왕실의 압력으로 곤경에 처하여 망명을 할 수밖에 없게 됨. 로크 역시 네덜란드로 망명하여 그곳에서 『관용에 관한 서한』과 「교육에 관한 생각」을 집필.
1688~89년	명예혁명Glorious Revolution. 오렌지 공 윌리엄 3세 Wilhelm III 즉위. 로크도 런던London으로 귀환. 『관용에 관한 서한』*Epistola de Tolerantia*과 『통치론』을 익명으로 출판했고, 『인간오성론』도 출판함. 무역청 등에서 주요 관직들을 역임. 생애를 마칠 때까지 정치경제학(『이자의 하락과 화폐 가치의 상승이 미치는 영향에 관한 몇 가지 고찰』*Some Considerations of the Consequences of the Lowering of Interest and Raising the Value of Money*, 1692), 관용, 교육(『교육에 관한 몇 가지 생각』*Some Thoughts Concerning Education*, 1693) 그리고 지루한 논쟁에 연루되도록 만드는 종교(『그리스도교의 합리성』*The Reasonableness of Christianity*, 1695) 등의 문제에 관한 연구에 몰두. 자신의 주요 저작들의 수정판을 내기 위한 작업을 함.
1704년	10월 28일 사망.

Ⅰ. 지적인 면모

로크는 가장 중요한 근대 철학자 가운데 한 사람이다. 로크에 관한 연구로 해마다 수없이 많은 저서와 논문들이 쏟아져 나오고 있다. 그와 비슷한 면모를 지닌 홉스나 루소나 마르크스 같은 사상가들과 비교해 보더라도 로크는 가장 근대적인 사상가이다. 그는 어느 누구보다도 부르주아 시대의 철학적·정치적·경제적 세계상을 각인하는 데에 큰 공헌을 했기 때문이다. 철학자로서 로크는 감각주의자이자 공리주의자였다. 즉 그는 인식 능력 중에서 감각이 가장 우선하는 것이며, 인간은 본성상 자기 자신의 유익을 추구한다고 확신했다. 정치이론가로서 그는 근대 입헌국가의 원리를 정식화했다. 또한 그의 경제학적 사색은 사유재산을 경제활동의 중심에 놓았으며, 통화정책의 문제에서는 국가 개입주의를 비판했다.

아직 구시대의 세계상이 깊이 아로새겨져 있던 17세기에 어떻게 이처럼 미래지향적인 정신이 형성되어 나올 수 있었을까? 로크는 부르주아적인 환경에서 출생했다. 그는 크롬웰 시대에 옥스퍼드에 있는 명문 크라이스트 처치 칼리지에 입학하여 그곳에서 정신과학뿐만 아니라 자연과학을 포함한 폭넓은 관심을 가진 촉망받는 후속학자로서 두각을 나타냈다. 그는 인문학 연구 이외에도 물리학과 의학을 수학했고 저명한 의사가 되기까지 했다. 옥스퍼드 대학에서 여전히 학습되고 있던 전래의 아리스토텔레스적·스콜라적 세계상은 자연과학의 영역과 도덕철학 및 정치의 영역에서 로크가 얻은 통찰과 조화를 이룰 수가 없었다. 그래서 그는 전승된 세계상을 포기하고 자신의 인식론적 주저主著인 『인간오성론』에서 이를 해체하려는 시도를 했다.

로크는 일찍부터 현실정치와 접촉하게 되었다. 이와 관련하여 훗날 휘그당 정치가이자 스튜어트 왕가의 적수로서 1670년대에 정부 최고위직에 오르며 섀프츠베리 백작이 된 앤터니 애슐리 경과의 만남이 특히 중요하다. 애슐리 경과의 친교는 로크의 지평을 확장시켜 주었는데, 애슐리 경은 경제 문제와 특히 무역 문제에 정통했고 철학적 문제에도 관심을 가졌던 자유주의자였기 때문이다. 그는 로크로 하여금 신앙에 관한 사안에서 관용의 문제에 대해 깊이 생각해보도록 고무했다. 그런데 로크가 세상사에 능통할 수 있게 된 것은 프랑스 여행을 통해서였다. 이때 그는 경제적 · 사회적 · 종교적 상황에 대해 연구했으며, 무엇보다도 철학자, 자연과학자, 의학자들과 교류를 갖게 되었다. 그리하여 그는 글 한 줄 발표하기도 전에 영국과 프랑스의 '학자 공화국'에서 유명 인사가 되었다. 명예혁명이 일어난 후에 그의 철학적 삶에서 얻은 성과들이 짧은 기간 동안 연달아 출판되자, 로크는 유럽을 대표하는 위대한 정신으로서의 면모를 획득하게 되었다. 동시대의 그 누구도 로크만큼 계몽 철학의 발전에 지속적인 영향을 주지 못했다.

Ⅱ. 정치 이론의 형성

영국 시민전쟁의 경험이 로크의 정치사상에 미친 영향은 그의 대적자인 홉스의 정치사상에 미친 것 못지않게 크다. 그의 가풍은 그로 하여금 반反왕당파 혁명가인 올리버 크롬웰을 지지하게 만들었지만, 크롬웰의 통치를 경험한 후에 그는 종교 분파가 지배하는 덕

德의 공화국**Tugendrepublik**(도덕 이념에 의한 통치와 미덕의 완성을 추구하는 공화주의 정체)과 단절하게 되었다. 시민전쟁을 일으킨 주된 원인 가운데 하나가 예배의 외적 형식과 성가집의 구속성에 관한 갈등에 있었다. 그렇기 때문에 그는 예배의 외적 형식을 확정하는 권리는 정부 당국에 귀속한다는 견해를 옹호했다. 하지만 철학자로서의 로크는 이렇게 주장하는 데에 머물지 않고 그런 정부 당국의 권리를 지지하는 근거들을 추적했다. 당시에 두 가지 논거가 경합하고 있었다. 첫 번째 논거는 국가권력, 특히 왕권이 신적 질서에서 유래한다는 것이었다. 반면에 두 번째 논거는 다음과 같은 중간 단계를 설정한다. 즉 지배권은 훗날 시민이 될 사람들 사이의 계약에 의거하여 지배자에게 양도되었을 경우에만 정당하다는 것이다. 여기서 문제가 되는 것은 당시로는 최신 이론이었던 그 유명한 사회계약론이다.

그 당시 로크는 이 두 가지 견해 사이에서 아직 결정을 내리지 못했었지만 이 문제가 그를 가만히 놓아두지 않았다. 그래서 그는 자연법 연구에 몰두하게 되었다. 고대에까지 거슬러 올라가고 무엇보다도 그리스도교 교의敎義(스콜라 철학)를 통해 완성된 이 유서 깊은 학설은 로크의 시대에 훌륭하고 이성적인 인간질서가 어떤 모습이어야 하는지를 인식하는 데에 가장 중요한 수단으로 간주되었다.

1664년의 자연법에 관한 연구에서 로크는 다음과 같은 낡은 시각을 아직 넘어서지 못하고 있었다. 즉 인간은 신에 의해 창조된 특정한 규칙을 따르는 질서의 일부이다. 그렇지만 이 규칙이 인간과 관련되는 한, 신은 자연적 법칙인 이 규칙을 인식할 수 있는 이성을 인간에게 부여했다. 그리고 정치 질서는 신에 의해 부여된 이 자연적 법칙에서 결코 벗어나서는 안 된다는 것이다.

그러나 자신의 연구를 진행하면서 로크는 이 문제의 인식론적 측면에 더 강한 관심을 가지게 되었기 때문에 정치적 문제를 시야에서 놓치게 되었다. 즉 감각주의자로서 그는 당시에 지배적으로 받아들여졌던 견해처럼 자연적 법칙이 인간에게 '아로새겨져' 있는 것은 결코 아니라고 생각했다. 인간이 태어날 때 그의 오성은 '쓰이지 않은 칠판' **tabula rasa**으로 비유될 수 있다. 사유 능력은 감각 인상들을 토대로 하여—물론 이 감각 인상들이 차후에 오성과 언어의 도움을 받아서 가공되어야 하긴 하지만—비로소 발달한다는 것이다. 로크는 이러한 기본적인 생각을 자신의 인식론적 주저인 『인간오성론』에서 폭넓게 전개했다.

로크가 『통치론』을 집필하게 된 계기는 다음과 같은 우연한 상황이었다. 스튜어트 왕가는 가톨릭 성향을 가지고 있었고 프랑스의 절대주의를 숭배했다. 그들은 군주정이 신적 권력을 본뜬 것이며 왕은 그 누구에게도 해명의 의무를 지지 않는다는 견해를 가지고 있었다. 왕의 동생이자 왕위 계승자인 찰스 2세가 가톨릭으로 개종하자 스튜어트 왕가가 가톨릭적 · 전체주의적 정치 체제를 도입하려고 한다는 두려움이 엄습하게 되었다. 게다가 로버트 필머**Robert Filmer**처럼 왕실의 절대주의적 견해를 지지하는 시사비평가들마저 등장했다. 아마도 섀프츠베리가 왕실의 신봉자들 사이에서 대단한 인기를 얻고 있던 필머에 대항하여 논박의 글을 쓰도록 로크를 부추겼을 것이다. 로크는 이 과제를 그 특유의 투철함을 가지고 완수했다. 이 덕분에 우리는 정치와 사회와 경제의 영역에서 자유로운 상태를 요구하는 근대의 시민적 세계관이 최초로 세밀하게 정식화된 모습을 볼 수 있게 되었다.

Ⅲ.『통치론』

필머와 대결을 펼치는『통치론』제1권은 주로 전문가들의 관심거리이다. 그러나 일반인들도 거기에서 흥미로운 것들을 한 아름 끄집어낼 수 있다. 예를 들면 당시의 정치 담론에서 신학적 논변이 지녔던 의미 같은 것이 그러하다. 신이 피조물 일체에 대한 절대적인 권력을 아담에게 부여했고 또 현존하는 군주는 아담의 후계자로 간주되어야 하므로, 군주는 자신의 신하들을 아무 제약 없이 지배할 수 있다고 필머는 주장했다. 로크도 마찬가지로 성서를 인용하면서 이에 대응했다. 신은 피조물들을 아담 혼자에게만 위탁한 것이 아니라 아담과 이브의 후손 전체에게 위탁했다. 그런데 정치적 지배 관계는 결코 자손 번식과 부자 관계에서 발생할 수 없다. 오히려 가족은 자식을 양육하도록 정해진 것이며, 여기에는 아버지 못지않게 어머니도 관여한다. 게다가 자식은 성년에 들어서기 전까지만 부모의 권한 아래 놓인다. 그 이후에 자식은 자유롭게 되며, 어떤 정치 권위에 복종할 것인지를 스스로 결정할 수 있다는 것이다.

『통치론』제2권에서 로크는 자유인들이 정당하다고 인정할 수 있는 정부 체제의 발생과 목적과 그 제도를 어찌 생각해야 하는지를 보여주고자 한다. 이를 입증하는 과정에서 로크는 인간이 자연상태에서는 자유롭고 평등하다는 전제에서 출발한다. 그는 이 전제를 처음에는 하나의 역사적 사실로 서술한다. 그러나 동시에 그는 자유와 평등을 자연 상태 속에서 사는 사람들만이 아니라 모든 사람이 지닌 본질적 특성으로 이해하고, 또 이런 점을 독자들이 충분히 간파할 수 있도록 서술한다. 이런 생각이 옳다면, 정치적 지배는 피지배자들로부터 인정받을 경우에만 정당한 것이 된다. 아직 지배라는 것이 아예 존재하지 않는 자연 상태에 이를 적용시켜 보면 다음과 같은 결론이 나온다. 즉 정치적 지배는 그 지배에 복속하려는 모든 이들이 동의한 계약에 근거해야 한다.

『통치론』 제2권 제2장에서 전개되는 이러한 진술로 로크는 자신보다 앞선 홉스나 자신보다 후대의 루소 같은 정치사상의 개혁가들 편에 서게 된다. 이들은 인간이 본성상 정치적 결사체 속에서 살며 그것의 신분 질서는 인간의 본성과 창조 질서에 일치한다는 견해를 거부한다. 이런 견해는 아리스토텔레스와 그 후 토마스 아퀴나스 Thomas Aquinas를 정점으로 한 교부敎父들이 교설했다. 그러나 이제 정치 질서는 사회계약에 근거를 둔 인간의 작품으로, 그리고 사회적 지위는 개인적 유능함의 결과로 파악된다. 어떻게 근대의 개혁가들이 이런 신종의 학설에 이르게 되었는지를 설명하기란 쉽지 않다. 이 학설은 그 전까지는 조화로운 코스모스로 간주되던 우주가 그 요소들로 해체되어서 고찰된다는 점을 전제한다. 즉 자연은 초미립자들의 앙상블이고, 인간 사회는 개인적 이익을 척도로 삼는 경쟁적인 개별적 이해 관심을 지닌 개인들의 복합체라는 것이다. 계약 당사자들 사이의 질서는 계약을 통해서 수립되어야 한다. 개인의 자연권을 보장하는 다른 수단이란 이 학파에게는 생각할 수 없는 것이다.

로크의 사상 체계로 돌아가 보도록 하자. 그의 자연법론은 인간이 서로 올바르게 교제할 수 있는 규준을 자연 상태 속에서 이미 가지고 있다고 말한다. 그러나 인간의 이기적인 욕심은—이 이기적 욕심의 근원을 신학자로서의 로크는 원죄로 환원시키는데—많은 사람들로 하여금 신에 의해 창조된 자연적 법칙을 어기도록 유혹한다. 그리하여 객관적 재판권도 존재하지 않고 판결을 집행할 공평무사한 행정부도 있을 수 없는 자연 상태에 계속 머물러 있기란 불가능하다는 점이 밝혀진다. 위법 상황이 지속되는 위험은 오직 제재력을 갖춘 정치권력의 설립을 통해서만 극복될 수 있다.

지금까지 살펴본 것만으로는 로크의 정치이론이 진부한 사회계약론을 넘어서지 못했을 것이고, 그처럼 거대한 역사적 영향력을 행사할 수 있는 토대도 마련되지 못했을 것이다. 이런 영향력은 그보다는 로크가 사회계약론의 기본 모형에 도입한 이론적 혁신에서 기인한다. 그 첫 번째 혁신에 해당하는 것이 로크가 『통치론』 제2권의 유명한 제5장에서 진술한 사유재산의 사회적 의미이다. 고대로 거슬러 올라가는 당시까지의 논의는 사유재산이 자연적 질서의 필수적인 구성 요소는 아니지만 인간의 공동생활에 유익하기 때문에 정당화된 협약에 의거한 것이라고 결론을 짓곤 했다. 물론 그 외에 사적 소유를 사회에 해악을 가져다주는 이기적 욕심의 산물이라고 비판하는 플라톤과 몇몇 초기 교부들의 견해도 있었다. 이에 반해 로크는 사적 소유를 인간 실존의 필수 조건으로 보았다. 그에게 삶이란 생존의 물적 조건들을 마련하기 위해 자연을 가공하는 것을 뜻했다. 그의 견해에 따르면, 이런 방식으로 사용재를 만들어 낸 사람은 그것에 대한 소유권도 획득한다. 왜냐 하면 노동을 하는 과정에서—의심할 나위 없이 자신의 소유물인—자신의 신체적 · 정신적 힘이 원료와 혼합되기 때문이다. 이런 전유專有 행위가 여전히 다른 사회 구성원 모두의 동의를 필요로 한다는 생각은 그에게는 사리에 맞지 않는 것이었다.

자연적 전유권이라는 개념은 애초부터 전유의 제약을 예상케 한다. 이에 따르면 타인을 희생시키면서 행해지는 무제한적 전유는 정당화될 수 없다. 왜냐하면 이는 로크가 늘 강조하는 자연법적 율법, 즉 타인에게 해를 주지 말라는 율법을 훼손하는 것일 터이기 때문이다. 그러므로 어느 누구도 부패할 수 있는 사물 중에서 자신과 자신의 가정 구성원들이 소비할 수 있는 것보다 더 많은 양을 전유해서는 안 된다. 더 나아가 타인에게도 동등한 질의 재화가 충분히 남겨져 있어야 한다는 점에도 유의해야 한다. 이런 원칙들은 토지의 전유에도 적용되어야 할 것이다. 한 가족은 자신이 필요로 하는 부패성 산물들을 산출할 수 있을 만큼만의 토지를 전유할 수 있으며, 타인에게도 동등한 가치의 토지를 충분히 남겨놓아야 한다.

로크가 여기에서 처음에 묘사하는 모습은 당시에 막 대두되기 시작하던 시민사회와는 아무 공통점도 없는 생계 경제Subsistenzwirtschaft이다. 그러나 그는 동시에 이런 생계 경제가 어떤 방식으로 극복될 수 있는지를 보여주고자 한다. 그것은 바로 화폐의 도입을 통해서이다. 화폐는 생산의 확대에 기초하여 번성하는 교환경제가 발생할 수 있는 전제 조건이다. 로크는 이 문제를 다음과 같이 생각했다. 금이나 다이아몬드처럼 사람들이 소중하게 여기는 귀하고 부패하지 않는 사물이 자연 속에서 발견된다. 사람들은 이런 사물에, 예컨대 일정한 양의 곡물이 지닌 가치나 혹은 그 밖의 그 어떤 노동의 산물과도 비교할 수 있는 하나의 가치를 배당한다. 이렇게 함으로써 그 사물은 화폐의 기능을 담당하는 데에 적합하게 된다. 또 그것은 부패하지 않기 때문에 축재가 가능하다는 장점도 가지고 있다. 화폐는 누적되고 축적되어(근대의 국가경제학에서 쓰는 용어를 사용하자면) 자본이 된다. 그리고 이 자본은 이를테면 토지의 취득에 투자될 수 있다. 사람마다 서로 다른 근면성의 정도가 이제 그 영향력을 발휘할 수 있게 된다. 이렇게 해서 새롭고 더욱 생산적인 경제체제가 생성된다. 만일 잉여생산물마저 소비된다면, 다시 말해 그 무엇도 부패되도록 방치되지만 않는다면, 자연법적 율법인 전유의 제한도 훼손되지 않는 것이다. 불평등한 소유관계가 발생하고, 더 나아가 경제적 이익을 둘러싼 경쟁에서 패배한 자들의 임금노동이 발생하는 것은 화폐경제가 가져오는 불가피한 결과이다. 그렇지만 총경제의 생산성은 증가하며, 가난하건 부유하건 간에 누구나 이로부터 이득을 얻는다. 더구나 모든 사람이 "화폐의 발명"에 동의했던 것이다.(제2권, §36) 바로 그렇기 때문에 자신의 소유물을 늘리기 위해 노동 분업 경제에서 상품을 생산하는 유산자有産者들의 사회에 존재하는 사회적 불평등은 정당한 것이다. 로크의 경제학적 견해는 이후 아담 스미스**Adam Smith**를 가장 중요한 대표자로 삼게 되는 영국 정치경제학의 뿌리 중 하나를 이룬다.

로크가 이렇게 경제적 이익에 정향된 유산자 사회, 다시 말해 근대적 사회이론이 말하는 의미에서 시민사회를 이미 자연 상태에 위치시킨다는 점도 그가 사회계약론을 풍부하게 만들었던 새로운 시각 중의 하나에 속한다. 즉 이와 같은 혁신은 사회계약을 통해 창립되는 공동체가 충족시켜야 할 목적을 규정하는 데에 영향을 미친다. 그런 목적 규정은 자연 상태 속의 인간을 위협하는 위험으로부터 도출된다. 화폐의 도입 이후 갈등의 원인들이 증대되는데, 그 까닭은 화폐의 도입이 본래 바라던 부의 증대 이외에도 인격을 손상시키는 "인간이 필요로 하는 것 이상을 가지려는 탐욕"을 초래하기 때문이다.(제2권, §§ 37, 111) 공동체의 설립은 시민의 생명과 자유와 재산을 서로 보호하는 데에 이바지한다. 로크는 생명과 자유와 재산에 대한 권리를 소유라는 보편적인 명칭으로 총괄한다.(제2권, § 213) 이런 논의는 국가의 목적에 관한 자유주의 학설을 선취하고 있는 것이다.

로크는 정치제도의 구성에 관해 다음과 같이 생각했다. 처음에 계약 체결자들은 자연 상태에서 지녔던 권리, 즉 자연법에 위배되는 공격에 대항하여 자기 자신과 타인을 보호할 권리를 포기한다. 법률을 통해 자연법적 규율을 엄밀하게 규정하고 사법적 판단과 그것의 집행이 가능하도록 소송 규칙을 계발하는 일은 공동체에, 그것도 최종적으로는 입법부에 귀속한다.(제2권, §§ 128 이하) 입법부는 계약 체결자들 자신에 의해 설치된 것이므로 최고의 정치권력 supreme power을 지닌다.(제2권, §§ 89, 134) 계약 체결자들은 최고 권력을 입법부에 단지 '신탁'信託했을 따름이다. 만일 입법부가 이런 신뢰trust를 오용한다면, 입법부를 설립하는 권리는 다시 민중에게로 돌아간다. 로크는—비록 이 용어를 사용하지는 않지만—주권재민 원칙의 선구자이다.

17세기의 저자인 로크는 아직 근대의 의회민주주의 체제를 생각하지는 못했다. 그는 여전히 고대로부터 유래하는 국가형태론에 경도되어 있는데, 그것은 국가의 형태를 군주정과 귀족정과 민주정으로 구분했다. (로크는 귀족정 대신 과두정을 언급한다. 과두정은 통상 부유한 자들의 지배를 뜻한다.) 이때 로크는 어느 한 국가가 이런 유형들 중 무엇으로 분류되는지를 결정하는 가장 중요한 관점으로 입법부의 위치를 꼽았다.(제2권, § 132) 하지만 그가 추구한 가장 이상적인 헌정憲政은 "혼합적 정부 형태", 즉 정치적 지배를 행사하는 가장 탁월한 방식을 각각의 모든 국가 형태들로부터 수용하는 공동체였다. 그런 공동체야말로 시민의 자유권을 보호하기에 최상의 상태에 있는 것이다. 상원과 하원을 두고, 그 중에서 하원이 유산자 시민을 대의代議하는 영국식 "온건 군주정"이 로크가 보기에는 바로 그런 정부 체제였다.(제2권, §§ 132, 159, 213)

공동체를 위협하는 가장 큰 위험은 권력 남용이다. 이를 방지하기 위해 정치권력은 입법부와 행정부로 나뉘어야 한다. 이런 견해는 그 이전에도 이미 주장된 적이 있지만, 권력분립론에 강력하고 역사적 영향력을 지니는 표현 양식을 부여한 것은 로크와 (권력분립론에 오늘날 잘 알려진 형태를 부여한) 몽테스키외의 공적이다.

로크는 다음과 같이 주장한다.

늘 권력을 장악하려고 노리는 인간 본성의 허약함은 […] 입법의 권한을 지닌 자가 또한 그 법을 집행할 권한마저 수중에 넣을 경우 너무 큰 유혹이 될 것이다. 그렇게 되면 그는 자신이 입법한 법률에 대한 복종의 의무에서 자신을 제외시킬 수 있게 될 것이고, 법률을 만들 때이건 집행할 때이건 자기 자신의 사사로운 이익에 맞출 수 있게 될 것이다. […] 그렇기 때문에 질서가 잘 잡힌 국가에서는 […] 입법권이 합법적인 집회 자체에 의해 또는 타인들과 공동으로 입법의 권한을 지니지만 입법이 끝나자마자 다시 흩어지고 그들 자신이 그들이 만든 법률에 복종하는 그런 다수의 사람들의 수중에 놓인다. […] 그런데 단기간 동안 한꺼번에 만들어진 법률이 영구적이고 지속적인 효력을 지녀서 안정적으로 집행되고 준수되려면, 공포되고 발효된 법률의 실행에 주의를 기울이는 상설 권력의 존재가 필수적이다. 그래서 입법권과 행정권이 종종 분리되게 된 것이다.(제2권, §§ 143 이하)

로크는 입법권과 행정권 외에 또한 연합권을 내세우는데, 그것의 임무는 국가 간의 관계를 (예를 들면 동맹에 관한 또는 전쟁과 평화에 관한 결정을) 규율하는 일이다. 하지만 이는 기능적 구분에 불과하다. 로크는 연합권을 행정부에 할당하는데, 행정부가 그런 국가 간의 문제에 가장 많은 경험을 가지고 있다는 것이 그 이유이다.(제2권, §§ 145 이하) 훗날 몽테스키외는 연합권을 사법권으로 대체한다.

『통치론』은 절대주의에 반대하는 소책자이다. 그것이 전하고자 하는 말은 정부가 수행해야 할 임무 중에서 시민이 지닌 자유의 권리를 수호하는 것보다 더 중요한 것은 없으며, 일정한 제도적 전제 아래에서 이런 목적이 가장 잘 달성되리라는 것이다. 물론 로크는 인간의 나약함도 고려하는데, 무엇보다도 권력욕과 소유욕이 이에 속한다. 만일 절대군주가 이런 욕심에 사로잡힌다면, 신하들이 신체와 생명과 소유에 대한 침해로부터 자신을 방어해낼 가망은 거의 없을 것이다. 그렇기 때문에 로크는 절대군주제가 “실은 시민사회와 양립할 수 없으며, 도무지 시민사회의 한 가지 형태가 될 수 없다"는 결론에 도달한다.(제2권, § 90) 절대군주제는 엄밀히 말해서 전제정인 것이다.(제2권, § 18 참조)

지배자가 권력 남용에 빠지기 쉬운 경향을 지닌다는 것은 온건한 혼합적 정부마저도 위태롭게 만든다. 여기에서도 지배자가 현행 법률에 따르지 않고 "한 순간의 자의적인 결단에 따라" 통치하고 시민들을 "속박하거나 고의적으로 착취하는 일", 다시 말해 시민들의 동의 없이 그들이 가진 소유의 일부를 빼앗는 일이 벌어질 수 있다.(제2권, §§ 135 이하) 절대군주제이건 아니면 폭정의 경향을 현저하게 지니게 된 혼합적 정부이건 간에 이런 경우에 계약 체결자들이 합법적인 입법부와 행정부에 걸었던 신뢰가 깨진 셈이다. 그러므로 사회계약에 근거를 두었던 지배의 정당성은 소멸되고, 개인들은 새로운 정치 제도의 창설을 통해 자신의 자유와 소유를 보호할 수 있는 자연적 권리를 회복하게 된다.(제2권, §§ 149, 168, 221 이하)

이런 추상적인 숙고가 구체적으로 뜻하는 바는 저항권right of resisting과 혁명revolution이다. 로크가 상술한 것이 당시의 정부 당국과 '왕의 신적 권리'를 옹호하는 식자들에게는 반란의 면죄부로 여겨질 수 있었다. 실로 그것은 명백히 스튜어트 왕가가 실행한 정치와 '명예혁명' 직전의 영국 상황을 풍자하고 있으며, 또한 어느 시대에 있어서건 왕실에 대한 그리고 권력을 탐하는 정치가들에 대한 경고로 이해될 수 있다. 민중은 근본적으로 인내심이 강하다. 민중은 자신이 지키던 전승된 제도에 애착을 가지며, 그렇기 때문에 정부 당국의 개별적인 침해는 웬만하면 감내하고 넘어간다.

그러나 법을 무시하는 술책이 횡행하고 군주에게 위임되었던

[…] 특권이 그것을 부여한 목적에 반하여 유용되는 사태를 […] 온 세상이 목격할 경우, 장관과 그에 속한 관리들이 그런 목표에 맞추어 선발되고 그 목표에 조력하거나 아니면 저항하거나 하는 것에 따라 총애를 받기도 하고 제거되기도 하는 것을 민중이 알아차릴 수밖에 없게 될 경우, 자의적 폭력의 기도가 반복적으로 행해지는 것을 민중이 목격할 경우, […] 일련의 여러 행위를 통해 일체의 의도가 이런 방향으로 기울어지고 있음이 드러날 경우—그러면 어느 누군들 사태가 어디로 진행될지를 어찌 확실하게 느끼지 않을 수 있겠는가?(제2권, § 210)

그렇게 되면 혁명이 불가피해진다. 이에 대한 책임은—이렇게 로크는 잠재적인 비판자들을 반박하는데—민중에게 있는 것도 아니고 또 민중에게 그들의 권리를 일깨워주는 저자에게 있는 것도 아니며, 시민의 자유와 소유에 대한 침해를 감행한 정부 당국에 있는 것이다.(제2권, § 228) 20세기에서 21세기로 넘어가는 이 시점에 이런 상습적 권력 남용에 대한 분석이 단지 17세기의 암담한 상황이 남긴 잔영을 회상하며 서술하는 것에 머물지 않고 현재에 이르기까지도 그 적실성을 잃지 않고 있다는 점을 우리는 알고 있다. 다음 장에서 서술하는 『관용에 관한 서한』에서 로크가 제기한 종교적 관용에 대한 요청도 이와 마찬가지이다.

Ⅳ. 『관용에 관한 서한』Epistola de tolerantia

『관용에 관한 서한』은 신앙에 관한 사안에서 관용의 문제를 다루고 있다. 그런데 이 서한은 신학 분야보다는 오히려 정치 분야에서 훨씬 더 큰 의미를 갖는다. 왜냐하면 당시에 종교적 불관용은 국가 간의 전쟁과 시민전쟁의 동기를 끊임없이 제공했기 때문에 영국만이 아니라 다른 유럽 국가들에서도 중대한 정치 문제였던 것이다. 더욱이 로크는—비록 자신의 주요 저서에서는 이를 상세하게 다루지는 않지만—관용의 원칙을 정치 영역에도 전용하여 언론과 출판의 자유를 요구할 용의를 다분히 가지고 있었다. 게다가 방법론적으로 보더라도 그는 『관용에 관한 서한』에서도 자신의 정치 저서들에서와 마찬가지 방식으로 논증했다. 즉 그는 관용의 요구를 자신의 사회계약론으로부터 도출하여 전개했다.

『관용에 관한 서한』은 로크가 여러 그리스도교 종파에 대해 관용적인 태도를 취하는 것이 지니는 장점들을 배울 수 있었던 네덜란드에서의 망명 시기에 라틴어로 집필되어 그곳에서 1689년에 출판되었다. 그리고 같은 해에 네덜란드어, 프랑스어, 영어로 된 번역본이 간행되었다. (그 중에서 영어판은 로크의 간결한 문체를 자주 과장된 어법으로 옮긴다.)

사회계약은 계약 체결자들에게 자연 상태에서 위협받게 된 그들의 자유와 건강과 소유에 대한 권리를 더 잘 보호할 수 있도록 하는 것을 그 유일한 목적으로 가진다. 그렇기 때문에 정부 당국의 권한은 오로지 시민들의 이런 관심사를 규율하는 데에까지만 미친다. 영혼의 구원에 대한 보살핌은 각 개인의 지극히 사적인 사안이므로 정부 당국의 권한 아래 놓이지 않는다. 어느 길이 영혼의 구원으로 인도할 것인지를 정부 당국이 개인 각자보다 더 잘 아는 것은 아니며, 이런 사안에 관해서는 각자가 자신의 가장 훌륭한 대변자이다.(『서한』, 13, 15, 49, 87 이하) 어느 누가 자신의 재산을 잘 관리하는지, 건강하게 생활하면서 적절한 약을 복용하는지 따위도 국가의 관심거리가 아니지 않은가.(『서한』, 43 이하)

그러므로 각 개인은 자신의 신앙을 자유롭게 선택하고 그중에서도 자신의 영혼을 구원하는 데에 가장 유익하다고 여겨지는 제식을 따르는 교파에 참가할 권리를 갖는다. 교회는 자발적인 결사이며, 어느 누구도 특정한 교파에 소속되도록 강요받아서는 안 된다.(『서한』, 19) 물론 공공의 안녕 그리고 그와 함께 정부 당국과 관련이 있는 특정한 종교적 행위가 있을 수 있다는 점을 인정해야만 한다. 로크는 이 문제를 다음과 같이 엄밀하게 표현했다. 정부와 사회에 '좋은' 영향을 주지도 않고 '나쁜' 영향을 주지도 않는 순수하게 사변적인 신학적 견해나 목회 활동이 있는가 하면, 그 밖에 자연법에 어긋나는 활동을 신에 대한 예배의 대상으로 삼으면서 도덕과 사회에 저촉되는 의견이나 행위도 있다. 그와 같은 것들이 국가의 목적을 완수하는 데에 저해가 된다면 국가적 입법의 영역에 귀속된다. 그 외의 다른 교설이나 목회 활동은 관용되어야 한다.

로크는 그리스도교 국가들이 대부분 불관용의 태도를 가지고 있다고 고발한다. 이들 국가는 자신의 국가 교파로 신앙 고백을 할 것을 요구하면서 다른 종파를 "노예선과 투옥과 몰수와 죽음"으로 억압한다.(『서한』, 99 이하) 그들이 모든 신법 및 인간법과 배치되게 어느 종파에 소속된 사람들로부터 이들이 정직하게 노동하여 얻은 소득을 빼앗는 일도 드물지 않다. 『관용에 관한 서한』을 위한 한 예비 연구에서 로크는 왜 이런 불관용을 통해 이들 국가가 오히려 자기 자신을 해치게 되는지에 대해 그 이유를 제시한다. 이들 국가는—영국이 그렇듯이—영업 활동에 각별히 활발한 종파에게 국외로 이주하도록 강제함으로써 자신의 경제적 이득도 포기하게 된다는 것이다. 그보다 더 나쁜 일은 억압받는 종교적 소수자에게 종종 절대주의적인 정부 당국에 맞서서 폭력적으로 저항하는 것 외에—이 경우 로크는 이런 저항을 정당하다고 간주한다—다른 탈출구가 남지 않게 된다는 점이다.(『서한』, 89, 111) 그러나 로크가 관용을 가톨릭교도와 무신론자에게는 적용시키지 않으려고 한다는 점에서 관용에 관한 그의 변론에는 그림자가 드리운다. 로크는 가톨릭교도나 무신론자 역시 신의와 믿음의 원칙에 충실하게 삶을 영위할 수 있으리라고 생각하지 못했다.(『서한』, 91 이하)

Ⅴ. 정치사상가로서의 로크에 관한 논의

로크는 자유주의적 세계상의 기초를 놓음으로써 프랑스와 미국의 혁명 헌법이 성립하는 데에 영향을 주었다. 여기서 자유주의적 세계상은 다음과 같은 것을 말한다. 시민사회는 생산적인 노동과 상업으로 주조되어 있다. 정치 제도는 개인의 자유권을 보호하는 데에 이바지하는 것이다. 이런 국가의 목적을 그르치는 정치 체제는 정당성이 없다. 이것이 로크에 관한 오래된 지배적인 해석이다. 물론 로크를 자본주의의 개척자로 보는 사회주의적 저술가들이 제기하는 회의적인 반론도 있기는 하다. 그러나 로크는 일차적으로 자유를 옹호하는 정치사상의 주창자로 간주된다.

근래에는 보수주의 진영과 마르크스주의 진영으로부터 로크에 대한 비판이 제기되었다. 독일계 미국 철학자인 레오 슈트라우스 Leo Strauss가 보기에 로크의 공리주의적 개인주의는 인간다운 질서에 관한 전래의 표상들을 파괴하는 것이었다. 또한 마르크스주의자인 맥퍼슨C. B. Macpherson은 로크를 기층민의 이해 관심을 무시하는 '점유 개인주의' possessive individualism의 가장 주된 옹호자로 지칭하면서 로크에 대한 기존의 비판을 첨예화했다.

1950년대와 60년대에 등장한 이와 같은 독법에 대해 재차 반론을 제기한 한 학파의 해석이 있는데, 이 학파는 전통적 질서관의 파괴자로서의 로크라든가 유산 시민계급의 이데올로그로서의 로크라는 상像 자체가 이데올로기적이라고 본다. 이런 해석의 가장 주된 대표자는 존 던John Dunn이다. 그는 로크를 자본주의의 경험 같은 후대의 경험이라는 안경을 통해 바라보는 고찰 방식에 대해 엄밀하게 역사적으로 정향된 해석 프로그램을 대립시킨다. 로크가 후대의 부르주아적·자본주의적 사회를 선취하는 사회 모델을 기획했던 것은 아니며, 근본적으로는 신학적 문제와 씨름했다는 것이다.

포콕J. G. A. Pocock은 로크 사상의 영향을 역사화하는 방법을 통해 검토했다. 그의 연구는 로크가 (영국의 자유주의자들인) 휘그당원들의 정치사상과 미국의 식민주의자들에게 깊은 영향을 미쳤다는, 지배적인 역사적 상像으로 응고된 확신을 뒤흔드는 결론에 도달했다. 로크는 당시에 이와 관련된 논의에서 거의 역할을 하지 못했다는 것이다. 휘그당원들은 추상적인 연역 방법을 그리 높게 평가하지 않았다. 게다가 그들은 영국 사회가 점증적으로 상업화되어 가는 데에 찬성하지 않았는데, 이런 점도 로크가 주장하는 방향과 대립되는 것이었다. 이런 형태의 비판자들에게는 제임스 해링턴James Harrington이 훨씬 더 흥미로운 인물이었다. 해링턴은 자신의 주저인 『대양大洋』Oceana(1656)에서 자유로운 토지 소유자들의 계층이 사회적 토대를 이루는 그런 이상적인 사회 모델을 기획했다. 그런 사회에서야말로 공화주의적 시민의 덕이 가장 잘 발휘될 수 있으리라는 것이다. 포콕에 따르면 이 사회 모델은 또한 미국 이민자들의 시각에도 부합하는 것이었고, 그렇기 때문에 그들 사이에서는 로크보다 해링턴이 훨씬 더 대중적이었다는 것이다.

그러나 그동안 이런 해석에 대해 반대의 목소리가 대두되었는데, 그것은 북아메리카 사회가 분명 로크 식으로 사유했으며 이와 같은 영향을 빼고서는 미국 헌법을 생각할 수 없다는 점을 마찬가지로 철저하게 역사적인 방법을 통해 입증하려고 했다. 실로 토머스 제퍼슨Thomas Jefferson이 기초한 독립선언서(1776)는 마치 로크 자신이 이를 집필한 듯하다. 더욱이 로크에 대한 올바른 해석의 문제는 중요성의 기준에 관한 문제이기도 하다. 시민의 시대와 이에 대한 사회주의적 비판을 수놓은 경제사상과 정치사상의 역사에서 명성을 얻은 이는 해링턴이 아니라 로크였다. 초기 사회주의의 발생은 로크의 소유론과의 대결에서 기인하는 바가 적지 않다. 마르크스에게 로크는 '시민의 표준 상식'의 체현인 바, 이런 상식에 대해 마르크스는 공산주의 사회로의 '자연 필연적인' 이행이라는 자신의 역사철학적 구성을 대비시켰던 것이다. 또한 20세기의 전체주의를 경험한 이후에는 시민의 자유를 신봉하는 로크의 정치이론이 지닌 의의가 새롭게 발견되기도 했다.

오늘날에도 로크의 계약주의적 모티브는 정치사상의 중요한 사조에 영향을 미치고 있다. 20세기의 정치철학에 대한 가장 중요한 기여 중의 하나로 평가되는 존 롤스John Rawls의 '정의론' 역시 계약주의적으로 논변을 전개한다. (비록 롤스의 정의론이 로크보다는 칸트를 전거로 끌어들이기는 하지만 말이다.) 반면에 '소유권'에 기초를 둔 '최소 국가' 이론을 전개하는 로버트 노직**Robert Nozick**의 '자유 지상주의적' 신新계약주의는 명백하게 로크주의적이다. 찰스 테일러**Charles Taylor**나 마이클 샌들**Michael Sandel** 같은 공동체주의자들은 로크와 칸트로부터 영향을 받은 극단적 자유주의를 다시금 비판한다. 왜냐하면 그들의 견해로는 극단적 자유주의가 자유로운 공동체의 전제 조건인 시민의 덕을 경시하기 때문이다. 이처럼 로크에 대한 연구는 여전히 많은 교훈을 주고 있다.

–발터 오이히너 **Walter Euchner**

사무엘 푸펜도르프
Samuel Pufendorf(1632~1694)

- 연대표 -

1632년	1월 8일 독일 (켐니츠의 남쪽에 있는) 도르프켐니츠Dorfchemnitz에서 목사의 아들로 출생.
1633년	가족이 플뢰아Flöha로 이주.
1645~50년	그림마Grimma 영주領主 학교에서 수학.
1650~56년/58년	라이프치히Leipzig 대학교에서 수학.
1656년	예나Jena 대학교에서 수학.
1657년	예나 대학교에서 석사학위 취득.
1658년	덴마크의 코펜하겐Copenhagen에서 가정교사로 활동.
1658~59년	(스웨덴 공사의 여타 수행원들과 함께) 덴마크 정부에 의해 구금됨. 중병에 걸림.
1660~61년	네덜란드에 체류하며 라이덴Leiden 대학교에서 수학.
1660년	『보편적 법학 원론』*Elementa Jurisprudentiae Universalis* 출판.
1661~68년	독일 하이델베르크Heidelberg 대학교에서 국제법과 고전문헌학 교수로 재직.
1665년	미망인이었던 카타리나 엘리자베트 팔 Katharina Elisabeth Palthen과 결혼.
1667년	『독일 제국의 상황』*De statu imperii germanici* 출판.
1668~76년	스웨덴의 룬트Lund 대학교에서 자연법과 국

	제법 교수로 재직.
1672년	『자연법과 국제법』***De jure naturae et gentium*** 출판.
1673년	『인간과 시민의 의무』***De officio hominis et civis*** 출판.
1686년	『구스타프 아돌프 왕의 원정에서부터 크리스티나 여왕의 퇴위에 이르기까지 스웨덴의 사적 실록』***Commentarii de rebus Sueciis ab expeditione Gustavi Adolphi … ad abdicationem usque Christinae*** 출판.
1687년	『시민적 삶과의 관계에서 본 그리스도교의 특성』***De habitu religionis christianae ad vitam civilem*** 출판.
1677~88년	스웨덴의 스톡홀름Stockholm에서 왕실 사료 편찬관으로 활동.
1688~94년	독일 베를린Berlin에서 왕실 사료 편찬관으로 활동.
1694년	스웨덴으로 여행하여 스톡홀름에 체류. 남작男爵 작위를 받음. 10월 26일 베를린에서 사망.
1695년	『성스러운 종교법』***Jus feciale divinum***과 『프리드리히 빌헬름 제후 사적 실록』***Commentarii de rebus gestis Friderici Wilhelmi***이 유저로 출판됨.
1696년	『스웨덴 국왕 칼 구스타프 사적 실록』***Commentarii de rebus a Carolo Gustavo Sueciae rege gestis***이 유저로 출판됨.

I

푸펜도르프는 뚜렷하게 역사적으로 영향을 끼친 사상을 펼쳤던 17세기의 정치사상가들 중에서 유일하게 독일 태생이다. 유럽의 정신사에서 그가 지닌 의미는 의심할 나위 없이 무엇보다도 그가 작성한 근대적 자연법의 초안에서 찾아야 할 것이다. 계몽주의 시대를 구성하는 기본 요소 가운데 하나가 된 근대적 자연법은 그의 저서들을 통해 전 세계에 유포되고 수용되었던 것이다. 그러나 18세기 말에 자연법 사상이 외면당하면서 푸펜도르프라는 이름 역시 오랫동안 잊히게 되었다. 그러다가 최근 수십 년 전부터 바야흐로 이 인물에 대한 관심이 다시 커지는 것을 볼 수 있다. 물론 여기에는 어느 한 사상 체계가 지닌 의미는 그 근거를 그것의 독창성에서만 가지는 것이 아니라 그것이 동시대에 미친 영향의 폭에서도 가진다는 인식도 한몫을 하고 있다.

푸펜도르프의 저작에 대한 연구는 예전부터 두 가지 문제와 씨름해야 했다. 그 한 가지는 박학다식한 인물들의 시대에는 드물지 않게 그러하듯이 이 저작들이 극히 다면적인 성격을 지니고 있다는 점이다. 그리고 다른 한 가지는 그것이 전통적인 요소와 근대적인 요소가 긴밀하게 착종되어 있다는 사실에 의해 규정된다는 점이다. 푸펜도르프는 법률가, 역사학자, 신학자, 문헌학자, 정치 저술가로서 활약했다. 우리는 이 모든 활동들을 그 특수성에서도 고찰하고 동시에 상호 연관 속에서도 고찰해야 한다. 이러한 과제가 오늘날의 연구자에게는 한 가지 어려움을 가져다준다. 푸펜도르프는 엄연히 근대의 사람이므로 전적으로 계몽주의에 귀속시켜야 할지, 아니면 그가 오히려 전통에 의해, 그중에서도 특히 아리스토텔레스적·스콜라적 철학에 의해 더 강하게 규정되어 있는지에 대한 논쟁은 오늘날에 이르기까지 지속되고 있다. 이와 관련하여 또한 그의 사상이 후세가 흔히 그렇게 보듯이 정말로 그만큼 세속화되어 있었는지, 아니면 그가 신학에 몰두한 것이 주변적인 역할 이상을 했었던 것인지에 대한 물음도 제기된다. 이런 주제들과 대결하는 데에는 푸펜도르프가 그의 생애 동안 구체적으로 경험했던 다양한 영향들을 살펴보는 것이 필수적인 도움이 된다.

Ⅱ

광산지 인근에 있는 소도시 플뢰아에서 보낸 유년 시절은 그 시기에 이르러 가장 참혹한 국면에 접어들게 된 30년전쟁의 참화로 얼룩져 있었다. 에사이아스 푸펜도르프**Esaias Pufendorf** 목사의 가족은 '극심한 불안과 공포와 전율'을 견뎌내야만 했다. 여러 차례 목숨이 위태로워지기도 했다. 이와 같은 체험을 한 그 시대의 다른 정치사상가들과 마찬가지로 푸펜도르프도 당연히 그런 혼란이 재발하는 것을 방지할 수 있는 안전 보장을 요구할 수밖에 없었다. 그가 훗날 자신이 '루터교' 속에서 성장했다고 강조할 때, 그 초석은 이미 부모의 집에 마련되어 있었을 것이다. 그림마 영주 학교에서 그는 매우 탄탄한 교육을 받을 수 있었는데, 특히 고전문학에 대한 지식에서 그러했다. 자연법론에 관한 그의 주저主著는 이런 교육 배경이 없었더라면 그토록 뛰어나게 저술되지는 못했을 것이다. 그는 자신의 첫 번째 수학 장소인 라이프치히 대학교에서도 고대 연구에 몰두했다. 하여간 그는 여전히 '공식 교설' ***Doctrina publica***로 간주되었던 아리스토텔레스적 · 스콜라적 철학이 전반적으로 지배하는 분위기 속에서 대학 생활을 체험했다. 그가 수학자인 에르하르트 바이겔**Erhard Weigel**과 교분을 맺게 된 것도 아마 라이프치히에서였을 것이다. 수학에만 국한되지 않는 바이겔의 다양한 활약상은 이미 초기 계몽주의를 가리키고 있었다. 그런 바이겔의 독려로 푸펜도르프는 예나 대학교에서 석사학위를 취득한다. 잘라나**Salana**(예나 대학교의 별칭)에서 지속된 수학 기간 동안 그는 철학을 비롯한 여러 학문 분야에서 새로운 조류들과 접할 수 있었을 것이다. 그 후에 푸펜도르프는 친형의 주선으로 코펜하겐 주재 스웨덴 공사를 보좌하는 직책을 맡게 되었다. 그때부터 그의 운명은 단기간에 강국으로 부상한 스웨덴 왕국에 상당 정도 의존하게 된다. 스웨덴이 덴마크를 급습한 후에 그는 재차 전쟁의 공포를 감내해야만 했다. 그러나 덴마크에서의 구금 기간 동안 그는 자연법을 다룬 자신의 첫 번째 주저를 집필할 수 있었다.(『보편적 법학 원론』) **1660**년에 푸펜도르프는 당시에는 아마도 유럽에서 가장 현대적인 국가였던 네덜란드에 도착한다. 그리고는 라이덴에서 당대 최고의 명문인 대학교에 등록한다. 우리는 그가 그곳에서 문헌학 연구에 몰두했지만 동시에 당시 최신의 정신적 조류들과 친숙해질 수 있는 기회도 함께 가졌을 것이라고 추측할 수 있다. 그 후에 그는 네덜란드를 떠나 하이델베르크 대학교의 교수로 쿠어팔츠**Kurpfalz**에 온다. 번창하는 네덜란드와는 정반대로 철저하게 황폐화되었던 이 영지는 칼 루드비히**Karl Ludwig** 선제후의 강력한 통치 아래 모든 생활 영역에서 괄목할만한 향상을 누리고 있었는데, 푸펜도르프도 영주의 정치적 계획에 적극적으로 동참했다. 자신의 삶을 마감할 때까지 푸펜도르프는 여러 차례 권력자들이 일상적인 정치 투쟁을 하는 데에 자신의 필봉을 제공했다. 제국이 처한 상황을 다룬 저서(『독일 제국의 상황』)의 출판은 그를 마침내 유명하게 만들었다. 1667년에 그는 스웨덴에서 이제 막 설립된 룬트 대학교의 교수로 초빙된다. 이 대학교에서 보낸 수년간이 푸펜도르프에게는 그의 생애에서 결정적인 시기였다. 자연법에 관한 그의 주저들(『자연법과 국제법』 및 『인간과 시민의 의무』)이 출판된 것도 이곳에서였고, 주로 독일의 루터교 정통파 출신으로 그의 체계에 반대하는 매우 다양한 적대자들과 격심한 대결에 빠져들게 된 것도 이때였다. 자신을 직업적인 면에서나 도덕적인 면에서 파멸시키려고 하는 모든 시도를 물리치고 자신의 법론을 당당하게 방어함으로써(1668년에 『스웨덴 논쟁』*Eris Scandica*이라는 논박서로 편찬됨), 그는 독일 국내외에서 이때부터 근대적 자연법이 승승장구할 수 있는 기반을 마련했다. 푸펜도르프의 생애 마지막 장은 왕실 사료 편찬관으로서의 활동으로 수놓아져 있는데, 그는 처음에는 스웨덴에서 복무하다가 나중에는 브란덴부르크에서 복무했다. 이 두 왕실에서 그는 오로지 당대의 역사 연구에 몰두했으며, 이런 연구는 동시에 촉탁자가 가진 목전의 이해 관심에 늘 이바지하는 것이었다. 푸펜도르프가 봉사했던 권력은 여러 가지 면에서 공통점이 없는 것은 아니지만 본질적으로는 엄연히 상이한 권력들이었다. 그 하나는 루터교를 열렬히 신봉하면서 유럽에서 두 번째 강대국의 지위를 주장하지만 실은 이미 쇠락의 길에 접어든 스웨덴이었다. 그리고 다른 하나는 계몽된 지배자 가문이 통치하지만 루터교를 믿는 주민들이 살고 있고, 그렇게 크게 도약하리라고는 당시로서는 기껏해야 짐작 정도나 할 수 있었을 만한 브란덴부르크였다. 이 두 강대국이 전통적인 적대 관계 속에서 맞서고 있었다는 사실이 푸펜도르프에게는 정치적 · 역사적 저서들을 집필하는 데에도 그렇고 자신의 개인적 이력을 쌓아가는 데에도 문젯거리가 되었다. 1680년대 중반 이후로 헤게모니를 장악하려는 프랑스의 기도에 맞선 투쟁은 그에게 바로 개인적인 관심사가 되었다. 그가 신학과 교회의 문제에 더욱 깊이 관여하게 된 것도 이와 관련이 있는데, 그는 루이 14세Louis XIV의 정책에서 프로테스탄티즘을 위협하는 가장 커다란 위험을 보았던 것이다. 그의 생애 말년에 푸펜도르프는 라이프치히 사람인 아담 레헨베르크Adam Rechenberg와 크리스티안 토마시우스Christian Thomasius와의 교분을 매개로 하여 다시 자신의 고향과 긴밀한 유대를 회복할 수 있었으며, 이를 통해 그는 점점 더 불만스럽게 전개되는 베를린의 상황에 대처할 수 있는 뒷받침을 얻게 되었다. 그 후 스웨덴으로의 여행은 이미 예전부터 불안정했던 그의 건강을 완전히 해치는 결과를 가져왔다. 베를린으로 돌아온 직후 그는 곧 죽음을 맞이했다.

Ⅲ

푸펜도르프는 후고 그로티우스 및 토머스 홉스와 밀접하게 연계하면서도 또한 이들 사상가들과 경계를 그으면서, 그중에서도 특히 홉스의 체계와 경계를 그으면서 그 자신의 자연법의 원리들을 발전시킨다. 그의 사유의 출발점을 이루는 것은 확고하고 불변하는 법의 원리들에 대한 탐색이다. 이런 원리들은 현행의 로마법에서 찾을 수 있는 것도 아니고, 제민족의 법들을 서로 비교하는 데에서도 아니며, 계시에 의거한 어떤 초월적인 논거에서 구할 수 있는 것은 더더욱 아니다. 엄격한 추론의 일관성을 가지고 보편적 법의 개요를 이끌어낼 수 있는 근본 원리를 탐구하는 것만이 유일한 길이다. 그런 근본 원리는 오직 지금 여기에서 우리에게 나타나는 바대로의 인간의 본성을 관찰함으로써 얻을 수 있는 것이다. 개인은 단지 살아남기 위해서라도 이미, 그리고 '생활 문화' ***cultura vitae***라는 틀 안에서 자신의 생존을 가능한 한 쾌적하게 조성할 수 있기 위해서는 더더욱, 동료들의 도움에 의존하고 있다고 푸펜도르프는 확언한다. 외적 강제와 타고난 성향도 그에 못지않게 사람들을 서로에게로 이끈다. 역사적 관점에서 씨족들이 서로 고립된 채 살아가는 모습으로 생각해 볼 수 있는 (허구적인) 자연 상태 속에서 사는 사람은 한낱 곤궁하고 위험에 가득 찬 삶만을 살 수 있을 뿐이다. 여러 사람이 결합해서야 비로소 개인을 보호할 수 있게 되고, 더 나아가 인류가 추구하는 모든 것의 궁극 목적인 '인간 삶의 완성' ***perfectio vitae humanae***을 향해 나아가게 된다. 공동체 속에서 삶을 영위할 수밖에 없고 또 그러기를 원한다는 사실(사회성***socialitas***)로부터 이런 공동생활에 상응하는 규율들이 도출된다는 필연성이 나온다. 이 규율들이 바로 자연법을 이루는데, 그것은 이성理性의 도움으로 명확하게 인식되어야 한다. 자연법은 보편타당성을 가지고 있으며, 오직 인간의 외적 행위에만 관련된다. 다른 한편 자연법은 근본적으로 '신을 사랑하고, 이웃을 사랑하라'는 계시 율법에 부합한다. 원죄를 저지르고 타락하기 이전에는 사람들이 당연하고 자연스럽게

이 계율을 따랐었다. 그러나 현재의 세계에서 자연법을 인식하는 데에는 지금과 같이 손상된 상태에 있는 타락한 인간만이 문제가 되는 것이다. 반면에 도덕 신학은 내면의 종교적 태도에 주목하는데, 이 내면의 종교적 태도는 다시금 자연법의 규범을 준수하도록 동기를 부여한다. 푸펜도르프가 자연법의 체계를 구체적으로 전개하면서 그 중심에 놓은 것은 언제나 공동체의 이익이다. 각 개인은 공동체의 복리에 힘닿는 대로 기여해야 하며, 공동체에 해가 되는 일체의 행위를 삼가야 한다. 공동생활에 근본이 되는 것은 신에 의해 세워진 인간의 존엄성이 지닌 특별한 가치에 대한 인식, 즉 인간의 자연적 평등에 대한 앎이다. 하지만 이 근본 명제가 기존의 사회적 · 정치적 불평등—이런 불평등의 발생 원인을 푸펜도르프는 대부분 계약으로 소급시키는데—을 인정하는 것과 배치되지는 않는다.

일체의 위험으로부터 가장 효과적인 보호와 '생활 문화'의 가장 효과적인 증진은 국가 형태로 조직된 공동체에 의해 제공된다. 국가 공동체는 일정한 수의 사람들이 우선 서로 간에 맺는 계약, 그리고 그 다음에는—군주정이나 귀족정이나 민주정으로 생각할 수 있는—국가의 선출된 지도자와 맺는 계약이라는 일련의 계약을 통해 발생한다. 결정적인 것은 국가 원수에게 주권이 부여된다는 점이다. 그러나 국가의 운영이 공동체의 생존을 본질적으로 위협할 경우에는 시민들에게 저항의 권리가 귀속된다. 푸펜도르프는 이 저항권을 계약론과 연계한다.(지배자에 의한 계약 파기) 국가의 입법은 자연법을 지향해야 하며, 자연법은 다시 실정법을 거쳐서 비로소 완전한 효력을 지니게 된다. 국가 간의 관계에서는 자연 상태의 관계가 지속된다. 다시 말해 전쟁의 가능성을 항상 염두에 두어야만 한다. 그러나 오직 정의로운 근거에서 개시된 투쟁만이 정당성을 지닌다.

IV

푸펜도르프에 의하면 이성은 자연법의 명령을 따르도록 의지를 제어할만한 충분한 힘을 가지고 있다. 하지만 그는 다른 구절에서는 인간이 타락했기 때문에 자연법의 명령을 따르는 데에 취약하게 되었다는 점도 인정한다. 그의 저작이 계몽주의를 지향하고는 있지만 아직 계몽주의에 속하지는 않는다는 사실이 종종 목격되곤 하는데, 방금 언급한 두 가지 입장이 병존하는 것도 그 증거 중 하나이다. 또 그의 체계에서 신과 종교가 여전히 일정한 역할을 한다는 점도 이를 예증한다. 세계의 창조자와 그의 영속적인 주재主宰를 믿는 일은 인간이 지켜야 할 우선적인 의무들 가운데 하나이다. 자연법의 존재는 최종적으로는 신의 명령에 근거를 둔다. 신의 심판을 알지 못한다면, 다시 말해 양심을 가지고 있지 않다면, 인간이 자연법의 규율과 그것에 기반을 둔 실정법을 따르리라고 확신할 수 없게 된다는 것이다. 그런데 푸펜도르프의 자연법론은 그의 생애 말년에 이르러서야 비로소 명확하게 드러나게 되는 또 다른 신학적 배경도 가지고 있다. 이런 종교적 · 신학적 구성 성분을 이해하려면 17세기가 아직도 종파 간의 분쟁과 신학적 대립으로 각인되어 있었다는 점을 확인하는 것이 중요하다. 목사의 아들인 푸펜도르프는 한때 신학을 공부했었고, 자신을 늘 확고한 루터교도라고 생각했으며, 삶을 마칠 때까지 신학과 교회 분야에 항상 왕성한 관심을 가졌다. 무엇보다도 여러 출판물들(『시민적 삶과의 관계에서 본 그리스도교의 특성』 및 『성스러운 종교법』)이 이를 입증한다. 유저로 출판된 그의 노년기 저서인 『성스러운 종교법』이 푸펜도르프 자신에게는 가장 중요했다. 이 저서는 1700년경에 널리 확산되었던 평신도 신학의 등장을 보여주는 탁월한 사례이다. 『성스러운 종교법』에서 다루어지는 것은 비단 개신교 종파들 사이의 화해 가능성만이 아니다. 푸펜도르프는 여기서 오로지 성경과 이성의 인식에 의거하는 일종의 근본신학을 전개한다. 동시에 이 책은 인간과 시민의 의무를 보완하는 그리스도교도의 의무를 다룰 것이라고 약속한 '도덕신학' *theologia moralis*을 적어도 단초적인 수준에서 제공한다. 참다운 그리스도교도는 다시 태어난 인간으로서 자신의 행위를 자연법의 핵심 취지인 신과 이웃에 대한 사랑에 정향시키는데, 그것도 이성적 통찰에 의해서가 아니라 가장 깊은 내면의 충동에서 그렇게 한다. 그러면 이성에 근거한 자연법의 '생활 문화'를 대신하여 이제 그것을 능가하는 '경건한 그리스도교도의 문화' *cultura christianae pietatis*가 들어서게 되고, 이러한 문화 속에서 영원한 평화와 전반적인 풍요가 지배하게 된다. 여기서 푸펜도르프에게 중요한 문제는 그가 요청했던 합리적 자연법의 지배를 지양하는 것이 아니다. 신이 '대혁명'을 야기하지 않는 한, 그런 합리적 자연법의 지배는 필수적인 것으로 나타난다. 하지만 그 '대혁명'이 일어나고 나면, 그때에는 다른 종류의 법을 따르는 '최상이자 가장 완전한 단계의' *in susspremum et perfectissimum gradum* 새로운 세계가 생성된다. 세계의 기독교화를 향한 그의 열망과 천년왕국설

Chiliasmus에서 영향을 받은 그의 미래에 대한 기대는 푸펜도르프를 당시에 부상하기 시작한 경건주의, 그중에서도 특히 필립 야콥 스페너Philipp Jakob Spener와—물론 전혀 무비판적인 것은 아니었지만—연결되도록 만든다.

V

자연법론의 쇠퇴와 더불어 푸펜도르프가 법사상가로서 지녔던 명성은 퇴색했다 할지라도, 세베리누스 데 몬짬바노Severinus de Monzambano라는 가명으로 출판된 저서 『독일 제국의 상황』(1667)의 저자로서 그는 아직까지도 명성을 누리고 있다. 이 책은 30년전쟁이 종결된 이후 독일 제국이 처한 상황을 유려한 문체로 묘사한다. 이 주제가 다루는 문제는 무엇보다도 푸펜도르프가 국가의 구성 요소라고 단호하게 옹호하는 주권론과 이와 대비되는 제국의 현실 사이의 대립을 극복하는 데에 있다. 그는 독일이 '비정상적인 상태의 어느 한 집단체이며 괴물과도 같은 것' *irregulare aliquod corpus et monstro simile*이라는 유명하면서도 악명 높은 정의를 내리는데, 이 정의는 군주제와 법률상 독립적인 영지들의 느슨한 결합 사이에서 부유하는 제국의 상태를 개념적으로 표현한 것이다. 그는 독일의 헌정 현실을 적극적으로는 '불균등한 동맹 체제' 라고 특징지으려 한다. 이에 따르면 제국의 여러 계층들은 황제의 신하가 아니라 동맹자이지만, 동맹의 우두머리와 비교할 때에는 약화된 권리만을 지닌다. 푸펜도르프가 처음에는 이런 체제 내에서 계층의 자유를 좀 더 강조하다가, 프랑스에 의해 독일이 점점 더 위협받게 됨에 따라 황제의 역할을 더 높게 평가하게 된다.(유저로 출판된 『독일 제국의 상황』의 수정본 참조) 국가와 교회의 관계에 대한 그의 서술도 국가론과 관련되어 있다. 그 요점을 이루는 것은 가톨릭 교회에 대항하는 투쟁인데, 가톨릭 교회가 국가 내에 국가를 세우려고 기도함으로써 모든 주권적 정치 공동체에 극단적인 위험이 되고 있다는 것이다. 국가의 작동 능력을 보전하고 내부의 평화를 지키기 위해서는 교회와 정치를 분리시키는 일이 필수적이다. 그처럼 정치로부터 분리된 교회만이 또한 그리스도교 교리의 확산과 견고화를 중시하는 '독실한 신앙' ***religio solida***을 대표할 수 있다. 이를 통해 교회는 역으로 국가가 인간의 복지를 향상시키는 방향으로 작용하도록 지원하게 된다는 것이다.

Ⅵ

법이론가로서 푸펜도르프가 지녔던 의도가 항구적인 타당성을 지닌 보편적 법의 수립을 목표로 했다면, 그가 자신의 자연법 체계를 구체적으로 형태화할 때에는 늘 고대 작가들의 여러 저서에서 폭넓게 발췌한 역사적 사례들을 재차 끌어들인다. 청소년기까지 거슬러 올라가는 역사에 대한 그의 깊은 관심은 그 밖에 다른 곳에서도 확실하게 입증된다. 그의 생애 마지막 20년 동안에 나온 스웨덴과 브란덴부르크의 역사에 관한 광범위한 저작들은 그때그때 영주가 가지고 있던 이해 관심 속에서 푸펜도르프가 했던 활동과 긴밀하게 연관해서 고찰되어야 한다. (공부하는 청소년들을 염두에 두고 집필되었고 판을 거듭하며 출판된 『주요 제국과 국가들의 역사 입문』*Einleitung zu der Historie der vornehmsten Reiche und Staaten*은 제한적으로나마 예외가 되는 경우이다.) 이 저작들은 해당 국가의 정치를 정당화하고, 이를 통해 그 당시의 여론 형성에 영향을 주면서 역사로부터 얻는 교훈을 인식할 수 있도록 하려는 의도를 가지고 있다. 이런 방향으로 경도된 서술을 이끄는 주요 개념은 각각의 공동체가 지닌 '상황적 합리성' *ratio status*인 바, 그것은 어떤 특정한 행위를 요구한다. 만일 정치 지도자가 자신과는 독립적으로 존립하는 이해 관계의 정세를 무시한다면, 그것은 국가에 불리한 방향으로 작용하게 된다. 푸펜도르프는 그가 이용할 수 있는 문서들을 광범위하게 활용하여 자신이 서술하는 내용의 근거를 마련하지만, 또한 고대 역사 기술의 요소(즉 허구적인 이야기들)를 재차 끌어들이기도 한다. 이때 진술의 전면에 놓이는 것은 항상 국외 정치이고, 국내 정치라든가 문화사적 주제나 경제사적 주제들은 기껏해야 주변적으로 언급될 뿐이다.

Ⅶ

자연법에 관한 푸펜도르프의 저서들은 다양한 방향의 정치사상들로부터 매우 비중 높게 수용되었다. 『인간과 시민의 의무』만 하더라도 100판이 훨씬 넘을 만큼 거듭해서 출판되었고, 원문이 여덟 가지 언어로 번역되었으며, 수많은 해설서가 나왔다. 그중에서도 자연법에 관한 두 편의 주저를 위그노교도인 장 바르베이락**Jean Barbeyrac**이 옮긴 프랑스어 번역서들이 가장 큰 의미를 지니는데, 이 번역서들은 그동안 학자들 사이의 의사소통 수단이었던 라틴어를 대체하는 언어로 계몽주의 시대의 독자들이 푸펜도르프의 저서에 접근할 수 있도록 만들어주었다. 독일에서는 거의 모든 대학교에서 자연법에 관한 강좌가 개설되었다. 독일에서 자연법론을 수용하고 계승한 사람들 중에서는 크리스티안 토마시우스, 크리스티안 볼프**Christian Wolff**, 요한 고트리프 하이네키우스**Johann Gottlieb Heineccius**를 가장 중요한 인물들로 꼽을 수 있다. **1794**년 프로이센에서 발효된 '일반 국법' **Allgemeines Landrecht**은 자연법에 기초를 두고 있다. 영어권에서는 무엇보다도 (프랜시스 허치슨**Francis Hutcheson**을 비롯한) 스코틀랜드 철학 속에서 푸펜도르프의 영향력이 지속되었다. 또한 인간의 존엄성과 평등에 관한 그의 학설은 미국 헌법의 원리가 형성되는 데에 최소한 간접적으로라도 기여를 했다.

–데틀레프 되링 **Detlef Döring**

몽테스키외
Montesquieu(1689~1755)

– 연대표 –

1689년	1월 18일 프랑스 보르도Bordeaux 남쪽에 있는 라 브레드LaèBrède 성에서 샤를-루이 드 스콩다, 라 브레드 겸兼 몽테스키외 남작Charles-Louis de Secondat, Baron de la Brède et de Montesquieu 출생.
1696년	어머니의 사망 이후 어린 나이에 라 브레드 남작 작위 취득.
1700~05년	파리Paris 북동쪽에 있는 오라토리오회 소속 학교 쥐이Juilly에서 수학.
1705~08년	법학을 전공.
1708년	법학사 취득. 보르도 의회의 법률 고문.
1709~13년	파리에 체류.
1714~26년	보르도 의회의 평정관을 지내다가 후에 고등법원 원장이 됨.
1715년	위그노교도인 잔 드 라르티그Jeanne de Lartigue와 결혼.
1716년	보르도 아카데미의 회원으로 선출됨. 라 브레드의 성주로서 몽테스키외 남작 작위를 상속받음.
1721년	『페르시아인의 편지』*Lettres persanes* 출판.
1726년	고등법원장직에서 사퇴.
1728년	프랑스 아카데미Académie française의 회원으로 선출됨.

1728~29년 빈Wien, 헝가리Hungary, 베네치아Venezia, 밀라노Milano, 로마Roma, 나폴리Napoli를 여행함. 브렌너Brenner를 거쳐 뮌헨München, 쾰른Köln, 하노버Hannover, 하르츠Harz로 여행을 계속함. 네덜란드를 거쳐 영국으로 감.

1729~31년 영국에 체류. 왕립학회Royal Society와 프리메이슨단Freemason의 회원이 됨.

1734년 『로마인의 성쇠 원인론』*Considérations sur les causes de la grandeur des Romains et de leur décadence* 출판.

1748년까지 『법의 정신』*De l'Esprit des lois*을 집필.

1745년 『법의 정신』의 발췌문 낭독.

1748년 주저 『법의 정신』을 제네바에서 출판.

1750년 『법의 정신 변호』*Défense de L'Esprit des lois* 출판.

1751년 『법의 정신』이 금서 목록에 오름.

1755년 수년 전부터 시력을 잃고 있다가 파리에서 2월 10일에 사망.

I

몽테스키외의 조상들은 무관武官 귀족noblesse d'épée과 법복法服 귀족noblesse de robe에 속했다. 청년 몽테스키외는 법학을 전공하고 보르도 의회의 법률 고문이 된다. 법원장직에 취임하고 나서 결혼을 한 후에는 보르도 아카데미의 회원으로 선출된다. 지방 도시인 보르도의 의회와 아카데미는 인적으로나 사회적으로나 서로 긴밀하게 연결되어 있었다. 호기심 많고 교양 있으며 교육받은 인물들이 또한 공직자로서의 품위와 귀족으로서의 지위를 자각하고 있었던 것이다. 성주이자 아카데미 회원으로서 몽테스키외는 프랑스 남서부에 뿌리를 두고 있었으나, 탐구적이고 지식욕에 불타던 그는 또 다른 것도 원했다. 그는 문필가로 출세하고 싶었던 것이다.

근엄한 재판관인 그는 1716년에서 1720년 사이에 당돌하고 재미있는 소설 『페르시아인의 편지』를 익명으로 집필하면서, 동시에 자신의 『법학 논총』*Collectio juris*을 구상한다. 아카데미에서는 경험을 우선시하고 전승된 견해나 선입견이나 권위에 의거한 논증과 결별하는 것과 같은 전적으로 근대적인 의미에서의 자연과학이 연구되고 있었다.(B, 17) 몽테스키외의 자연과학적 작업들은 그리 중요하지 않다. 반면에 그가 1716년 4월 18일에 아카데미에서 강연한 『종교에 관한 로마인의 정책에 대한 논고』*Dissertation sur la politique des Romains dans la religion*는 흥미롭다. 사회적 삶의 현상으로서 종교는 이제부터 그가 지속적으로 다루는 주제가 된다.

로마인들에게 종교의 기초를 놓은 것은 공포도 아니고 연민도 아니며, 다만 모든 사회가 그것에 회부되어 있다고 여기는 종교를 한

가지 가지고 있어야 한다는 필연성이다.(*Pl* I, 81)

종교는 간명하게 사회적 사실, 즉 정치적 · 역사적 관심의 대상으로 고찰된다.

루이 14세가 사망하고 오를레앙Orléans의 필립Philippe 공이 통치권을 넘겨받고 나자 억압과 속박이 어느 정도 완화되었다. 국가적 통제와 교회의 감독이 느슨해진 것이다. 통치자와 그의 신하들은 인생을 즐겼다. 오를레앙의 필립 공은 일주일에 세 차례씩 왕궁에서 무도회를 열었다. 정신은 좀 더 자유롭게 활동하며 움직일 수 있게 되었다.

몽테스키외의 『페르시아인의 편지』는 네덜란드에서 출판되었다. 이 소설의 저자는 익명으로 남았다. 출판업의 관점에서 볼 때 『페르시아인의 편지』는 대성공이었다. 이 소설로 초기 계몽주의는 최초의 문학적 걸작을 보유하게 되었다.(E. Mass) 소설은 부유한 페르시아인인 우스벡Usbek과 리카Rica가 그리스도교 국가와 서양의 지혜를 접하기 위해 이스파한Isfahan을 떠나 유럽을 여행하면서 보고하는 편지의 형식으로 짜여 있다.

그 편지의 내용은 유럽에서 생활하면서 얻은 인상들이다. 무엇보다도 프랑스를 순진하게 놀라워하는 태도로 관찰하고 서술한다. 루이 14세의 통치라든지 낭트Nantes 칙령의 철회(1598년 앙리 4세가 낭트에서 신교도에게도 가톨릭교도와 동등한 권리를 인정하는 낭트 칙령을 발표했고 이 칙령을 통해 개인의 종교적 자유가 인정되어 위그노전쟁이 종결되었으나 1685년 루이 14세에 의해 폐지됨)라든가 위그노교도에 대한 박해와 관련된 몽테스키외의 비판은 85번째 편지에서—페르시아인을 가장한 모습으로—발견된다. 우스벡이 미르자에게 다음과 같이 쓴다.

"미르자, 당신도 알다시피 솔리만 왕의 몇몇 장관들이 페르시아에 사는 모든 아르메니아인들로 하여금 나라를 떠나거나 아니면 이슬람교도가 되도록 강제하려는 계획을 세운 적이 있소. 그들은 이교도들이 이 나라에 머무는 한 우리 나라가 영원히 더렵혀지는 것이라고 여겼다오. 만약 사람들이 이 문제에 관해 자신들의 맹목적인 열광을 그대로 따랐더라면, 페르시아의 위대함은 훼손되고 말았을 것이오."

그러나 이 계획은 무산되었다.

"우연이 이성과 정치가 해야 할 역할을 하여, 전투에서 패해 두 도시를 점령당하는 것보다도 더 큰 위험에서 제국을 구해냈던 것이오. 만일 아르메니아인들을 추방했더라면, 이 나라의 모든 상인과 거의 모든 수공업자들을 한꺼번에 쫓아내는 결과가 될 뻔했소."

"우리들 중에서 열광적인 이슬람교도들이 조로아스터교도들에게 가한" 박해도 이와 마찬가지라는 것이다. 한 국가 안에 다수의 종교가 존재하는 것은 아주 유익한 일이다. 물론 종교 전쟁이 벌어지기도 했다.

"그러나 엄밀하게 살펴보면 종교 전쟁을 유발하는 것은 종교의 다수성이 아니라 스스로 국가 종교의 신봉자라고 여기는 사람들에게 가득 차 있는 불관용의 정신, 유대인들이 이집트인들에게서 물려받아 마치 집단 전염병처럼 이슬람교도와 그리스도교도에게 퍼져나간 개종 강요의 정신이라오. 이런 정신의 확산은 인간의 이성이 완전히 현혹되어 나타난 광기라고밖에는 볼 수 없소."

우스벡이라는 페르시아인을 통해 몽테스키외가 표현하고자 하는 바는 불관용과 비인간적인 폭력에 대한 혐오감만이 아니라 현명하지 못한 전제적 지배자에 대한 비판이기도 하다. 이런 폭군은 종교적 광신자들을 제멋대로 하도록 내버려 둠으로써 자기 자신과 국가를 해치게 된다는 것이다. 무의미한 엄격함과 불필요한 강압이 도대체 무엇에 도움이 된다는 말인가? 80번째 편지에서 우스벡은 다음과 같이 쓴다.

"어떤 정부 형태가 가장 이성적인 것인가를 되풀이해서 자문해 보았소. 내가 보기에는 자신이 세운 목표를 최소한의 부담으로 달성하는 정부 형태가 가장 완전한 것일 듯하오. 그렇다면 최상의 정치가는 사람들이 가지고 있는 자연스러운 기질에 부합하게끔 그들을 다스리는 자일 것이오. 민중이 엄혹한 정부 아래에서만큼이나 온화한 정부 아래에서도 순종한다면, 온화한 정부를 선호하는 것이 마땅하오. 왜냐하면 엄혹함은 비이성적인 데 반해, 온화한 정부가 보다 더 이성적이기 때문이오. 사랑하는 레디, 사람들이 법에 순종하는 것은 엄중한 처벌 때문이라고 생각할 필요는 없소. 처벌이 포악하고 잔인한 나라에 못지않게 처벌이 관대한 나라에서도 사람들은 법을 경외한다오."

자연은 이성의 길을 가리킨다.

폭정, 잔혹함, 인간 본성의 훼손과 모욕—전제 지배가 후궁에 가두어 둔 여성들에게 강요하는 것은 다름 아닌 거세된 노예이다. 페르시아에서 우스벡 나리의 호의가 중요하듯이 베르사유**Versailles**의 궁중 신하들에게는 루이 14세의 호의가 중요하다. 후궁의 여성들과 태양왕의 나인들에게서 질투와 시기와 공명심과 소유욕은 복종의 추악한 이면이다. "내시와 궁녀와 나인들에게 호의는 노예적 복종의 대가이다."(C. Spector) 베르사유에서는 왕에게서 나온 것이면 모두 주목받기 때문에 아주 가치 있는 것이 된다고 생-시몽 공Duc de Saint-Simon은 보고한다. 왕이 눈길을 한 번 주거나 누군가를 향해 돌아섰다는 사실만으로도 화제가 된다는 것이다.

96번째 편지에서는 내시감內侍監이 파리에 체류하고 있는 자기 주인에게 다음과 같이 보고한다.

"모두가 알다시피 우리에게 예속되어 있는 여자들의 수가 많으면 많을수록 그들은 덜 문제를 일으킵니다. 그러면 그들은 더욱더 총애를 받으려고 애써야 하고, 무엇인가를 함께 도모할 기회가 더욱 적어지며, 더욱 순종하는 모습을 내보이려고 하게 되는데, 이 모든 것이 그들을 얽어매는 족쇄를 마련해줍니다. 한 쪽이 다른 쪽을 늘 감시하면서, 마치 그들이 우리와 동맹을 맺고 더 강한 종속에 자신을 내맡기듯이 행동하게 되는 것입니다."

부자유 속에서는 사람들이 스스로를 노예화하며, 덕도 존재할 수 없고 존엄성 있는 인간적 삶도 존재할 수 없다.

『페르시아인의 편지』를 출판하고 나서 법원장 몽테스키외는 수도 파리 사회에 자신을 알리고 싶어 했다. 유력한 명문 귀족인 베르윅 공Duc de Berwick이 그에게 궁중으로 가는 길을 놓아 주었다. 베르윅과 그의 아들 리리아 공Duc de Liria을 통해서 그는 유서 깊은 무관 귀족들과 사귀게 되었다. 다른 한편 그는 엄청난 부자이면서 물의를 일으키곤 하는 삶을 사는 베르틀로Berthelot 및 파르베뉘스 Parvenüs와도 교분을 맺는다. 화요일과 수요일에 자신의 살롱에서 사교 모임을 여는 랑베르 부인Madame de Lambert은 또 이와 전혀 다른 유형이다. 이 사교 모임에서 법원장은 과학 아카데미

Académie des Sciences의 총장이자 프랑스 아카데미 및 금석학회 Académie des Inscriptions의 회원인 퐁트넬Fontenelle을 만난다. 랑베르 부인을 둘러싸고 있는 수준 높은 정신의 소유자들 무리 속에서는 스토아 학파로부터 유래하는 명예에 대한 일정한 견해가 살아 숨쉬고 있었다. 랑베르 부인은 의무, 취향, 사랑, 우정 등에 관해서 글을 쓴 교육받은 작가였다. 몽테스키외도 『의무론』*Traité des devoirs*을 저술하여 1725년 5월에 보르델레즈 아카데미에서 낭독했다. 이 원고는 오늘날 대부분 분실되거나 소실되었다. 그러나 그 저자가 이 작품과 관련하여 스토아 철학자들, 그중에서도 특히 마르쿠스 아우렐리우스Marcus Aurelius의 『명상록』*Selbstbetrachtungen*을 읽었다는 사실은 알려져 있다.

『의무론』에서 몽테스키외는 존경과 경탄을 표하면서 다음과 같이 쓴다. 제논Zenon의 공동체는 다만 "향락과 고통에 대한 경시"를 과장했을 뿐이며, 그것은 존경받을 만한 일이었다. 스토아 철학자들은 모두 사회를 위해 일하는 것이 자신의 사명이라고 믿었다. "자신들의 철학만으로도" 그들은 이미 행복을 누렸으며, "타인의 행복만이 그들 자신의 행복을 더욱 증대시킬 수 있으리라고 믿었던 것으로 보인다."(*Pl* I, 109 이하) 몽테스키외는 자신의 논고로 스피노자B. de Spinoza와 홉스의 생각을 반박하고자 했다. 그는 스피노자에 대해서는 인간의 자유의지를 부인하여 도덕철학 일체의 지반을 박탈해버렸다고 비판한다. 또한 그는 홉스가 보다 덜 극단적이기 때문에 오히려 더 위험하다고 보았다. 인간의 자연 상태는 전쟁 상태가 아니다. 사람들은 서로를 좋아하며, 서로 가까이 있고 싶어 한다는 것이다.

몽테스키외는 자신의 사회적 지위와 정신적 지향에 대해 확신을 가질 수 없었다. 1727년에서 1728년으로 해가 바뀔 무렵 그는 몇 가지 난관을 뚫고 마침내 프랑스 아카데미에 입회하는 데에 성공한다. 그 직후에 그는 유럽 대장정에 나선다. 1728년에는 프랑스의 외교관직에 기용되려고 노력을 기울인다. 그러나 루이 15세의 장관인 플뢰리Fleury 추기경은 몽테스키외의 이런 지망에 아무런 관심도 보이지 않았다. 정치 활동에 입문하려는 몽테스키외의 시도는 결국 수포로 돌아간다.

1734년에는 『로마인의 성쇠 원인론』이 출판된다. 여기에서 몽테스키외는 공화정 시대의 로마인들이 지녔던 전사戰士의 정신과 덕과 검소함에 주의를 환기시킨다.

다른 어떤 나라도 그만큼 현명하게 전쟁을 준비하고 결연한 대담성을 가지고 수행했던 적이 없다.(*C*, II)

로마와 스파르타가 그러했듯이, 사람들이 두려움이나 이성적 근거에서가 아니라 열정에서 우러나와 법을 따르는 공화국보다 더 막강한 것은 없다.(*C*, IV)

로마인들은 긍지 때문에 명예를 추구했지만, 카르타고인들은 탐욕 때문에 명예를 갈구했다.

카르타고인들이 외국 용병을 사용했던 반면, 로마인들은 그들 자신의 군대를 사용했다.

로마에서는 오랜 관습과 습관화된 검소가 재산을 서로 어느 정도 균등하게 유지되도록 만들었다.

로마인들은 국가의 공익을 위해 기꺼이 헌신했다. 그들은 다른 민족들을 "호령하려고" 했다. 이와 달리 카르타고인들은 "전쟁을

좋아하지도 않으면서 수행했다." "로마는 그 견고함에서 하나의 기적이었다."(*C*, IV)

로마가 진정으로 성실하게 평화를 체결한 적은 없었다. 다만 정전停戰 상태가 있었을 뿐이다.

로마인들의 이런 풍습은 우연이 아니라 확고한 원칙이었다. 그리고 이 점은 쉽게 알 수 있는데, 그들이 최강의 국가들을 상대로 지켰던 원칙들이 다름 아니라 그들이 초기에 이웃 약소 도시들을 상대하면서 지켰던 원칙과 똑같은 것이었기 때문이다.(*C*, VI)

외부에서의 성공에 상응하여 로마 내부에서도 평화가 이루어졌다.

로마의 정부 형태는 감탄할 만했다. 왜냐하면 로마가 성립된 이후로 민중의 성향을 통해서건 아니면 원로원의 우위 또는 특정한 국가 기관이 지닌 권위를 통해서건 어떠한 권력 남용도 늘 바로잡을 수 있도록 헌정이 마련되어 있었기 때문이다.(*C*, VIII)

로마의 헌정에는 균형이 존재했다. 여기서 몽테스키외는 영국 군주정의 개혁 능력을 참고하라고 지시한다. 로마가 개혁 능력을 상실한 것은 카이사르G. J. Caesar와 그 후계자들의 통치 아래에서이다. 로마 공화정이 지닌 독특성이 세계 패권국으로 부상할 수 있었던 조건이었다. 그러나 황제들의 통치 아래에서는 꼭 필요한 개혁들이 이루어질 수 없었다. 군부와 군주제 헌정과 외부 과업들이 이제 더 이상 서로 부합하지 않게 되었다.

세계를 지배하는 것은 결코 우연이 아니다. 어느 특정한 계획에 따라 행동하는 동안에는 끊임없는 성공을 거두었던 반면에 또 다른 계획에 따라 행동을 취하는 동안에는 퇴각을 거듭해야만 했던 로마인들에게 한 번 문의해보라. 모든 군주정에서 작용하면서 군주정을 일으키기도 하고 유지시키거나 지탱하기도 하는 보편적 원인들이 있는데, 그것들은 부분적으로는 도덕적 본성을 가지고 있고 부분적으로는 물리적 본성을 가지고 있다. 일체의 사건들은 이런 원인들의 법칙 아래에 있다. 어느 한 전투에서 벌어진 우연, 다시 말해 어느 특정한 원인이 한 국가를 멸망시켰을 경우라 할지라도 그 국가가 바로 그 한 번의 전투로 멸망할 수밖에 없도록 작용을 미친 보편적 원인이 있게 마련이다. 한 마디로 말하자면, 근본적인 전환이 그 이후의 모든 사건들을 초래한다.(*C*, XVIII)

『로마인의 성쇠 원인론』은 정치에 대해 열정적인 관심을 가지고 있던 어느 한 사람의 증언이다. 여기에서는 제국의 흥망이라는 핵심 문제에 대한 답변이 모색되고 있다. 몽테스키외는 로마가 이탈리아 너머로 확대된 것에서 좌절의 싹을 찾는다.

그 영토가 알프스와 바다를 넘어섰을 때, 여러 차례의 지속적인 출정을 위해 정복한 나라에 불가피하게 주둔시켜 놓은 병사들은 점차 시민의식을 잃게 되었다. 그리고 군대와 왕국을 좌지우지할 수 있게 된 장수들도 자신들이 가진 힘을 자각하고서는 더 이상 복종하려 들지 않았다.(*C*, IX)

정치적 삶 속의 강렬한 반목은 결국 시민전쟁으로 변질되었다. 혼합적 헌정이라는 법률은 소규모의 공화국에는 좋았었지만 대제국에는 쓸모없는 것이었다. "법률의 자연적 작용은 필연적으로 대규모의 국민을 만들어내면서도 그들을 다스리지는 못하는 것이기 때문이다."(*C*, IX)

공화국은 이런 법률로 행복한 번영을 누렸었다. 불화가 로마를 파멸시켰다고 주장하는 것은 옳지 않다. "물론 로마에도 불화가 존재했으며, 밖에서는 그토록 긍지 높고 대담하고 용맹스럽던 병사들이 도시 안에서는 절도와 의연함을 지키지 못했다." 진정한 통일은 조화로운 통일에 있다. "그것들이 서로 그토록 대립하는 것처럼 보일지라도" 부분들은 사회의 보편적 복리에 기여한다. "그것들은 마치 작용과 반작용을 통해 서로 영원히 결합되어 있는, 전체 세계를 이루는 부분들과도 같다."(*C*, IX) 민족 정신(보편 정신**esprit général**)은 황제 시대의 로마에서는 더 이상 그에 부합하는 법률과 헌정을 가지지 못했다. 로마는 "자신의 자유를 상실했다."(*C*, IX) 아우구스투스**Augustus**는 노예 상태**servitude**를 이끌고 왔다. 합법성을 가장하여 폭정을 휘두르고 시민들을 염탐하는 짓, 이것이 티베리우스**C. N. Tiberius**가 한 일이다. 또 카라칼라**Caracalla**가 맨 처음 한 일은 동생을 살해하는 것이었다. 몽테스키외가 묘사하는 황제 시대의 모습은 그 이상 더 암울할 수는 없을 것이다.(C, XIII; *C*, XIV; *C*, XVI)

『페르시아인의 편지』와 『로마인의 성쇠 원인론』에서 몽테스키외는 폭력 지배의 공포를 연구하고 분석한다. "이런 황제들의 가공할 폭정은 로마인들이 가지고 있던 보편적인 본질적 특성**esprit général**에서 기인한다." 자유로운 공화국에서 권위주의적인 황제 국가로의 이행은 너무도 급작스러웠다. 이런 이행을 매개했을 법한 "온화한 풍습"은 존재하지 않았다. "검투사들의 격투를 계속 관람하면서 로마인들은 잔인하고 거칠어졌다." "자신의 자식들과 노예들을 대하면서 인간 본성을 무시하는 데에 익숙해진" 그들이 "우리가 인간다움이라고 부르는 덕을 알기란 쉽지 않았다."(*C*, XV) "로마의 민중들, 그보다는 '평민' **plebs**이라고 불리던 그 일부는 최악의 황제조차 결코 증오하지 않았다." 그들은 "전체 민중들 중에서도 가장 경멸할 만한 자들이 되었다." 큰 가문家門들은 모조리 약탈당했으며, 절개와 지조를 지닌 인물들은 우두머리들로부터 미움을 받았다.

1734년 말에 몽테스키외는 법, 국가, 관습, 경제, 지리에 관한 대작을 집필할 결심을 한다. "읽어야 할 것은 너무 많고, 읽은 것 중에서는 아주 조금만 이용할 수 있을 뿐이다."(*Pl* II, 1038) 1748년에 마침내 제네바에서 『법의 정신』이 출판된다. 디드로D. Diderot는 자신의 『맹인서간』*Lettre sur les aveugles* 때문에 1749년에 뱅센Vincennes에서 투옥되었지만, 몽테스키외는 자신의 저서가 로마 법왕청에 의해 금서 목록에 오르는 것을 감수하기만 하면 되었다. 그러나 그는 자신의 저서에 대해 유죄 판결이 내려진 것에 큰 충격을 받았다. 1755년에 샤를-루이 드 스콩다, 라 브레드 겸 몽테스키외 남작은 파리에서 사망하여 생-쉴피스Saint-Sulpice 교회에 안장된다.

Ⅱ

몽테스키외가 자신의 저서 『법의 정신』에서 시도한 것은 정치·사회 세계에 대한 전체적인 조망이다. 그가 상술하고자 한 것은 "포괄적인 총체들"vastes totalités이다.(*B*, 8) 헤겔은 그의 법철학에서 몽테스키외의 이런 '총체성'에 대한 고찰을 강조하여 부각시켰다. 총체들이 서로 비교되고 관련지어진다. 그리고 개별적인 계기들은 전체 질서 및 각각의 상이한 시대와의 연관 속에서 고찰된다. 『로마인의 성쇠 원인론』에서도 그렇지만 『법의 정신』에서는 이런 점을 더욱 뚜렷하게 인지할 수 있다. 무엇이 존재하며 무엇이 존재해야 하는가가 문제가 되는 것이다. 몽테스키외는 "상대적 확실성"에 도달하게 되는데, 즉 무엇인가가 어느 한 연관, 다시 말해 어느 한 국가 형태에서는 좋은 것일지라도 그와 다른 총체 속에서는 그를 수도 있다는 것이다.(*B*, 7) 불연속적인 것, 단절, 파편화된 것은 라 브레드 남작의 문체에서 전형적이다. 에라르J. Ehrard는 독자들이 이해하는 데에 방해가 될 수 있는 '암초들'에 대해 경고한다. 몽테스키외는 그의 『사색』*Pensées*에서 자신의 문체에 대해 다음과 같이 밝힌다.

글을 잘 쓰려면 지루해지지 않도록 하기 위해 떠오르는 생각들을 과감하게 생략해야 한다. 그렇다고 너무 많이 생략해서도 안 되는데, 그렇지 않으면 사람들이 이해하지 못하게 될 수 있다.(*Pl* I, 1220)

18세기 전반에는 사람들이 자연(본성)Natur을 척도이자 주도적 이념이라고 생각했다. 인간의 본성은 사물의 본성에 결부되어 있다. 『법의 정신』의 서문에서 몽테스키외는 다음과 같이 말한다. "내가 내세우는 원칙들은 내가 가진 선입견에서가 아니라 사물의 본성에서 끄집어낸 것이다." 하나의 '근원적 이성'이 자연과 그 법칙들을 창조했다. 신은 우주를 창조하고 보존하는 자라고 이신론자理神論者 몽테스키외가 신앙 고백을 한다. 자연 속의 관계들이 자연의 법칙들이다. 이 법칙들은—이 시대의 이해 방식으로는—기술적記述的이면서 또한 규범적이다.(*Edl* I, 1) 『법의 정신』은 모두 31권으로 구성되어 있다. 이들 31권은 서로 다른 시기에 생성되었다. 다시 말해 저자가 이 저서를 처음부터 끝까지 한 번에 쭉 집필한 것은 아니다. 『법의 정신』에 내재하는 무질서는 한편으로는 의도된 문체이고, 다른 한편으로는 그것의 발생 방식에 의해 조건지어진 것이다.

제1권에서 법에 대한 정의들이 논해지고 난 후에 (제2권과 제3권에서) 여러 가지 정부 형태들과 그 원리들이 소개된다. 그 다음으로는 정부 형태들과 관련된 사회생활의 다양한 영역들, 즉 교육, 민법 및 형법, 형벌의 확정, 사치, 여성의 지위, 정부 형태의 타락, 방위, 공격력, 정치적 자유와 시민, 조세 등의 문제들이 제4권에서 제13권에 이르기까지 다루어진다. 제14권에서 제18권까지는 자연적 요인들causes physiques, 그중에서도 특히 기후 풍토가 다루어진다. 제19권에서는 한편으로는 법, 그리고 다른 한편으로는 민족의 정신 상태esprit général, 관습, 생활 방식 사이의 연관성이 논의된다. 제20권에서 제25권까지는 상업이나 화폐나 종교 같은 문화적 요인들이 논해진다. 제26권과 제29권은 보다 근본적인 문제들을 다룬다. 이 두 권은 책의 순서에서 잘못 정렬된 듯한 인상을 준다. 역사적 논의로 되돌아가는 나머지 네 권이 책의 결말을 이룬다. 제27권은 로마 상속법을 다루고, 제28권과 제30권과 제31권은 프랑스 법질서의 기원, 프랑켄 지역의 봉건법, 프랑크·프랑스적 군주정과 그 귀족들의 기원에 할애된다.

고전 철학에서와 마찬가지로 몽테스키외에게도 사회적 삶의 틀을 이루는 것은 국가이다. 『법의 정신』에서 전개된 이론에서는 공화정, 군주정, 전제정이라는 세 가지 국가 형태가 대등한 것으로 나란히 병치되어 있다. 전제정은 국가의 근본 형태 가운데 하나이지 타락한 형태가 아니라는 것이다. 이는 새로운 생각이다. 공화정에서는 최고 권력을 민중 전체가 갖거나 민중의 일부가 갖는다. 전자가 민주제이고, 후자는 귀족제이다. 군주정과 전제정에서는 한 사람이 통치한다. 하지만 군주정이 "확고하게 규정된 법률"에 의해 지배되는 반면에, 전제 군주는 "자신의 기분에 따라" 자의적으로 지배한다. 이상이 "국가 형태들이 지닌 본성"이다.(*Edl* II, 1)

각각의 정부 형태에는 거기에 생기를 불어넣어 주는 한 가지 원리가 제각기 귀속된다. "그 원리는 인간의 열정passions에 놓여 있다."(*Edl* III, 1) 민중 전체가 스스로를 다스리는 민주제는 덕德vertu을 요구한다.(*Edl* III, 3) 귀족들이 다스리는 귀족정은 절제modération를, "그것도 영혼의 무관심과 나태에서 나오는 절제가 아니라 덕에 기반을 둔 절제를" 필요로 한다.(*Edl* III, 4) 군주정은 명예honneur를 그 원리이자 동인으로 삼는다. 뛰어나고자 하는 요구, "각각의 모든 사람과 모든 계층이 지닌" 자긍심이 "정치적 덕을 대신한다." 귀족들은 군인이나 법관이나 행정관으로서 왕에게 봉사하면서 출중해지고 싶어 한다.(*Edl* III, 6) 전제정은 공포crainte를 필요로 한다. 여기에서는 공화정의 덕이 불필요하고 군주정의 명예는 오히려 위험하다.(*Edl* III, 9)

공화정은 고대 그리스와 로마에 존재했었다. 몽테스키외가 이탈리아를 여행하면서 접했던 베네치아와 제노바Genova는 귀족제적 공화국들이었다. 군주정은 유럽, 즉 영국과 프랑스와 스페인에 존재한다. 18세기의 정치 현실은 군주정에 의해 규정되고 있었다. 전제정은 동양에 존재한다. 터키의 술탄Sultan이라든가 인도의 무굴Mughul이라든가 중국과 일본의 황제가 그런 전제군주이다. 전제정은 우선 나쁜 것인데다가 통상 유럽의 외부에만 존재한다. 몽테스키외가 이런 정보를 얻은 곳은 다음과 같은 여행 보고서들이다. 리코P. Ricaut, 『오토만 제국의 현 상황사』*Histoire de l'état présent de l'Empire ottoman*(1670); 타베르니에J.-B. Tavernier, 『여섯 차례의 터키, 페르시아, 인도 여행기』*Les six voyages en Turquie, en Perse et aux Indes*(1679); 『슈발리에 샤르댕 씨의 페르시아와 그 외 여러 동양 지역 여행기』*Voyages de M. le Chevalier Chardin en Perse et aux autres lieux de l'Orient*(1686~1711). 몽테스키외가 묘사하는 전제정은 그가 고안해낸 경악스러운 허깨비이다. 그가 이 여행 보고서들에 수록된 자료들을 이용하는 방식은 전혀 객관적이거나 사실적이지 않다. 몽테스키외에게 전제정에 상응하는 타락한 정부 형태란 없으며, 전제정은 그 자체로 나쁜 것이다.

그와 달리 공화정이나 군주정은 타락할 수도 있다. 하지만 그것들이 균형을 유지하면서 시민들에게 안전과 자유를 보장할 수도 있다. 전제정은—이렇게 암시되고 있는데—유럽식 군주정이 그렇게 될 수도 있는 타락한 형태이다.

유럽의 대부분 민족들은 아직 관습에 의해 다스려지고 있다. 그러나 장기간의 권력 남용이나 대규모의 정복으로 인해 전제주의가 일단 관철되고 나면 관습도 기후 풍토도 그것을 막을 수 없게 될 것이다. 그렇게 되면 아름다운 이 대륙에 사는 사람들도 다른 세 대륙에 사는 사람들이 겪고 있는 치욕을 적어도 한동안은 감내해야만 할 것이다.(*Edl* VIII, 8)

리슐리외Duc de Richelieu가 "합의제 관청의 완고함에서 벗어나야 한다"고 요구한 사실은 이 정치가가 전제주의의 독을 얼마나 깊이 들이켰는지를 보여준다. 법원장 몽테스키외는 의회에 다음과 같은 사실을 상기시킨다.

법의 수호자가 되어야 할 단체는 일을 천천히 처리해야 자신의 의무를 가장 잘 완수할 수 있다. 왕실이 국법에 대해 충분히 통찰하지 못하고 성급하게 결정을 내릴 때에는 신중한 사려를 기대할 수가 없다. 일을 천천히 처리함으로써 군주가 정사를 돌볼 때 신중하게 사려할 수 있도록 도와야 한다.(*Edl* V, 10)

의회와 법원은 이런 역할을 수행하는 유용한 중간 심급이다. 그런데 루이 14세가 국가의 버팀목이 되는 이들 기관의 권리를 박탈한 것은 얼마나 큰 잘못인가? 『페르시아인의 편지』에서 『법의 정신』에 이르기까지 몽테스키외는 지칠 줄 모르고 프랑스 귀족의 무력화와 지위 격하를 개탄한다. 그래서 그는 "종속적인 하위의 중간 권력**pouvoirs intermédiaires**이 존재한다는 것은 군주제적 정부 형태, 다시 말해 한 사람이 헌법에 따라 통치하는 정부 형태의 본질을 이룬다"고 강조한다. 그리고 귀족은 "가장 자연스러운 하위의 중간 권력"으로서 "군주정의 본질"에 속한다는 것이다.(*Edl* II, 4)

1729년에서 1731년까지 몽테스키외는 영국에 체류한다. 이곳에서 그는 자유 군주정을 접하게 된다. 영국 체류 이전만 하더라도 법원장 몽테스키외는 자유에 대해서도 극히 비판적으로 언급했다. 그러나 영국에서 돌아온 후에는 자유가 "다른 가치들을 향유할 수 있도록 해주는 가치"라고 언명한다.(*Pl* I, 430) "영국의 헌정"은 세 가지 권력, 즉 입법권**puissance législative**과 행정권**puissance exécutrice**과 사법권**puissance de juger**을 포괄한다.(*Edl* XI, 6)

동일인 또는 동일한 정부 기관에 입법권과 행정권이 합쳐져 있다면, 자유는 존재하지 않는다. 한 사람의 군주 또는 하나의 원로원이 행정을 독재적으로 집행하기 위해 독재적인 법률을 만들 우려가 있기 때문이다. 또한 사법권이 입법권이나 행정권과 분리되지 않을 경우에도 자유가 존재하지 않는다. […] 동일 인물 또는 왕족이나 귀족이나 민중의 동일 단체가 이 세 가지 권한을 모두 행사한다면 모든 것이 상실되고 말 것이다.

법원이 상시적으로 개정되어서는 안 된다. '판결'은 결코 "법률의 정확한 표명" 이외의 다른 것이 되어서는 안 된다. "만일 판결이 법관의 특정한 견해에 불과하다면, 사람들은 자신이 져야 할 책무가 무엇인지도 정확히 알지 못하는 그런 사회에서 사는 격이 될 것이다." 전체로서의 민중이 대표자들의 대의代議를 통해 입법권을 소유해야 한다. 그렇지만 직접 민주주의는 거부되어야 한다. 민중은 국사를 심의하기에 적합하지 않다는 것이다. 대표자들에게 전권을 위임하는 것도 거부되어야 한다. 몽테스키외에게는 독일 레겐스부르크**Regensburg**의 제국의회가 이를 경고하는 본보기이다. 입법부는 양원兩院으로 구성되어야 한다. 귀족들에게는 "평범한 자유"가 "노예 상태"와 다름없을 것이기 때문이다.(*Edl* XI, 6)

몽테스키외는 영국의 헌정을 비교적 정확하게 기술한다. 그리고 이러한 기술은 동시에 하나의 이상을 표현한다. 법관의 독립성과 대의민주주의는 오늘날에도 법치 입헌국가를 이루는 중요한 요소들이다. 몽테스키외에게 중요했던 문제는 엄밀한 의미에서 권력분립이라기보다는 균형과 권력 분할이었다.

『법의 정신』 서문에서 저자는 "어느 나라가 어떤 질서를 가지고 있는지를 책망하기 위해서 집필하는 것이 아니다"라고 적고 있다. 그러면서도 기후 풍토를 논하는 제15권에서는 다음과 같이 말한다.

더위가 신체를 무기력하게 만들고 의지를 쇠약하게 만들어서 오직 처벌에 대한 두려움만이 사람들로 하여금 성가신 의무를 충족시키도록 몰아댈 수 있는 나라들도 있다. 이런 곳에서는 노예 제도가 이성에 그리 위배되는 것이 아니다.(*Edl* XV, 7)

그렇지만 노예 문제와 관련된 몽테스키외의 질문과 탐구는 다음과 같은 격언으로 그 종착점에 도달한다.

그러나 모든 인간은 태생적으로 평등하기 때문에, 노예 제도는 자연(본성)에 위배된다고 말할 수밖에 없다.

로크이건 푸펜도르프이건 인간의 자연적 자유를 옹호하는 데에 법원장 몽테스키외만큼 멀리까지 가지는 못했다. 그와 같은 사고의 명석함과 용기는 보르도와 낭트와 라 로셸La Rochelle에서 영업하는 선주들과 노예 상인들의 경제적 이해를 건드리는 것이었기 때문에 더더욱 특기할 만하다. 그들의 선박은 프랑스 서부 해안에서 서아프리카를 향해 항해하여 흑인들을 서인도 제도로 나르고 나서는 수입품들을 싣고 모국으로 돌아오곤 했다. 몽테스키외는 대규모 식민지 무역의 대변자였던 장-프랑수아 멜롱Jean-François Melon을 알고 있었다. 아시아 노예들을 유럽으로 들여오자고 제안한 자가 바로 그였다.

몽테스키외에게는 사회제도에 대해 깊이 생각하면서 이리저리 '책망하는' 것이 중요한 문제는 아니었다. 인간의 "법과 관습"이 지닌 "무한한 다양성" 속에는 정치적 총체나 문화적 총체를 연구하면서 인지할 수 있는 의미 깊고 합목적적인 요소들만 있는 것이 아니다.(*Edl*, 서문) 거기에는 인간 본성에 완전히 배치되어서 거부되어 마땅한 것들도 있다. 『법의 정신』에 담겨 있는 수많은 사실들과 개별 연구들 중에서 지금까지 극히 일부만이 조명되었을 따름이다. 이 저서 전체와 그 세부 내용들을 "자유에 대한 성찰"로 보아야 한다는 주장(J. Ehrard)을 이 저서의 몇몇 장에 대한 지금까지의 설명에 덧붙여 두겠다.

Ⅲ

18세기 후반에 들어서 몽테스키외의 저서들은 서구 세계 전역에서 읽혀지고 토론되면서 칭송받기도 하고 또 비판받기도 했다. 몽테스키외에게는 환영받지 못하는 경쟁자였지만 또한 당연히 그와 더불어 불관용과 종교적 광신에 대항한 투쟁의 동지이기도 했던 볼테르F.-M. A. Voltaire는 1756년의 『풍속시론風俗試論』Essai sur les moeurs에서 몽테스키외가 『법의 정신』에서 동양의 나라들을 왜곡하여 서술하고 있다는 점을 비판한다. 뒤팽C. Dupin은 3권으로 된 『'법의 정신' 이라는 제목의 저서에 대한 비평』Oberservation sur un livre intitul? De l' esprit des lois을 집필했는데, 여기에서 그는 귀족이 없는 군주정도 충분히 생각해볼 수 있다고 언명한다.

푸블리우스Publius(그중에서 실은 매디슨J. Madison)는 『연방주의자 논집』 제47항에서 몽테스키외가 "이 주제(즉 권력분립)에 관한 논의에서 항상 참조되고 인용되곤 하는 신탁神託"이라고 높이 평가한다.

설사 몽테스키외가 정치학에서 더할 나위 없이 귀중한 이 정리定理의 창시자는 아니라 할지라도, 적어도 이 정리를 가장 영향력 있게 서술했으며 공중의 주목을 끌도록 소개했다는 공적은 마땅히 그에게 돌아가야 한다.

미합중국의 헌법은 권력분립적 혼합 헌정이라는 몽테스키외의 모델을 거의 가깝게 본뜬 것이다. 1791년의 프랑스 헌법도 비록 양원 제도는 채택하고 있지는 않지만 권력분립의 원칙을 내포하고 있다. 또한 프랑스혁명을 신랄하게 비판하는 에드먼드 버크 역시 몽테스키외를 천재라고 찬양하면서 그에게 의지한다.

칸트와 헤겔은 『법의 정신』에 담긴 사상을 수용하여 자신들의 정치철학에서 더욱 발전시킨다. 1802~03년에 헤겔은 다음과 같이 쓴다.

전체의 개별성으로부터 […] 어떻게 헌정과 입법의 제반 부분들, 인륜적 관계들의 제반 규정이 전적으로 전체에 의해 규정되어 있으며, 어떠한 결합도 또 어떠한 장식물도 홀로 선천적으로 현존하지 않는 […] 하나의 건물을 형성하는지가 인식되어야 한다. 이러한 의미에서 몽테스키외는 민족의 개체성과 성격에 대한 직관을 기초로 그의 불후의 저서를 저술했다.

영국을 다루는 장에서 전개된 몽테스키외의 국가이론 모델은 19세기와 20세기에 법치 입헌국가의 근간이 된다. 물론 영국, 이탈리아, 독일 등의 의회민주주의 국가에서는 입법권과 행정권 사이의 실제 정치적인 권력분립이 없다는 점을 덧붙일 필요가 있다. 제2차 세계대전이 끝난 이후에는 『법의 정신』의 주도적 사상인 절제와 자유가 정치적·윤리적 각성과 방향 설정의 출발점이 된다.

1945년 이전에는 나치의 국가론을 수립하는 데에 동참했던 법학자 에른스트 포르스트호프Ernst Forsthoff는 전후에 몽테스키외의 주저를 새롭게 독일어로 번역한다. 독일연방공화국의 헌법을 제정하면서—특기할 만하게도 공산주의자들을 제외하고—헌법의 아버지들은 라 브레드의 성주를 권위 있는 전거典據로 끌어들인다. 또한 전체주의에 대한 한나 아렌트Hannah Arendt의 분석과 개념(1951)도 『법의 정신』에서 서술된 국가 형태론의 요소들을 채용하여 작업한다.

–베르톨드 팔크 Berthold Falk

장-자크 루소
Jean-Jacques Rousseau(1712~1778)

- 연대표 -

1712년	6월 28일 스위스 제네바에서 시계공의 아들로 출생.
1724~25년	법원 서기의 도제로 있다가 판각사의 도제가 됨.
1728~31년	제네바에서 탈주하여 방랑 생활을 하면서 시종, 비서, 음악 선생 등으로 일함. 이탈리아 토리노Torino에서 가톨릭으로 개종. 최초의 파리 체류.
1731~37년	프랑스 샹베리Chambéry와 레 샤르메트Les Charmettes에서 바랑 부인Madame de Warens 곁에 거주.
1742~43년	파리에 거주. 디드로와 친교를 맺음. 백과전서파와 연결됨.
1743~44년	베네치아 주재 프랑스 대사의 비서로 활동.
1745년	테레즈 르바쇠르Thérèse Levasseur와 교제하기 시작함.
1749~50년	『백과전서』*Encyclopédie*의 음악 관련 항목 편집인. 뱅센의 감옥에 갇혀 있는 디드로를 면회 가는 길에 '깨달음'을 얻음. 『학문 예술론』*Discours sur les Sciences et les Arts* 출판.
1752~53년	오페라 「마을의 점쟁이」Le devin de village 상연. 『프랑스 음악에 관한 편지』Lettre sur la musique française에서 이탈리아 음악을 편듦.
1754년	제네바로 여행. 가톨릭을 포기하고 제네바 시민권을 다시 획득.
1755~56년	『인간 불평등 기원론』*Discours sur l'Origine de l'*

	Inégalité parmi les Hommes 출판. 에피네 부인 Madame d'Épinay의 손님으로 에르미타주Ermitage에 머무름. 『줄리 또는 신新 엘로이즈』*Julie ou la Nouvelle HéloÏse*의 집필에 착수.
1757~58년	룩셈부르크Luxemburg 원수元帥의 손님으로 몽모랑시Montmorency에 머무름. 디드로 및 백과전서파와 절교.
1762년	『에밀』*Émile*과 『사회계약론』Contrat social이 출판되었으나 곧 금서가 됨. 체포령을 피해 스위스의 모티에-트라베르Môtiers-Travers로 도피.
1765년	모티에에서 쫓겨남. 빌 호수Bieler See에 있는 생-피에르 섬에 은거.
1766년	데이비드 흄David Hume의 초청으로 영국으로 여행. 흄과 다툰 후 프랑스로 돌아옴.
1767~70년	주로 프랑스의 여러 지방에서 불안정한 방랑 생활. 『음악사전』*Dictionnaire de musique* 출판. 『고백』*Confessions*의 교정 작업.
1770년	파리로 돌아옴. 악보 필사가로 생계를 유지.
1771~72년	『고백』의 발췌문 공개 낭독. 베르나르댕 드 생-피에르Bernardin de Saint-Pierre와 친교를 맺음. 『폴란드의 정체政體에 관한 고찰』*Considérations sur le gouvernement de Pologne* 탈고.(1782년에 유저로 출판됨)
1776~78년	『고독한 산책자의 몽상』*Rêveries du promeneur solitaire*의 집필 작업.
1778년	지라르댕 후작Marquis de Girardin의 초대로 에르므농빌Ermenonville에 정착. 그곳에서 7월 2일에 사망.
1782, 89년	『고백』의 제1부와 제2부가 각각 출판됨.
1794년	유해가 판테온Panthéon으로 이장됨.

Ⅰ. 생애

스위스 제네바 출신으로 이주 프랑스인인 장-자크 루소와 더불어 우리는 **18**세기 중반으로 들어서는 동시에 유럽 계몽주의 세계의 중심으로 진입하게 된다. 그 세계의 터전을 지배하던 것은 (텐 **H. A. Taine**이 말한) 고전 정신**esprit classique**, 논리적으로 정돈하고 도식화하는 계몽주의의 정신이었다. 하지만 **18**세기 후반에 들어서면서 그런 합리주의는 스스로에게 의구심을 갖기 시작했다. 바야흐로 디종**Dijon** 아카데미가 루소를 그토록 흥분시켰던 다음과 같은 질문을 제기했던 시대였던 것이다. "예술(기술)과 학문이 인류의 발전에 기여했는가, 아니면 오히려 자연적 무구함의 상실을 초래했는가?" 이제 이러한 물음이 후기 계몽주의 시대—즉 독일인들에게는 천재의 시대, 질풍노도, 독일 운동의 시대로 불리는 시기—에 점점 더 강하게 전면에 등장하게 되었으며, 이에 대해 그 시대는 여러 다양한 목소리를 가진 메아리로 응답했다.

삶의 모든 영역에서 그와 같은 새로운 운동의 기운을 감지할 수 있었다. 프랑스 고전 양식의 정교한 정원이 이제 자연스러운 풍경의 자유분방한 불규칙성에 자리를 내주는 시기였다. (뮌헨의 영국식 정원은 그처럼 인공적으로 조성되고 가꾸어지는 자연이라는 개념을 제시해주는데, 그것은 **18**세기의 영국으로부터 유래한 것이다.) 위용을 자랑하는 대규모의 궁궐에서 로코코 풍으로 꾸며진 소박하면서도 우아함을 갖춘 자그마한 궁전들로 유행이 변화해 갔다. 그런 궁전들로는 루이 **16**세가 베르사유의 거대한 중앙 건물에서 거처를 옮겨 간 공원 속에 숨어 있는 프티 트리아농**Petit Trianon**

성이나 또는 프로이센의 상수시Sanssouci 궁처럼 과감한 생략에서 오는 고상함을 지닌 것도 있는가 하면, 바이에른의 님펜부르크Nymphenburg 공원에 있는 아말리엔부르크Amalienburg 성처럼 넘쳐날 정도로 눈부신 우아함을 갖춘 것도 있었다. 궁중식으로 세련되었지만 더 이상 사회적으로 아무 기능도 하지 못하게 된 귀족문화가 앙시앵 레짐ancien régime 말기에 다시 한 번 밀회를 즐겼던 장소가 바로 이와 같은 (아이헨도르프J. von Eichendorff가 말하듯이) "매력적인 거칠음을 지닌" 어스름한 빛 속의 정원과 궁전들이었다. 그러나 멋을 부린 목가적 서정, 단순함과 자연스러움의 유희, 로코코의 교태와 외설스러움의 배후에서는 이미 새로운 진지함, 즉 개인적인 신앙 고백을 향한 의지, 영혼의 격정적인 노정露呈을 향한 의지가 솟아오르고 있었다. 루소 역시 이러한 두 시대에 걸쳐 있는 인물이다. 그는 여전히 18세기의 옷을 입고 18세기의 언어, 다시 말해 고전 정신의 침착하고 단정한 어법으로 말한다. 하지만 그는 그런 언어로 합리주의의 낡은 문화와는 더 이상 상관이 없고 동시대인들조차 조금씩밖에 이해하지 못할 만큼 무척이나 대담한 의외의 일들을 말한다.

장-자크 루소가 소년기를 보낸 제네바는 귀족주의적 색채를 지닌 공화국이었다. 이 소규모 국가에서 주권재민의 원리가 지배했던 것은 분명하지만, 정사政事에 참여하는 사람은 주민 전체와 비교할 때 그중에서 상대적으로 소수인 일부일 뿐이었다. 루소는 차상위 집단인 부르주아 계층에 속했는데, 이 계층은 (선거를 통해) 정치적 권리를 행사하기는 했지만 스스로 통치를 담당하지는 못했다. 국가에 대해 비판적으로 거리를 두면서도 애국적 관심을 지녔던 루소의 태도가 이러한 사실로부터 설명된다. "나는 공화국의 시민이자 애국심을 가장 강한 열정으로 가지셨던 아버지의 아들로 태어났다"고 루소는 『고백』에서 말한다. 이곳 제네바에서 그에게 "저 자유롭고 공화주의적인 의식, 어떠한 속박이나 어떠한 예속도 참지 못하는 저 불굴의 자긍심에 찬 성격이 형성되었다"는 것이다.(OC I, 9)

그런데 이와 같은—분명 기억 속에서 정형화된—로마적·공화주의적 교육 이외에 또 다른 성향도 등장한다. 우선 격심한 방랑벽을 들 수 있다. 루소는 16살에 제네바에서 도망쳐 나오면서 일생 동안 지속될 유랑을 시작한다. 그리고 또 연상의 귀부인들에 대한 반은 몽환적면서 반은 어린이와도 같은 애착도 들 수 있다. 이런 성향은 아마도 그가 어머니 없이 자랐던 결과일 것이다. 그리고 마지막으로 자유를 향한 제어할 수 없는 욕구를 들 수 있는데, 그것은 루소로 하여금 자신의 주변 환경에 항상 새로이 반기를 들고 끊임없이 폭발하도록 내몰았다. 그는 산책에서 돌아오다가 도시의 성문이 이미 닫힌 것을 보자 아주 불현듯 도망치기로 결심한다. 그 후로 목적지도 없이 떠돌아다니다가 사부아Savoie에 다다르고, 안시Annecy에서는 가톨릭을 믿는 지체 높은 귀부인인 바랑 부인을 만나고, 토리노에서 가톨릭교로 개종했다가는 (훗날 다시 가톨릭을 포기하고), 몇 년간의 방랑 생활 끝에 샹베리 성문 앞에 있는 레 샤르메트의 목가적인 전원생활 속에 어머니와도 같은 여자 친구 곁에서 안식을 찾는다. 1733년에서 1740년에 이르는 근 10년간 루소는 아무런 삶의 화두도 드러내 보이지 못한 채 바랑 부인의 사교적인 주택에서 보낸다. 이 시기에 그는 문학과 음악에 애정을 쏟는다. 그는 여러 가지 악기를 연주하면서 작곡도 했으며, 여러 편의 시들과 최초의 산문도 이 시기에 지어졌다. 그 밖에도 간소화된 기보법記譜法의 발명 같은 이런저런 발명도 하고, 때때로 음악 교사로 방랑 생활도 한다.

하지만 어느 날 루소는 다시 바랑 부인의 집에서 도망쳐 나온다. 그의 명예욕은 그를 모든 도시들 중의 도시인 파리로 향하도록 재촉했다. 그곳에서 그는 특히 백과전서파 무리를 곧 친구로 사귀게 된다. 디드로와 달랑베르J. L. d'Alembert 같은 이들은 아직까지도 수줍음 많고 까다로운 이 스위스 사람을 친절하게 맞이해주었다. 그러나 사회적 성공과 세계 속으로 활기차고 거침없이 진입하는 가도가 파리에서도 쭉 이어지지는 못했다. 대도시에서의 현기증 나고 공허한 다망함 속에서 루소의 명예욕은 재차 모든 힘을 팽팽하게 기울이도록 자극을 받았지만, 곧 그는 너무 세게 잡아당긴 줄처럼 왜곡과 위선의 압박 아래에서 부서지고 말았다. 지체 높은 귀족들의 무리 속에서는 음악가와 자유 활동 작가로서 생계를 유지하고, 친구들의 무리 속에서는 휴식과 위안을 얻으면서, 그는 한동안 그와 같은 연극에 동참한다. 그러나 그의 비밀스러운 정체는 세상에 은폐된 채로 남아 있었다. 그는 실은 변두리 출신의 가진 것 없는 하층민 소녀를 속여서 음침하고도 뻔뻔스러운 혼인을 하고서는 삼촌으로 가장하여 살면서 자식들을 고아원에 보내어 감추었던 것이다. 베네치아 주재 대사의 비서로서의 활동이 실패한 모험으로 끝난 후(루소는 대사와 다투고는 쫓겨나 폭행과 모욕을 당했다), 파리에서 작곡가로서 자신의 입지를 모색했으나 그저 보잘 것 없는 성공만을 거두었을 따름이다. 그가 스스로 말하듯이, 명예와 빚만이 그를 아직 그곳에 붙잡아두고 있을 뿐이었다. 자신의 내면에서는 그는 이미 이 도시와 결별하기 시작했다. 제네바를 향한 오랫동안 억압되었던 옛사랑이 그를 지배하게 되었다. 이제 파리는 그에게 혐오스럽게 보였다.

1749년 디종 아카데미는 "예술과 학문의 진보가 윤리를 정화시키는 데에 기여했는가?"라는 물음에 대한 논고를 현상 공모했다. 루소는—구금되어 있는 디드로를 만나러 파리에서 뱅센으로 걸어가는 도중에—메르퀴르 드 프랑스**Mercure de France** 지를 읽고서 이 현상 과제에 대해 알게 되었다. 바로 이때 그가 훗날 『고백』에서 '전환'이라고 일컫게 되는 일이 일어난다.

나는 그 기사를 읽는 순간, 또 다른 세계를 보았고 다른 사람이 되었다. […] 디드로는 내게 현상 공모에 응모하라고 말했다. 나는 그렇게 했고, 바로 그 순간부터 나는 패배하고 말았다. 그 이후의 나의 모든 삶과 불행은 바로 그 혼란의 순간이 몰고 온 불가피한 결과였다.(*OC* I, 351)

루소는 이 과제에 대한 원고를 제출하여 상을 차지한다. 무명이었던 저자는 나날이 유명세를 타게 된다. 하지만 그는 당시의 계몽주의와 이성과 학문에 도전장을 내던진 이 저서와 더불어 모든 배후의 가교架橋를 끊게 된다. 이제부터 쉴 새 없이 공격받는 삶이 시작되고, 그것은 결국 추적 망상과 정신 착란으로 끝난다. 루소가 자신의 오페라 「마을의 점쟁이」를 대성황 속에서 상연했을 때 그는 다시 한 번 파리 사회에서 승리를 구가한다. 하지만 그는 이를 계기로 그에게 제공되었던 국왕 하사 연금을 거절한다. 그는 더 이상 의존적이고 싶지 않았던 것이다. 이제 그는 시민 복장을 하고 악보 필사가로 생계를 유지하면서, 칼은 내팽개친다. 모든 것을 얻을 수 있고 유명해진 바로 그때, 자신의 꿈이 목표에 도달한 바로 그곳에서 그는 명예와 그리고 그것과 결부되어 있는 의존성을 가차 없이 내던진다.

그 후로도 루소는 당분간 파리에 계속 머문다. 그러면서 자신의 혼인을 법적으로 공증한다. (하지만 자식들은 받아들이지 않는다.) 거의 치명적일 정도로 위중한 질병이 자신의 '개조'를 내면적으로 심화시키도록 이끈다. 이 시기에 『신과 계시에 관한 단편』 ***Fragments sur Dieu et sur la Révélation***(*OC* IV, 1033~1055)이 나오는데, 이 저작 속에는—이후의 『사부아인 보좌 신부의 신앙 고백』**Profession de foi du Vicaire savoyard**에서와 마찬가지로—루소 특유의 대단히 감성적인 종교성이 반영되어 있다. 1754년 제네바를 방문한 후 거의 그곳으로 이주할 뻔했지만, 결국 이주는 무산되었다. 파리에서는 백과전서파의 오랜 친구 및 동료들과 완전히 절교하게 된다. 파리에서의 교우 관계가 깨어지면서 루소는 파리에 흥미를 잃게 된다. 1756년 이후로 그는 지방에 체류하는데, 처음에는 파리 근교에 있는 몽모랑시에 머문다. 이곳에서 그는 자신의 첫 번째 소설로서 세계적인 성공을 거두게 되는 『신 엘로이즈』(1759)를 집필한다. 이 작품은 알프스와 제네바 호수를 배경으로 한 낭만적인 감성 문학이자 근대의 '감상주의적' 자연 관찰의 효시이다. 이 시기에 루소는 궁중의 몇몇 영향력 있는 인물들과 교제를 즐겼으며, 이들은 그가 검열 당국으로부터 어려움을 겪지 않도록 비밀리에 그를 감싸 주었다. 그의 "자연으로 돌아가자!"라는 표어(이 문장이 루소 작품의 핵심을 표현하기는 하지만, 루소가 이 문장을 쓴 적은 결코 없다)가 마침 궁중 주변에서 활발한 반향을 불러일으키고 있었던 것이다. 그러나 루소는 이런 시대와 사회의 생활 방식modus vivendi에 대해서도 종언을 고한다. 1762년 그는 자신의 교육학과 정치학을 총괄하는 두 편의 주저 『에밀』과 『사회계약론』을 출판한 것이다. 이 저서들은 사회혁명을 향한 격문으로 받아들여졌으며, 왕궁과 국가와 교회를 명시적으로 공격하는 데에 주저하지 않았다. 루소가 왕궁 주변에서 살아가는 것은 이제 불가능하게 되었다. 파리 의회가 『에밀』에 대해 분서焚書 명령을 내리고 체포가 눈앞에 닥치자—친구들이 그에게 미리 경고를 준 덕분에—루소는 스위스로 도피한다.

그러나 제네바에서도 그는 피난처를 찾지 못한다. 칼뱅Calvin주의 정통파는 『에밀』과 『사회계약론』을 불태우고 그 저자를 뒤쫓게 했다. 루소는 프로이센에 속한 제후국 노이엔부르크Neuenburg로 임시 망명했다가 2년 후 다시 추방당하고, 빌 호수에 있는 생-피에르 섬에 잠시 머물다가는 베른Bern에서도 다시 추방당했으며, 베를린으로 가려고 시도했다가 슈트라스부르크Straßburg에서 병에 걸렸고, 이곳에서 데이비드 흄의 초청을 받아 영국에 다다른다. 더비Derby의 우튼Wootton에서 루소는 『고백』 제1권을 집필하지만, 얼마 지나지 않아 자신을 초대한 흄과 불화를 빚게 된다. 루소는 프랑스로 귀환하여 수년 동안 여러 지방을 배회한다. 1770년에 이르러서야 그는 다시 파리로 돌아올 수 있었다. 그곳에서 그는 철저하게 은둔의 삶을 산다. 1778년 마침내 어느 숭배자가 브르타뉴 지역의 시골 영지인 에르므농빌로 그를 초대해서 그는 그곳으로 퇴거한다. 루소는 그곳에서 불과 몇 주밖에 살지 못했다. 1778년 7월 2일 그는 뇌졸중으로 생을 마친다.

Ⅱ. 작품

루소의 작품들은 정치적인 것이나 국가철학적인 것에만 국한되지 않는다. 루소는 시인이자 예술가였고, 서정 시인이자 소설가였으며, 또한 나름대로 중요성을 가진 작곡가였다. 그의 학문적 저작들도 사람들이 보통 짐작하는 것보다 훨씬 더 포괄적이고 다양하다. 정치적 논고나 교육학적 논고들은 그의 저서들 가운데 단지 일부를 이룰 뿐이며, 그 외에도 신학적 논문들, 『백과전서』 내의 정치경제학에 관한 항목의 광범위한 논설, 여러 권의 음악이론, 연극이라든가 언어학이라든가 문학에 관한 여러 연구들이 있다. 우리의 고찰에서 우선순위를 차지하는 것은 곧 거론될 국가철학적 저서들과 교육학적 저서들인데, 이 저서들은 루소에게서 마치 하나의 타원이 지닌 여러 초점들처럼 서로 병렬되어 있다.

1. 1750년의 『학문 예술론』
2. 1755년의 『인간 불평등 기원론』
3. 1762년의 『에밀』, 그리고
4. 같은 해의 『사회계약론』

1. 루소는 자신의 『학문 예술론』이 빈약한 성과에 불과하다고 말했다. 실제로 이 저서를 이후에 그의 글들이 보여주는 치밀성이나 예리함과 비교해보면 그 저서 안의 논증이라든지 전체의 구성이라든지 내적 논리가 정말로 아직 미흡하다는 인상을 준다. 물론 이런 논리적 구성의 결함이 이 저서의 성공에 전혀 결정적인 영향을 주지는 못했다. 이 저서의 생명력은 전적으로 당시의 이성과 학문에

대한 공격이 보여주는 논쟁적 격렬함에서 나오고, 또 늘 다시 새롭게 제기되는 다음과 같은 날카로운 대립 명제에서 나온다. 한편에는 사치와 억지스러운 궤변으로 타락하는 경향을 가진 기술과 학문의 세계, 그리고 다른 한편에는 꾸밈없고 참다운 단순한 공화주의적 미덕이라는 대립 명제 말이다. 덕**vertu**과 진리**vérité**는 기술과 학문에 대항하는 루소의 투쟁 구호였다. 기술과 학문이 도덕에 해로운 영향을 준다는 자신의 명제를 입증하기 위해서 그는 각별한 사리 분별이나 역사적 신중함을 소홀히 한 채 역사가 그의 주장에 유리한 사례를 제공해주는 온갖 것을 모조리 끌어 모은다. 그는 이 한 가지 사상을 반복하여 내세우면서 새로운 기술적 수단들을 동원하여 예시한다. 전체적으로 보아 루소의 입장은 아직 흔들리고 있었다. 한편으로 그는 기술과 학문을 비판하면서 이것들이 전문화되고 더 이상 전체와 관련되지 않게 됨으로써 인간과의 연관성을 상실하게 되었다는 이유로 문화적 타락의 책임을 묻는다. 그러나 그는 자신이 내리는 유죄 판결에서 철학은 제외시킨다. 하지만 이 시대에 도대체 진정한 철학이 아직 존재하는가? 루소는 동시대의 인간이 쪼그라들어버린 진리의 샘 위에서 목말라 죽게 될 저주를 받았다고 보았다. 전체를 파악하려는 노력을 가로막거나 이 전체를 발견했다는 환상으로 사람들을 가득 채우는 한에서 한낱 허영과 시간 낭비에 불과한 그 많은 사소하고 우스꽝스러운 전문 연구들이 과연 무슨 쓸모가 있다는 말인가? 그러나 루소의 이런 호소는 전적으로 웅변에 머물고 말았다. 그는 자신의 비판에 철학적 기초를 제공해주지 못했던 것이다. 이 과제는 두 번째 논고인 『인간 불평등 기원론』에 이르러서야 비로소 완수된다. 따라서 『인간 불평등 기원론』이 이후의 국가철학적 저서들을 위한 직접적인 전제가 된다.

2. 『인간 불평등 기원론』(1755)을 집필하게 된 동기는 다시금 디종 아카데미가 내건 다음과 같은 현상 과제였다. "사람들 사이에 불평등이 발생하게 된 기원은 무엇이며, 이러한 불평등이 자연법에 근거하고 있는가?" 루소는 이 질문의 두 번째 부분은 누락시켜버리고 사람들 사이에 존재하는 불평등의 기원과 근거들만을 다룬다. 이렇게 하는 데에는 이후로 점점 더 선명하게 부각되고 마침내는 『사회계약론』의 도입부에서 체계적으로 다루어지게 되는 다음과 같은 생각이 그 배후에 놓여 있다. 즉 사회 상태에 선행하는 자연권이나 자연법 따위는 존재하지 않는다. 법(권리)Recht은 오히려 정치 사회와 더불어 발생하는 것이며, 따라서 국가가 성립되기 이전에 인간의 지위를 자유로운 존재라든지 또는 자유롭지 못한 존재라고 미리 확정하는 법 또한 존재할 수 없다. 루소가 사람들 사이에 사실적인 불평등이 존재한다는 점을 부인하는 것은 아니다. 다른 사람들보다 더 강한 자가 주인이 되는 경우가 얼마든지 나타날 수 있다. 하지만 '그것이 과연 옳고 정당한가?' 라는 물음은 여전히 남는다. 자연적 불평등과 정치적 불평등 사이의 본질적으로 필연적인 결합liaison essentielle이 관건이 되는 것이다. 그런데—이것이 루소의 혁명적인 명제인데—그 둘 사이에 본질적으로 필연적인 결합이란 존재하지 않는다.

루소는 역사를 가설적으로 실험하면서 역사적 사실성을 넘어서 다음과 같은 본질적인 물음에 맞닥뜨린다. "인간은 무엇이 될 수 있었는가?" 이 말을 뒤집어 보면 그것은 바로 '인간이란 무엇이고, 그는 무슨 목적을 위해 창조되고 규정되어 있으며, 그 본질상 어떤 능력을 가지고 있는가?'라는 질문을 의미한다. 다시 말해 이 저서 전반은 인간에 관한 연구이지 문화사에 관한 연구가 아니다. 루소의 『인간 불평등 기원론』은 "나는 인간에 관해 말하려고 한다"라는 문장으로 시작된다.(*OC* III, 131) 원시 상태에서 인간은 어떠했는가? 아니 그보다는, 원시 상태에서 인간은 어떠했을 것인가? 루소는 원시 상태의 인간을 다른 존재들보다 덜 강하고 또 덜 활동적이지만 전체적으로는 그 어떤 존재보다도 가장 유리하게 갖추어진 생명체로 묘사한다. 미개인으로서 인간은 동물들 사이에 흩어져 살다가 점차 두각을 나타내게 된다. 노쇠와 질병이 치명적인 결함이기는 하지만, 이런 것들이 불면의 밤이라든지 방탕이라든지 정신의 피로와 고갈로 영혼을 피폐하게 만드는 과포화 상태의 문화 속에서 사는 인간보다 원시 상태의 인간에게는 괴로움을 덜 준다.

그런데 이제 불평등의 문제에 본질적인 것은 이런 자연 상태에서 사는 사람들 사이의 사회관계가 어떤 유형의 것이었는가라는 물음이다. 루소는 두 가지 개념을 사용하여 이를 서술하는데, 그 두 가지 개념은 이제부터 이 연구 전체를 관통할 뿐만 아니라 또한 이후의 정치적 저서와 교육학적 저서들에서도 계속 등장하게 된다. 그 두 가지 개념이 바로 한편으로는 독립성**indépendance**과 다른 한편으로는 자기애自己愛**amour de soi** 및 이기애利己愛**amour-propre**라는 것이다. 인간이 원시 상태에서 가지고 있었던 것은 독립성, 비의존성, 자연적 자유이고, 또한 다른 모든 사람들에 대한 무관심도 그러한 것으로 들 수 있다. 자립성이라는 개념 안에 내포되어 있는 무차별성이라는 개념과 더불어 루소의 원시상태론은 두 가지 방향의 전통에서 이탈한다. 즉 그것은 한편으로는 인간의 자연적 사회성이라는 아리스토텔레스의 견해로부터 벗어나고, 다른 한편으로는 인간의 악한 본성이라는 홉스의 반대 명제로부터도 벗어난다. 원시 상태의 인간들은 어떠한 도덕적 관계나 의무도 아직 알지 못했다는 점이 결정적이다. 따라서 그들은 선하지도 않고 악하지도 않으며, 덕을 지닌 것도 아니고 악덕을 지닌 것도 아니다. 루소가 제시하는 공식은 정확히 다음과 같다. 즉 인간은 의존적일 때 허약하며, 강해질 수 있기 이전에 자유롭다는 것이다.

미개인이 자신의 오성을 사용하는 데에 지장을 주었던 바로 그 원인이 […] 동시에 그가 자신의 능력을—홉스 자신이 상정하듯이—오용하지 못하도록 막은 원인이었다는 점을 홉스는 보지 못했다. 이런 식으로 미개인들은 무엇이 선한 것인지를 알지 못한다는 바로 그 이유에서 악하지도 않다고 말할 수 있다. 왜냐하면 그들이 악해지지 않도록 막는 것은 인식의 발달이나 법의 강제가 아니라 오히려 격정에 물들지 않은 순진함과 악덕에 대한 무지이기 때문이다.(*OC* III, 153 이하)

또한 홉스는 인간의 자연적 동정심(공감)이라는 또 하나의 원리도 깨닫지 못했다는 것이다. 여기서 루소는 자기애와 이기애를 엄격하게 구분한다. 자기애는 자연적인 감정으로서 인간에게 본래 속해 있는 것이다. 반면에 이기애는 인위적인 감정, 사회 속에서 생성된 감정이다. 자연 상태에서는 이기애가 나타나지 않는다. 우리는 이기애를 나중에 자연적 평등에서 사람들 사이의 불평등으로 넘어가는 문턱에서 비로소 만나게 된다.

루소의 사상이 목표하는 바는 인간의 역사적 자연성, 복원된 자연성이 아니라 미래에 투사된 새로운 인간의 자연성이며, 또한 역사 과정에 거슬러서가 아니라 역사 과정 속에서 인간의 훼손된 자연(본성)을 회복하는 일이다. 1762년에 출판된 두 편의 대작大作의 도입부는 이 점에서 특징적이다. 『에밀』은 "창조자의 손에서 나올 때에는 모든 것이 선하지만, 인간의 손 아래에서는 모든 것이 타락한다"라는 문장으로 시작된다. "인간은 자유롭게 태어났지만, 지금은 그 어디에서나 사슬에 묶여 있다"라는 『사회계약론』의 시작 역시 그에 못지않게 유명하다. 그에 이어지는 다음의 문장에서는 이런 역설적인 사태를 초래한 원인을 폭로하려고 시도했지만 성공하지는 못했던 한 인간의 체념이 여운으로 남아 울린다. "어떻게 이런 변화가 일어났는가? 나로서는 모르겠다." 루소는 사적 소유로부터 이런 변화를 설명하려고 시도했다가 이를 나중에는 다시 포기하며, 그에 앞서 기술과 학문에 인류의 타락에 대한 책임을 물었던 것도 다만 혼란의 순간에 했던 일시적인 일일 뿐이다. 인간의 변화—자연적 불평등으로 흐르는 경향에서 가장 강하게 나타나는 변화—라는 문제는 후기의 저서들에서는 더 이상 역사적 문제로서 루소의 관심거리가 되지 못한다. 루소는 이제 이를 하나의 주어진 사회적 사실로 고려한다. 그의 모든 사유는 '이러한 변화를 올바로 잡을 수 있는 것은 무엇인가?' 라는 질문을 맴돈다. 왜냐하면 단순한 사실, 직접적 사실factum brutum로서 인간의 변화가 곧 인간의 본질에 근거한 정당성을 지니는 것은 아니기 때문이다.

3. 『인간 불평등 기원론』 이후로 루소의 사유와 작업은 두 가지 방향으로 나뉜다. 그 한편에는 새롭게 발견한 자연인의 모습이 있다. 에밀이라는 가공의 인물이 실험적으로 근대 문명 세계에 옮겨져서 이곳에서 새로운 자연성을 성취해야 할 바로 그런 자연인이

다. “만일 인간이 전적으로 독자성을 유지했다면, 그는 무엇이 될 수 있었을 것인가?”—바로 이 공식이 에밀을 통해 가설적으로 형상화된다. 에밀은 마치 하나의 교육학적 인조인간Homunkulus처럼 주의 깊게 문명으로부터 차단되어 보호되고, 인류를 대신해 다시 한 번 자연적 독립성과 도덕적 무차별성에서 시작하여 자기애와 격정과 도덕적 인격자의 탄생에 이르는 여러 단계들을 경험하면서 통과하게 된다. 『에밀』의 근본 기조는 결코 아이에게 아예 교육을 시키지 말고 그냥 내버려 두라는 것이 아니다. 그것은 오히려 다음과 같다. 어린이를 전적으로 어린이로서 받아들이고, 젊은이를 전적으로 젊은이로서 받아들여라. 그를 너무 일찍 사회가 갖고 있는 도식과 부모의 틀 속에 밀어 넣지 말고, 그의 본성(자연)대로 놓아 두어라. 그를 자기 교육을 통해 교육시켜라. 명령하거나 금지하지 말고 다만 예방할 것이며, 사지四肢와 충동을 움켜잡지 말고 의지를 사로잡아라. 루소식의 교육은 인간을 타인의 의지가 아니라 전적으로 자기 자신의 의지를 따르도록 교육시킨다는 점에서 새롭다. 자유로운 인격성은 내면으로부터 계발되어야 하며, 따라서 사회로부터 오는 외부 영향과 외적 자극에 최소한의 수준으로만 노출되어야 한다.

그러나 각자가 오직 그 자신에게만 유효하고 진리가 되는 제각각의 고유한 의지를 따를 경우, 어떻게 사회가 존립할 수 있으며, 어떻게 도덕적 의지가 사회를 형성해낼 수 있을 것인가? 두 편의 논고가 안고 있는 이 문제가 여기서 더욱 첨예하고 긴박하게 제기된다. 우리는 루소가 에밀을 하나의 개별적인 모형 사례에 국한시키고 그로부터 어떤 일반적인 결론을 도출하는 것은 피했다는 점을 보았다. 자연인—사회라는 문제는 해결되었다기보다는 단지 괄호를 쳐서 논외로 놓아졌을 뿐이다. 자연적 자유의 상태 속에 있는 덕스러운 인간은 사회적인 관점이나 도덕적인 관점에서 보았을 때에는 하나의 결과 없는 사건에 머물고 만다. 다만 사회로부터 약간 거리를 두는 태도만이 그를 무수히 많은 동료 인간들로부터 두드러지게 만들 따름이다.

그렇기 때문에 에밀의 교육학적 실험에 관한 루소의 오래된 질문이 불거져 나온다. 그 물음이란 다음과 같다. "그와 같은 자연인(본질적 인간)의 회복이 한낱 개별적 특수 사례나 고립된 함의가 아니라 보편적인 사회적 과정이고 전체에게 의미 있는 일이 되는 그런 사회 형태가 존재하는가? 그 문제를 좀 더 치밀하게 숙고하고 보다 더 철저하게 표현할 경우, 어쩌면 그러한 회복 과정을 단지 추상적으로 사회에 대립시키는 데에 그치지 않고 사회에 내재적으로 편입시켜서 사회 자체가 전체적으로 '새로운 자연성'으로 나아가도록 만드는 데에 성공할 수 있지 않을까?" 이 질문은 『에밀』에서도 여러 차례 암시되고 있으며, 또 『고백』에는 다음과 같은 구절이 있다.

모든 것이 근본적으로는 정치에 달려 있다는 점을 나는 통찰했다. 사람들이 어떻게 시작하건 간에 어느 민족이건 항상 그들이 가진 정부의 본성이 그들을 그렇게 되도록 만드는 바로 그런 것이 된다.(*OC* I, 404)

하지만 정부의 본성은 그 자체가 조형될 수 있지 않은가? 국가 자체가 자연인의 내면성이 됨으로써 내·외의 분열이 사라지도록 그렇게 헌정을 수립할 수는 없을까?

4. 그런 점에서 왜 『에밀』이 나온 같은 해에, 그 외에도 일견 『에밀』과 전혀 상이한 것 같지만 실은 그 책을 보완하는 『사회계약론』이 출판되었는지를 이해할 수 있게 된다. 이 두 저서는 바로 한 가지 사태의 서로 긴밀하게 결부되어 있는 두 반쪽인 것이다. 왜냐하면 『사회계약론』에서는 자연인의 인간학이 전반적으로 전제되어 있으며, 따라서 불가피하게 사회라는 문제와 관련되기 때문이다. 에밀이 단지 하나의 특수 사례가 아니라 비록 훼손되긴 했지만 상실되지는 않은 인간성의 원형이라면, 인간과 사회의 대립이나 한낱 거리를 두는 태도에만 머무를 수는 없는 것이다. 그렇다면 그렇게 복원된 인간은 사회에 대해 결정적인 질문을 제기할 수밖에 없다. 그렇게 해서 새로운 자연성의 인간은 기존 사회의 제도적 상태에 대한 심판관이 된다. 기존 사회의 법적 성격은 물리적 자연과 인간의 본질 사이의 잘못된 동일화에 기초하고 있기 때문에 허구적인 것에 불과하게 된 것이다.

정치학의 역사에서 루소는 지배의 자격을 인간의 생리적 특성과 결합시키는 데에 원리적으로—그것도 자연적 자유라는 그의 공리로부터—이의를 제기한 최초의 인물이다. 그에게는 원칙적인 자유의 양도나 제한은 오로지 계약에 의한 합의를 통해서만 가능하다. 이를 통해서만 사실적 지배가 '정당하게' 될 수 있는 것이다. 그런데 인간은 자연적 자유를 가지고 있고 또 이 자유는 인간의 본질에 속하기 때문에, 인간이 자연적 자유를 양도할 수는 없다. 그렇다면 지배와 사회가 도대체 어떻게 존립할 수 있다는 말인가? 이에 대해 루소는 그 사회의 보편 의지는 다름 아니라 바로 자연적으로 자유로운 인간, 즉 인간다운 인간의 의지라고 대답한다. 루소가 사회계약을 통해 해결하고자 하는 문제는 개별 의지와 전체 의지의 동일성이다. 개별자가 국가에—바로 이런 참다운 국가에—진입할 때, 그는 그 무엇도 박탈당하지 않는다. 왜냐하면 그 국가는 개별자와 마찬가지로 다만 인간의 새로운 자연성에 복종할 따름이기 때문이다.

루소에게서 이 새로운 국가는 홉스의 국가만큼이나 전능하고 홉스의 국가보다도 더 총체적이다. 그 어느 시민도 사회계약을 맺을 때 자연 상태에서 가졌던 권리를 유보시켜 놓지 못한다. 총체적으로 자기를 양도**abaliénation totale**하면서 시민은 전적으로 그리고 아무 남김없이 국가 속으로 들어간다. 이런 토대 위에서 비로소 법 앞에서 모든 신민臣民의 법적 평등, 보편적 국방의 의무, 국가 행위 일체에 대한 시민들의 책임 부담이 가능하게 된다. 그것은 전체주의라는 반론에 대해 루소는 다음과 같이 답변할 것이다. "물론 그렇다. 하지만 그것은 전인적 인간의 전체주의**Totalitarismus des totalen Menschen**이다." 국가가 절대적으로 자유롭게 무엇이든 할 수 있는 권한을 지니게 되는 것은 바로 개별자가 국가에 편입시킨 절대적 자유가 낳는 귀결이다.

루소는 자신의 『사회계약론』에서 그로티우스와 홉스 이래로 지배계약을 맨 앞에 내세우거나, 심지어는 국가의 유일한 법적 기반으로 삼았던 지금까지의 계약론이 지닌 취약점을 지적한다. 그렇게 해서는 국가가 개별자가 지닌 자연적 근본 자유에 대한 제도적 대척점으로 나타나게 된다는 것이다. 이에 반해 루소는 한 무리의 인간이 스스로를 어느 한 지배자에게 복종시킬 때 그들은 이미 하나의 사회적 통일체, 하나의 법적 구성체를 서술하고 있다는 점을 인식했다. 그렇지 않고서야 어떻게 그들이 결의決議를 하고 하나의 의지를 표명할 수 있겠는가? 따라서 사회계약이 지배계약에 선행해야만 한다. 그렇다고 루소가 사회계약과 지배계약을 이원화했던 중세의 이론으로 되돌아가는 것은 아니다. 그는 오직 하나의 근본계약, 하나의 원초적 협약première convention만을 인정하는데, 그것만이 사회계약으로서 준거가 되면서 국가를 구성한다.

루소의 민중주권론에서도 이와 비슷하게 절대주의적 사상이 민주주의 전통의 이념에 전용되고 있는 것을 발견할 수 있다. 루소에게 민중의 주권은 원리적으로 무제약적인 것이고 제약될 수도 없는 것이다. 그것은 헌법에 의해서건 기본권에 의해서건 또는 집단의 단체 자유를 통해서건 결코 제한될 수 없다. 루소가 대의제적 의회나 계층의 결사結社나 정당을 거부했다는 점은 잘 알려져 있다. 그것은 주권의 본질적인 대의代議 불가능성irréprésentabilité에 근거를 두고 있다. 국가 권력은 분할될 수도 없다. 그렇기 때문에 루소는 권력분립 사상도 배격한다.

루소가 대의제 사상을 거부하기 때문에, 『사회계약론』에서는 어떻게 하면 사익과 공익의 동일성을 이룰 수 있을 것인지가 중심 문제가 된다. 바로 여기서 일반 의지volonté générale라는 유명한 학설이 등장한다. 국가적 공동생활은 모든 시민이 최소한 한 가지 점에서 합치할 것을 요구한다. 따라서 무엇보다도 이러한 이해 관심의 일치를—이제 비로소 이룩하는 것이 아니라(정부가 존재할 수 있기 위해서는 그러한 일치가 이미 현존해야만 한다)—명시화하고 강화시키는 일이 정부 정책의 내용을 이룬다. 하지만 루소에게서 이런 일반 의지는 단순한 객관적 소여태가 아니라 사회화의 산물이다.

여기서 우선 논의의 출발점이 되는 것은 일반 의지의 대립 개념인 특수 의지**volonté particulière**이다. 한스 벨첼**Hans Welzel**이 정확하게 그 뜻을 풀이한 것처럼, 특수 의지란 "개별자가 공익을 고려하지 않고 추구하는 특수한 이해 관심"이다.(***Naturrecht und materiale Gerechtigkeit*, *1960*(3), 124**) 이제 루소는—이것이 그의 첫 번째 전제인데—다음과 같이 주장한다. 즉 공익을 완전히 배제하는 극단적인 형태의 특수 의지는 오직 국가의 몰락기에만 존재한다는 것이다. 평상시의 국가 상태에서라면 어떤 특수 의지이건 그 속에 ①개인적인, 오로지 개인적인 이해 관심과 ②일말의 보편적 이해 관심이라는 두 가지 구성 요소가 함께 담겨 있다는 전제에서 출발해도 무방하다. 개별자의 특수 의지를 단순하게 합산한다고 해서 일반 의지를 얻을 수 있는 것은 아니고 다만 전체 의지 **volonté de tous**, 즉 국가 의지의 형성에는 아무 의미가 없는 모두의 의지를 얻을 수 있을 뿐이다. 일반 의지에 도달하기 위해서는 단순하게 특수 의지를 합산하는 것으로는 안 되고, 하나의 변증법적 정화 과정 속에서 특수 의지에서부터 보편적인 것이 여과되어 나오고 또 그런 식으로 특수 의지를 일반 의지에 통합시키는 것이 요구된다. 이런 일은 표결 과정 중에 일어난다. 다시 말해 표결을 하면서 특수한 이해 관심은—서로 배치되고 불일치하기 때문에—서로를 지양하게 되고, 특수 의지들 중에서 보편적인 것, 전체와 일치하는 것, 혹은 루소가 말하듯이 이해 관심의 균형 잡힌 공통성이 남게 된다. 이때 물론—이것이 루소의 두 번째 전제인데—동일한 이해 관심을 가진 어떤 특수 집단도 형성되어서는 안 된다. 그렇기 때문에 루소는 정당이라든가 단체라든가 심지어는—만일 당시에 그런 것이 존재했다면—노동조합까지도 극단적으로 거부할 수밖에 없었다.

앞서 언급한 첫 번째 전제에 대해서는 원칙적으로 동의할 수 있다. 만일 개인적 이해 관심의 홍수 속에 일말의 보편적 이해 관심이나 공익이 더 이상 존재하지 않는다면 국가는 실제로 멸망하고 말 것이다. 따라서 이런 전제를 설정하는 점에서는 루소가 확실히 타당하다. 그러나 모든 사람이 입법에 참여하면 각자 모두가 스스로 법을 수용할 만한 것으로 만드는 데에 관심을 기울일 것이기 때문에 법이 각별히 억압적으로 되는 사태가 배제될 것이라는 주장은 좀 문제가 있다. 사회적으로 평등화된 소규모 공동체에서는 실제로 그럴 수 있겠지만, 대규모 국가에서는 법이 모든 시민의 이해 관심에 동일한 영향을 미치는 경우가 거의 없다. 법이 어떤 구체적인 상황을 규제하자마자 국민 중의 어느 특정 집단은 다른 집단보다 더 강하게 그것의 적용을 받게 되는 것이다.

그런데 일반 의지의 기제 속에는 민중이 계몽되고 사태를 정확하게 파악하고 있으며 결정을 내릴 때에는 항상 전체를 시야에 둔다는 또 다른 전제가 내포되어 있다. 하지만 바로 이 전제가 『사회계약론』에서 비관주의적으로 전환되어 수차례 반박된다. 그리하여 루소는 입법자에 관해 논하는 매우 유익하고 주목할 만한 장에서 입법자의 과업에 대해 회의적인 태도를 취하면서 결국은 다음과 같이 외친다. 인간에게 법을 부여하려면 신이 있어야만 할 것이다!(*OC* III, 381~384) 루소가 자신의 사상을 개진하면서 동원하는 그 모든 수학적 치밀성에도 불구하고 그것을 성취하는 데에 필요한 전제조건들에 대한 회의가 완전히 사라진 적은 없는 것 같다. 그래서 우리는 『사회계약론』 가운데 여러 구절에서 일반 의지의 구성에 명백히 모순되는 일련의 사유들을 발견하게 된다. 그런 구절에서는 일반 의지의 형성에 요구되고 또 루소가 보통은 간단히 전제 조건으로 상정해 놓는 특정한 전제들을 정치적 과정 자체 속에서 비로소 인위적으로 산출해내려는 시도가 이루어지기 때문이다.

이런 사유의 한 노선은 일반적으로 잘 알려져 있다. 그것은 루소가 조세 제도와 사치 규제법과 중간층의 재산 및 사회관계의 창출을 통해 일반 의지의 평등화된 공화국을 수립하기 위한 사회적 기반을 마련하려고 했던 시도에 관한 것이다. 이 노선은 근대적이고 시민적인 색채가 가미되었다는 점을 간과할 수는 없을지라도 여전히 고전적인 (그 중에서도 특히 아리스토텔레스적인) '중간층'-정치의 전통 위에 서 있다. 반면에 두 번째 노선은 그보다 더 근대적인데, 그것은 민중에게 요구되는 계몽에 대한 심리학적 숙고에서 출발하여 의지를 공동 의식이 되게끔 촉진시키고 확립하고 또 필요한 경우에는 산출해내려는 목적을 지닌 정치 제도의 구축에 이른다. 그것은 바로 민중의 계몽과 선전을 위한 수단이다. 그런데 이는 루소의 국가가 이미 계몽된 민중에 바탕을 두고 있음을 주장하고 있다는 점에서 더더욱 놀랍게 보인다. 모든 사람의 자유로운 수의화隨意化라는 『사회계약론』의 근본 사상은 이제 논할 세 번째 노선에서 가장 급격하게 그 반대로 전도된다. 그것은 바로 국가에 의해 제정되고 사형에까지 이르는 제재를 통해 보호받는 '시민 종교' **religion civile**를 말하는데, 이를 루소는 『사회계약론』 말미에 느닷없이 도입한다.(*OC* III, 460~469) 루소가 최종적으로는 자신이 구상한 국가라는 자유롭게 부유하는 자발적 의지의 건축물(루소라면 계몽되지 않은 특수 의지라고 부를)을 개인의 자유로운 이의 제기에 의해 좌초되게끔 놓아둘 의향이 없으며, 일반 의지를 사회적 구속력을 가지고 관철되도록 하는 데에 필요한 경우에는 강제 수단도 마다하지 않는다는 점을 여기서만큼 명백히 알 수 있는 곳은 없다.

루소가 시도하는 이런 세 가지 안정화 방안에 모두 어떤 폭력적이고 '전체주의적인' 요소가 담겨 있다는 점은 의심의 여지가 없다. 그러한 한에서 루소를—아마도 의도치 않은—현대 전체주의의 선구자로 보는 현대의 루소 비판은 정당하다. 그러나 그런 전체주의가 홉스의 경우와는 달리 사회계약을 구축하는 기초에 이미 내포되어 있는 것은 아니라는 점을 강조해야겠다. 절대적인 것으로 설정된 참여자들의 자유의지에 의해 어쩌면 좌초될 수도 있는 사회계약의 기획을 차후적으로 심리적·정치적 수단들을 가지고('계몽된' 독재도 루소적 의미에서 그런 수단에 속할 수 있는데) 구출하려는 노력에서 그런 전체주의가 비로소 부차적으로 발생하는 것이다.

그런데 이런 형태로 사회계약을 구성하는 것이 불가능한 이유가 무엇인가? 왜 루소는 스스로 자신의 기획에 대해 무조건적 신뢰를 갖지 못했는가? 그 이유는 일반 의지가 여러 가지 다양한 이해 관심들이 개입될 수 있는 하나의 순전히 형식적인 원리라는 점에 있음이 틀림없다. 개별 의지들의 형식적 합의만으로는 무엇이 객관적으로 올바른 이해 관심인지가 드러나지 않는다. 헤겔은 루소의 체계가 지닌 이러한 결함을 자신의 『법철학』*Grundlinien der Philosophie des Rechts*(1821)에서 예리하게 지적했다. 헤겔은 루소가 "의지를 국가의 원리로 제시한" 큰 공적이 있음을 인정한다.

그러나 루소는 의지를 개별 의지라는 특정한 형식으로만 파악했고 [⋯] 보편 의지를 의지의 즉자 대자적으로, 이성적인 것으로서가 아니라 다만 그런 개별 의지로부터 자각된 것으로 등장하는 공통적인 것으로 파악했을 따름이다. 그리하여 개별자들이 국가 속에서 결합하는 것은 계약이 되며, 그럼으로써 그 계약은 개별자들의 자의와 의견과 임의의 명시적 동의를 그 기반으로 갖게 되었다.(『법철학』, § 258)

-한스 마이어 Hans Meier

'연방주의자'
The Federalist(1787/88)

– 연대표 –

알렉산더 해밀턴 Alexander Hamilton

1755(1757)년	(영국령 리워드 제도Leeward Islands의) 네비스Nevis 섬에서 출생.
1772년	미국 뉴욕New York으로 이주. 킹스 칼리지King' s College에서 수학.
1774년	『의회의 법령에 대한 전폭적 옹호』*A Full Vindication of the Measure of Congress* 출판.
1775년	『논박당한 농부』*The Farmer Refuted*(사무엘 시버리Samuel Seabury에 대한 응답) 출판.
1776~80년	미국 독립전쟁 기간 동안 워싱턴G. Washington 장군 휘하의 포병 대장 및 부관으로 활약.
1780년	제헌 의회를 발의. 법률가 교육을 받음.
1783~88년	대륙회의Continental Congress의 의원으로 활동.
1787년	뉴욕 국회 및 필라델피아Philadelphia 제헌의회의 의원으로 활동.
1789~95년	미국 재무장관 역임.
1790~92년	'위스키 반란' Whisky Rebellion의 진압에 참여.
1796~1800년	'연방주의자 아치' Arch Federalists의 지도자로 활약. 외교 정책의 문제로 존 애덤스John Adams 대통령과 마찰.
1800년	대통령 결선 투표에서 애런 버어Aaron Burr에 반대하여 토머스 제퍼슨Thomas Jefferson을

	지지함.
1804년	버어가 뉴욕 주지사에 선출되는 것을 저지한 후에 버어와의 결투 끝에 뉴욕 위호큰Weehawken에서 사망.

제임스 매디슨 James Madison

1750(1751)년	미국 버지니아Virginia주 포트 컨웨이Port Conway에서 출생.
1771년	뉴저지New Jersey 대학 졸업.
1776년	버지니아 의회 의원. 버지니아의 헌법과 권리장전Bill of Right의 초안을 마련하는 데에 참여.(종교의 자유를 주창)
1778년	버지니아 주지사 위원회 위원.
1780~83년	대륙회의에서 버지니아 대표로 활동.
1784년	법률가 교육을 받음. 버지니아 국회의원에 피선.
1787년	필라델피아 제헌의회의 공동 발기인(버지니아 대표이자 비공식 서기). '버지니아 초안' Virginia Plans의 공동 작성자. 미국 국회의원으로 선출됨.(야당의 실질적인 당수로 활약)
1797년	국회의원직 사퇴.
1798년	'외국인법 및 치안유지법' Alien & Sedition Acts에 대한 항의로 제퍼슨과 함께 '버지니아와 켄터키 결의' Virginia & Kentucky Resolution를 작성.
1801년	제퍼슨 대통령에 의해 국무장관으로 임명됨.
1807년	통상금지법의 공동 발기인.
1809~17년	제퍼슨의 추천에 따라 미합중국 제4대 대통령 역임.
1826년	버지니아 대학교 총장.

1829년	버지니아 제헌의회에 참여.
1836년	버지니아 주 오렌지 컨트리Orange Country에서 사망.

존 제이 John Jay

1745년	뉴욕에서 출생. 킹스 칼리지에서 수학.
1776년	뉴욕 대법원장 역임.
1784~89년	외무장관 역임.
1795~1801년	뉴욕 주지사 역임.
1829년	뉴욕 베드포드Bedford에서 사망.

Ⅰ. 발생과 맥락

1788년에 2권으로 발간된 논집 『연방주의자』*The Federalist*는 그것의 발생 배경에서 보자면 하나의 '상황이 낳은 저작' livre de circumstance이다. 왜냐하면 저자들은 이 책을 통해 1787년 필라델피아에서 작성된 연방 헌법에 대한 결정에 영향을 미치고자 했기 때문이다. 그래서 해밀턴과 매디슨과 제이, 이 세 명의 저자는 1787년 10월부터 1788년 8월에 이르는 기간 동안 뉴욕의 여러 신문들(『인디펜던트 저널』*The Independent Journal*, 『뉴욕 패킷』*The New York Packet*, 『데일리 애드버타이저』*The Daily Advertizer*)에 (플루타르크Plutarch에 의하면 로마 공화국의 구원자였던 푸블리우스 발레리우스 푸블리콜라Publius Valerius Publicola를 본뜬) 푸블리우스라는 가명으로 헌법 초안에 관하여 85편의 논설을 발표했다. 제이는 5편의 기고문을 집필한 후에 병에 걸렸기 때문에 대부분의 기고문은 해밀턴(51편)과 매디슨(29편)이 작성했다. 『연방주의자』라는 제목은 그 저자들이 필라델피아에서 개최된 제헌의회의 다수파 대표자임을 입증한다. 그들은—과거 13개 식민지가 모여 1781년에 창설한 연합Konföderation이 안고 있는 내적 취약성을 절감하면서—기존의 국가 연합을 하나의 국가 헌법 아래에 있는 정치 연방Union으로 대체하기를 원했다. 헌법 초안은 특별히 이런 목적으로 국민에 의해 선출된 개별 국가들의 의회로부터 비준을 받고 9개 국가의 동의로 발효될 계획이었다. '연방주의자' 임을 자처하는 헌법의 지지자들은 대부분의 국가에서 반대파인 '반연방주의자들' 보다 우세한 것으로 드러났다. 그리하여 비록 상대방에게 기본권 목록을 허용해주기는 했지만 헌법은 결국 수용되었다. 그렇지만 반연방주의자들이 지배하던 뉴욕 의회는 『연방주의자』가 주장한 통찰에 굴복했다기보다는 단지 다수 국가에 굴복했을 따름이다. 『연방주의자 논집』이 지닌 의의도 그것이 당시의 일상 정치에서 거둔 성공에 있다기보다는 미공화국의 정치적 자기 이해에 장기적으로 미친 이념 정치적 영향에 놓여 있다.

Ⅱ. 정치학

어떤 정치이론서를 제공하려는 것이 푸블리우스의 본래 의도는 아니었다. 그러나 그는 근대 초기의 신고전주의적 전통과 18세기의 앵글로-색슨 계몽주의로부터 자양분을 섭취하고 또한 미국의 정치·문화적 경험을 고려한 원리들을 가지고 있었다. 푸블리우스는 정치적 지식을 연역적으로 근거짓는다.

어떤 종류의 논고에서건 그로부터 이후의 모든 숙고가 근거를 두게 되는 일정한 근본 진리와 제1원리들이 있게 마련이다. 그런 것들은 모든 반성이나 추론에 앞서서 정신적 동의를 강제하는 내재적 증명력을 갖고 있다.

따라서 푸블리우스에 따르면 윤리학과 정치학에서 지배적인 견해에 상응하여 직접적으로 통찰할 수 있는 '기하학적 방법에 따른' *more geometrico* 준칙들이 있고, 더 나아가 "비록 공리의 지위를 주장할 수는 없다 할지라도 공리들로부터 직접 도출되고 그 자체로도 명백하며 상식Common Sense의 단순하면서도 자연스러운 지시에 아주 잘 부합해서, 타락하지 않고 편견이 없는 정신에게는 거의 공리와 비슷한 거부할 수 없는 설득력을 가지고 다가오는" 진리가 있는 법이다. 물론 정치학의 원리들이 수학 공리가 지닌 명증성을 지니고 있다고 하더라도, 그것들이 일반적으로 수학 공리가 가진 것과 같은 정도의 규정성과 엄밀성을 보여주지는 못한다. 그렇지만 그것들은 "사람들의 태도에 따라 특정한 관점에서 받아들이는 것보다는 더 큰 신빙성"을 주장할 수 있다. 푸블리우스는 "상식을 흐리게 만드는 장애의 근원"으로 사람들이 자신의 지성을 활동하도록 만드는 데에 방해가 되는 충동과 편견을 든다.(『연방주의자』 제31호, 175)

인간과 사회의 질서에 대한 통찰이 푸블리우스에게는 정치학의 준칙들이 된다. 그는 이 준칙들을 상식의 지시로 받아들이고, 그것들이 자기명증적인 합리성을 지니고 있다고 본다. '공화주의적' 사고방식에는 분명한 이런 인식론을 푸블리우스는 토머스 리드 Thomas Reid를 가장 중요한 대표자로 가진 스코틀랜드의 상식철학에서 가져온다. 푸블리우스는 사회 속에서 인간의 실존에 관한 상식의 통찰을 그의 동시대인들과 널리 공유한다.

'인간의 제도'에 대한 푸블리우스의 성찰도 이와 같은 인식론의 맥락 속에 있다. 일정한 불명료성이 초래되는 원인은 대상에만 있는 것이 아니라 인간의 지각이 지닌 불완전성과 언어의 불충분함에도 있다. 그래서 입법권, 행정권, 사법권 같은 현상들이 적절하게 정의되지도 않았을 뿐만 아니라 연방 정부와 개별 국가들이 가지는 권한들 사이의 경계 설정은 더더욱 정의되지 않았다는 것이다.(『연방주의자』 제37호, 211)

푸블리우스에 의하면, 정치 제도는 인간의 본성에 그 근원을 가지고 있다. 이를 통해 그는 고대의 정치를 주도하던 주제를 다시 끄집어낸다.

> 정치 질서가 인간 본성에 대한 가장 큰 질책이자 동시에 가장 탁월한 반성이 아니라면 대체 무엇이란 말인가? 만일 인간이 천사였더라면, 그는 정부를 필요로 하지 않았을 것이다. 또 만일 천사가 인간을 지배했다면, 정부에 대한 어떠한 외적 통제나 내적 통제도 불필요했을 것이다.(『연방주의자』 제51호, 314)

> 도대체 정부가 설립되어야 하는 이유가 무엇인가? [⋯] 강제 없이는 인간의 격정이 이성과 정의의 계율에 복종하려 들지 않기 때문이다.(『연방주의자』 제15호, 86)

이런 생각들은 철학자들만으로 이루어진 나라에서라면 유효하지 않을 것이다. 그러나 그런 철학자들의 나라는 "플라톤이 갈망했던 철인왕이라는 종족만큼이나 기대하기 어려운 것이다."(『연방주의자』 제49호, 307) 상식 안에 담겨 있는 인간 공통의 이성적 본성이 질서의 원천이며, 거기에서부터 습관적으로 현명하고 정의로운 인간이 형성되는 것이다. 하지만 푸블리우스에 따르면, 인간의 본성을 있는 그대로 보는 사람은 "인간이 행동을 하면서 합리적 정치와 유용성과 정의에 대한 보편적이고 멀리 내다보는 숙려보다는 오히려 격정과 직접적인 이해 관심에 훨씬 더 많은 영향을 받는다"는 사실을 인정하지 않을 수 없다.(『연방주의자』 제6호, 27) 인간의 이기심이 발휘하는 힘은 인간 사회에서 일어나는 모든 질서 장애의 가장 중요한 원인이다. 권력욕, 점유욕, 명예욕, 공명심, 시기심, 소유욕은 인간이 지닌 다른 차원들을 종종 뒷전으로 밀려나게 만든다. 이처럼 푸블리우스가 내세우는 인간학은 미국이라는 지역에 맞게 변형된 홉스와 로크이지만, 그렇다고 해서 일관된 이기애의 인간학은 아니다. 그는 18세기 영국과 미국의 일상 정치와 그 부패 현상들이라는 국지적 지평 아래에서 권력 추구를 바라보았다. 소유욕이 각별히 중요한 역할을 한다는 점은 분명하다. 토지가 비교적 풍족하고 상업이 유망한 상승 가능성을 제공하기 때문에, 정해진 신분이 없는 미국이 소유욕을 위한 훌륭한 토양이 되었다. 종교적으로, 정치적으로 또는 경제적으로 동기가 부여된 당파 형성이라는 형태로 나타나는 집단 간의 반목은—종종 다원주의 이론의 문서로 오해받곤 하는—『연방주의자』 제10호에 따르면 최종적으로는 인간의 격정적 본성에서 발생하는 것이다. 명예욕에 불타고 권력욕에 사로잡힌 선동가들은 공익에 해를 끼치면서 이런 점을 이용한다.

이렇게 다양하고 서로 영향을 주는 이해 관심들을 조정하는 일이 현대의 입법이 풀어야 할 중심 과제를 이루며, 정당과 국내의 정파 집단들이 가진 정신을 정부의 불가피하고 통상적인 행위 속에 함께 포함시키게 된다.(『연방주의자』 제10호, 53)

그러나 질서는 상호적으로 균형을 이루는 이해 관심의 다원주의에만 전적으로 그 근거를 두는 것이 아니라 또한 인간의 도덕적이고 합리적인 자질도 요구한다. "공화주의적 정치 체제만큼 그 정도로 높은 수준의 신뢰를 전제로 삼는 정치 체제도 없다."(『연방주의자』 제55호, 370 이하) 홉스에게서처럼 권력욕이 인간을 구성하는 것은 아니다. 또 로크와는 달리 소유를 획득할 수 있는 능력이 정부를 전적으로 유산자들의 지배 도구로 전락하게끔 유인하는 것도 아니다. 왜냐하면 "정의야말로 지배의 목적이자 시민 사회의 목적"이기 때문이다.(『연방주의자』 제51호, 317) 그런데 정의는 '공화국' 이라는 모델 속에서 실현되는 바, 그런 공화국의 제도는 인간의 본성에 전체적으로 부합해야 한다. 푸블리우스는 자신의 모델을 '공화주의적 정치 체제' 라고 부르는데, 그것은 '자유로운' 이라든지 '좋은' 이라는 술어를 가지고 있으며, 자신의 권위를 민중으로부터 끌어내기 때문에 '대중적' 이라고도 할 수 있고, 또는 공동 저자인 해밀턴이 1777년에 말하듯이, '대의 민주주의' 라고도 할 수 있다. 공화국은 생명과 자유와 재산을 보호할 목적을 가지고 정확하게 명시된 국민의 권리와 종교적 권리를 통해 인간의 가장 뛰어난 능력들을 실현시키고자 한다. 공화국은 '공익' 이라든지 '공적 자유' 라든지 '공적 정의' 라든지 '공적 권리' 와 같은 개념들로 옮겨 적을 수 있는 시민 윤리의 공적 공간이다. 이런 사회윤리적 전제 아래에서만 비로소 공화주의적 정치 체제를 수립하려는 미국의 실험이 "인류의 자기 통치 능력"이라는 기초 위에 세워질 수 있다.(『연방주의자』 제39호, 225)

푸블리우스는 자신의 논고에서 헌법 초안을 공화주의적 원리들과의 조화라는 관점에서만이 아니라 또한 그것이 과연—외부로부터의 안전, 내부의 안정성, 사회 구성원들 사이의 정의라는—지배의 전통적인 목표와 과제들을 보장해줄 수 있는가라는 관점에서도 검토한다. 다음의 목차는 이에 상응하는 것이다.

1. "연방은 우리의 정치적 번영에 유용함"(14편의 논설)
2. "기존의 연합은 연방의 보존에 부적합함"(8편의 논설)
3. "이 목표를 달성하기 위해서는 최소한 헌법 초안이 계획하는 것과 같은 정도의 강력한 정치 체제가 필요함"(14편의 논설)
4. "기안된 헌법은 공화주의적 정치 체제의 참다운 원리들에 부

합함”(48편의 논설)

5. “기안된 헌법은 (뉴욕 주의) 고유한 국가 헌법에 부합함”(1편의 논설)

6. 헌법 초안은 “자유와 재산에 부가적인 안전”을 제공함(간접적으로 다루어짐)

『연방주의자』는 미국이 심각한 위기에 처해 있으며 그토록 희망차게 시작한 정치 실험이 조만간 혼돈 속으로 침몰할 것이라는 깊이 뿌리박힌 공포감을 언표한다. 외교와 관련해서는 현재의 연합이 유럽 대륙에 현존하는 강대국들로부터 오는 군사적 압박은 물론 경제적 압력도 장기적으로는 견뎌내지 못할 것이다. 또 국내 정치와 관련해서는 무장 반란으로까지 치닫는 지속적인 사회 갈등으로 개별 국가들의 생존이 위협받고 있다. 과거 그리스의 폴리스 세계가 그러했듯이 내정을 간섭하는 외세와 내부 정치에서의 당파 싸움이 엎치고 덮치는 속에서 무정부와 폭정 사이의 긴장 상태가 연합을 위태롭게 만들고 있는데, 그것은 결국 공화주의적 질서를 파멸로 이끌게 될 것이다. 물론 이와 같은 위기 분석에 대해 반연방주의자들은 이의를 제기했다.

연방주의자들이, 그리고 결국은 그 적대자들 역시 이런 위기의식을 가지게 된 보다 심층의 이유는 미국인들이 플라톤과 아리스토텔레스 이래로 서구 정치사상의 기본 요소 가운데 하나가 된 정치 형태의 순환론에 사로잡혀 있었다는 사실로 설명된다. 그리스의 폴리스, 로마 공화국, 이탈리아의 도시 국가들, 크롬웰의 국부國富, 그 어느 것도 쇠락의 법칙에서 벗어날 수 없었다. 공화정이 다수의 민주주의적 폭정이나 과두 정치인들의, 또는 어느 한 사람의 전제정으로 탈선할 가능성이 이 시대에 벌어진 정치 논쟁에서 중요한 주제였다. 따라서 푸블리우스에게 문제가 되는 것은 정치 형태의 이런 순환을 깨뜨리고 전제정으로 추락할 위험성에 지속적으로 대항하는 자유로운 질서의 모델을 구축하는 것이 가능하다는 점을 입증하는 일이었다.

Ⅲ. 공화주의적 정치 체제의 제도

푸블리우스는 공화주의적 정치 체제를 안정시킬 수 있는 근대의 제도적 장비를 다음과 같이 열거한다.

1. 권력분립

2. 상호 견제와 균형의 장치를 갖춘 입법부

3. 법관의 독립성과 직위 보장

4. 민중 의회에서 민중 자신의 선거로 선출된 대표를 통한 민중의 대의

5. 이런 정치 조직을 광역의 영토로 확산

이 가운데에서 마지막 사항부터 논해보도록 하자. 13개 국가와 또 아직 참여를 기다리는 서부 지역으로 구성되는 의회의 구성원들은 개별 국가의 주권과 그것의 폐지 사이에서 절충하면서 의식하지 못한 채 '연방국가'와 '연방주의'의 원리를 창안해냈다. 푸블리우스에 따르면 미국인들은 혈통, 언어, 종교, 정치적 전통, 관습, 풍속 등을 통해 하나의 민족Nation의 특성을 지니고 있으며, 이런 점이 민족적 독립 전쟁을 통해 입증되었다. 하나의 합리적이고 집단적인 정체성이 형성되었다는 것이다.

기존의 연합이 더 이상 작동하지 않게 된 후에, '민족적'이면서 또한 '연방적'인 미국 민족이라는 조직 형태가 나타나게 되었다. 푸블리우스는 '민족적'이라는 용어를 근대적 민족국가의 기본 원리로 이해한다. "우리는 연방의 권위를 통치의 유일하게 참된 대상인 개별 시민 자체로까지 확장해야 한다."(『연방주의자』 제**15**호, **85**) 헌법은 민족국가의 원리와는 조화를 이룰 수 없는 '제국들 속의 제국' ***imperium in imperio***이라는 정치 괴물을 제거할 것이다.(『연방주의자』 제**15**호, **83**) 연합 속에서는 이 괴물이 시민에 대한 법적 및 정치적 통치권을 전적으로 개별 국가의 수중에 남겨 놓았던 것이다.

주권을 지니면서 하나의 연방 정부 아래 이룩한 시민들의 민족국가라는 원리에 연방주의의 원리가 덧붙여진다. 개별 국가들은 "민족 주권의 매개체이자 구성 부분들"로 간주되며, 개별 국가가 지금까지 제정한 모든 통치권은 연방 정부에 명시적으로 이양되지 않은 한 그 개별 국가에 귀속된다.

기안된 헌법은 [⋯] 엄밀하게 말하자면 민족 헌법도 아니고 연방 헌법도 아니며 그 두 가지 원리의 결합이다. 그것은 그 기반에 있어서는 연방적이긴 하지만 민족적이지는 않다. 정부의 권한이 발생하는 원천과 관련해서라면 그것은 부분적으로 연방적이긴 하지만 민족적이지는 않다. 이 권한의 작용 범위와 관련해서라면 그것은 민족적이긴 하지만 연방적이지는 않다. 이 작용 범위의 확대와 관련해서라면 그것은 연방적이긴 하지만 민족적이지는 않다. 그리고 끝으로 정당한 개헌의 형식과 관련해서라면 그것은 명백하게 연방적인 것도 아니고 명백하게 민족적인 것도 아니다.(『연방주의자』

제39호, 229)

푸블리우스는 이를 '연방 공화국' 또는 몽테스키외의 용어를 빌려 '연합된 공화국'이라고 부른다.

푸블리우스가 어떤 완성된 주권론을 가지고 있지는 못했음이 분명하다. 그가 일단의 주권적 권리와 행위와 특권들로 서술되는 민족 주권을 언급하기는 한다. 이때 그는 주권이 지닌 고전적 속성들을 염두에 두고 있었다. 그런데 그런 주권의 고전적 속성들이 개별 국가와 연방 정부 사이에 지극히 비고전적인 방식으로 배분되고 난 다음에 다시 개별적인 지배 조직들에 귀속된다. 푸블리우스는 보댕J. Bodin에게서 유래하는 절대적 주권 개념과 유럽 대륙의 국가법 전통에서 그 개념의 계속된 발전에 대해 알지 못했다. 블랙스톤W. Blackstone이 정식화한 입법부의 절대 주권의 영국식 변형도 그는 배척한다. 비록 그가 민중 주권이라는 용어를 사용하지는 않지만, "미국이라는 구조물은 민중의 동의라는 견고한 반석 위에 세워져야 한다"고 강조한다.(『연방주의자』 제22호, 134) 아마도 민중은 그들이 가진 막대한 주권을 성대한 입헌 행위를 할 때에만 행사할 것이다. 모든 공직자는 민중의 수탁자이며, 민중에게 의존해 있는 동시에 그들에 대해 책임을 진다. 여기에서 '연합된 공화국'의 원리는 나중에 설명할 '대의제 공화국'이라는 원리와 결부된다. 푸블리우스는 민중 속에서 구체화되고 그 대표자들을 형성해내는 사회에 대해 말하지만, '민중'이나 '사회'라는 용어는 사회 구성원들의 입장에서는 그들의 개인적인 역량 속에 있는 것이다.

그렇기 때문에 푸블리우스에게는 사회에 분열이 생겼을 때 안전과 안정성을 강제할 수 있는, 다수로부터 독립적인 공동체의 의지라든지 유럽식 ‘국가’라는 의미에서의 세습적 또는 자기지명적 권위란 존재하지 않는다. ‘연방 공화국’의 이념은 공익에 역행하는 억압적 다수의 형성을 저지할 것이기 때문에 광역의 영토를 공화주의적으로 조직할 수 있도록 해줄 뿐만 아니라 사회의 내부 안정성도 보호해준다. 연방제는 한편으로 특수한 이해 관심과 정파 형성의 다양성을 허용해주고, 다른 한편으로 이러한 다양성은 연방제적 의지 형성 과정 속에서 구체화한다. 다른 시민들의 자유권에 반하는 다수의 형성은 배제된다.

여러 이해 관심과 정파와 종파의 다양성을 유지하면서 이렇게 확대된 합중국의 공화정에서는 정의와 공익에 기반을 두지 않고서는 전체 사회의 다수가 형성되는 일이 거의 없을 것이다.(『연방주의자』 제51호, 322)

공화주의 모델에서 광역廣域의 원리는 또한 대의제 원리의 조건이 되기도 한다. ‘대의제 공화국’은 지배권을 전권 위임하여, 고대 세계의 ‘순수 민주주의’라는 대중적인 정치 체제가 지녔던 치명적인 단점인 소란스러움은 물려받지 않으면서도 그 정치 체제의 장점은 보존한다. “시민들이 몸소 만나는 것의 대용으로서” 대의제는 행정부와 입법부의 선출 기제를 통해 시민을 인격자로서만이 아니라 소유자로서, 그리고 한 국가의 주민이자 (주도적인 농업, 상업, 산업 및 정신적 직업 같은) 그 나라의 거대한 사회경제적 이해 집단들의 한 부분으로서 통합시킨다.(『연방주의자』 제52호, 320) 푸블리우스에게서 고용자-노동자라는 도식이 부재하다는 점이 특기할 만하다.

또한 대의제는 “그 사회의 공익에 가장 크게 이바지하는 것이 무엇인지를 인식할 만큼 충분히 현명하고 또 그런 인식에 부합하게 행위를 할 만큼 충분히 덕스러운 지배자를 임명"할 수 있도록 해준다.(『연방주의자』 제57호, 396) 이런 대의제는 과두정을 구축하기 위한 '소수의 좋은 가문에서 태어난 자들의' 한낱 속임수에 불과하다는 적대자들의 비판에 대해 푸블리우스는 다음과 같이 자신을 방어한다.

주민의 모든 계급을 그 계급에 속한 사람들을 통해 실제로 대의하려는 생각은 공상적이다.(『연방주의자』 제35호, 197)

공동체 내의 다양한 계급이 가진 상이한 이해 관심과 견해들이 낳는 자연스러운 효과에 의해 민중의 대의 기구는 그 수적 크기를 고려하지 않고 대부분 지주와 상인과 정신적 직업의 종사자들로 구성된다.(『연방주의자』 제36호, 200)

그렇지만 부나 혈통이나 종교나 직업에 따른 그 어떤 자격도 민중의 선거권을 제한해서는 안 된다.(『연방주의자』 제57호, 347)

푸블리우스에 따르면 '대의제 공화국' 역시 쇠망으로부터 안전하지 못하다. 그는 특히 다수에 의해 지배되는 입법부의 자의적 행위, 소수의 권리에 대한 침해를 두려워한다. 하원의 '민주주의적' 일탈에 맞서고 또 상원과 대통령의 과두정에 맞서는 데에는 '권력분립'과 '견제 및 균형'의 원리가 도움이 된다. 이런 생각의 배후에는 공화국이 전제정으로 전락하는 데에 대한 상존하는 두려움이 있다. 이들 건국의 아버지는 그들의 어휘와 논변을 그들이 애호하는 몽테스키외로부터 빌려오지만, '혼합적 헌정'의 고전적 교설로부터 빌려오기도 한다. 식민지 이주자들 자신이 겪은 경험이 그렇게 하도록 만든 직접적 동기가 되었다. 18세기에 이르러 총독과 식민지 입법부 사이의 전통적인 반목은 영국이 제국 정책을 강화함으로써 더욱 첨예화된다. 왕실 총독은 영국 국회의 관례적인 방식을 써서 식민지 엘리트들 사이의 '인맥'을 통해—비록 성과가 없었을지라도—민중 의회와 재판에 영향력을 행사하려고 기도했다. 이런 방식들 가운데 가장 중요한 것인 소수 인물들의 '관직 겸임'과 '인맥'에 대항하여 그들은 몽테스키외에 기대어 논박했고, 영국의 헌법 전통에 들어 있는 수단들을 동원하여 투쟁했다. 이를테면 왕위계승법Act of Settlement(1701)의 위배령이라든지 '기관 소송제'가 그런 수단이었다. 미공화국의 초기 건립자들은 세습 통치자의 권력욕에 대해 전통적으로 가졌던 두려움에 아직 얽매여 있었다.

그들은 입법부의 월권이 그에 못지않게 위험할 수도 있다는 점을 결코 이해하지 못했던 것 같다. 만일 모든 권력이 입법부의 수중에 집중된다면, 그것은 행정부의 월권에서 우려되는 것과 똑같은 전제정으로 이끌 것이기 때문이다.

대의제 공화국에서 "민중이 입법부를 신뢰하지 않고 모든 예방 조치들을 취해야" 하는 데에는 여러 가지 이유가 있다. 소수 및 소수자의 권리에 대한 다수의 폭정이 위험스럽기 때문이다.

그 어디에서나 입법부는 자신의 영향권을 확대시키고 주변의 모든 권력을 거센 힘으로 자신에게 끌어들이려고 시도한다.(『연방주의자』 제48호, 300 이하)

그렇기 때문에 입법권은 여러 부서로 분할되어야 한다.

푸블리우스의 권력분립론은 신분이 없는 미국 사회의 특성을 참작한다. 미국 사회는 더 이상 과거의 '혼합적 헌정'처럼 왕과 세습 귀족과 제3계층의 협력에 기대를 걸지 않는다.

여러 권력이 점차 하나의 영역으로 집중되지 못하도록 만드는 가장 중요한 안전장치는 개별 부서를 관장하는 사람들로 하여금 필수적인 헌법상의 수단들을 소유하고, 다른 부서의 월권에 저항하는 데에 개인적인 관심을 가지도록 배려하는 데에 있다. [⋯] 이를 통해 개인의 사적 이해 관심이 공공의 권리의 파수꾼이 된다.(『연방주의자』 제51호, 318 이하)

그렇게 해서 대의 과정을 통해 보장된 일정한 정도의 능력과 이성이 정치 지도자가 가진 권력 보존에 대한 사적 동기와 협력하게 된다는 것이다. 대통령과 민중 의회의 양원과 사법부 사이의 수평적 권력분립과 연방제의 수직적 권력분립은 시민의 권리를 보호하는 통일체로 결합된다.

푸블리우스는 사법권을 연방 권력들 가운데 가장 취약한 권력으로 보았다. 그런데 최고재판소에 대한 그의 견해는 반연방주의자인 예이츠R. Yates의 『브루투스의 편지』*Letters of Brutus*(1788)로부터 영향을 받은 것이다. 예이츠는 헌법이 예견하지 못했던 재판부의 심사권 때문에 최고재판소가 일종의 항구적인 입법회의가 될 것이라고 예언했었다. 법률의 합헌성을 검토하는 법원의 권한은 미국인들의 정치 경험이 낳은 산물이었다. 영국에서는 불문법Common Law이 신법神法과 자연법의 산출물로 간주되었기 때문에 불문법 학자들은 스튜어트 왕가와 대립하면서 자신들이 가진 '가공된 이성'이 그 어떤 '자연적 이성', 그중에서도 특히 왕이 가진 자연적 이성에 우선하여 해석의 독점권에 대한 권리 주장을 해야 한다고 요구했다. 쿡E. Coke 경에 따르면 국회의 법률조차 그것이 이성과 불문법에 어긋난다면 무효라고 선언될 수 있다. 이와 같은 재판부의 심사권에 대한 단초가 영국에서는 그 이상의 결과를 가져오지 못했다. 하지만 국회 법률의 무효성이라는 생각이 미국인들에게는 영국 국회와의 투쟁에서 환영받는 도구가 되었다. 게다가 영국 정부가 식민지의 법률을 심사하고 때때로 파기하기도 했던 관례 덕분에 그렇게 할 수 있는 길이 더더욱 넓혀졌다. 1776년의 국가 헌법은 자연법의 근본 원리들을 표현한 것으로 이해되긴 했지만, 민중 의회들은 여전히 철저하게 국회의 주권에 대한 권리를 주장했다. 단지 몇몇 국가에서만 법률의 합헌성을 검토하는 재심부를 실험적으로 운영했다. 바로 그 시점에 폭넓은 저항에도 불구하고 몇몇 국가 재판소가 법률을 위헌이라고 선언했다. 그것은 일체의 법률 문제에 대해 결정을 내릴 수 있는 무제약적 권한을 법원에 부여한 불문법의 규칙이 낳은 결과이다.

헌법 초안의 배후에 서 있는 정치 계급과 주로 법률 교육을 받은 그 지도자들은 이런 규범 통제의 제도를 민중 의회에서 다수가 저지르는 민주주의적 월권에 대항해 개인의 권리를 보호하는 중요한 도구로 보았다. 예이츠에 맞서서 푸블리우스는 "헌법이 법률 제정의 규준이 되어야 하며, 양자 사이에 모순이 발생할 경우에는 언제나 헌법이 법률에 우선해야 한다"고 호소한다.(『연방주의자』 제81호, 489)

이런 식의 제한은 그 실행에서는 헌법의 명백한 의미에 위배되는 모든 법률을 무효이자 없었던 것으로 선언해야 할 의무를 가진 법원이라는 매체를 통해서만 유지될 수 있다. 그런 기구가 없다면 특정 권리나 특권에 관한 어떠한 유보도 무가치해질 것이다.(『연방주의자』 제78호, 471)

법원은 "민중과 입법부 사이의 매개체"이자 "입법부의 월권에 대한 [⋯] 방파제"로 간주된다. 그렇다고 해서 법원이 입법부의 우위에 놓이는 것은 아니다. 헌법이 엄연히 근본법이고 재판관들에 의해서도 그러한 것으로 다루어져야 하는 한, "입법부가 발효시킨 특수한 법률 각각의 의미를 탐구하듯이 근본법의 의미를 탐구하는 것"은 재판관들의 책무이다.(『연방주의자』 제78호, 473) 모순이 발생할 경우에는 헌법이 우선권을 가져야 한다. 민중의 뜻이 그 대표자들의 의도보다 우위에 있는 것이다. 재판소는 민중의 대표자들이 가진 자의恣意를 자신들이 가진 자의로 대체하는 것이 아니라 이성과 상식에 의해 영감을 받은 판결 속에서 민중의 권위를 재건하는 것이다.

물론 공화정은 민중에게 "자신의 안전과 행복에 필수적이라고 여겨질 때에는 그들의 정치 체제를 변경시키거나 철폐할" 권리를 부여한다고 푸블리우스는 1776년의 독립선언에 의거하여 말한다.(『연방주의자』 제40호, 238) 그는 지배자가 헌법을 파괴할 경우에 민중이 지니는 "자기 방어의 근본 권리"를 강조한다.(『연방주의자』 제28호, 161) 그렇지만 질서 수립이라는 거대한 사건은 '공공성'의 차원이 오직 격정에 의해서만이 아니라 이성에 의해 지배되는 그런 유리한 순간에만 성공할 수 있기 때문에 입법의 작업이 위축됨 없이 반복될 수 있는 실험은 아니다.(『연방주의자』 49호, 309)

Ⅳ. 영향

본래는 일종의 정당지였던 『연방주의자』에 헌정 질서의 권위 있는 해석이라는 성격이 일찌감치 부가되었다. 이렇게 된 것은 그 저자들이 공화국의 초기에 지도적인 정치적 역할을 한 덕택이기도 하지만 특히 대법원장 존 마셜John Marshall에게 힘입은 바가 크다. 마셜은 1803년에 입법부가 제정한 법률에 대한 재판부의 심사권을 최고재판소에 둘 것을 요구했고(마버리Marbury 대 매디슨 사건), 이를 통해 『연방주의자』가 주장한 헌법에 대한 이해를 미국의 헌법 이론과 실행의 토대가 되도록 만든 연방주의자였다. 그의 뒤를 19세기 초의 헌법에 대한 지도적인 주석자들인 제임스 켄트James Kent 대법관(*Commentaries on American Law*, Boston, 1873(12))과 조셉 스토리Joseph Story 판사(*Commentaries on the Constitution*, Cambridge, 1833)가 잇는다. 그 이후로 최고재판소는 수많은 헌법 재판 판결에서 헌법의 이해에 대한 신뢰할 만한 전거로 『연방주의자』를 참조하게 되었다. 법학자, 정치가, 역사학자, 사회학자들 사이의 정치적 및 지적 담론에서 미국의 정치 질서에 대한 해석들이 종종 서로 경쟁하곤 하는 수많은 경우에도 이와 마찬가지이다. 『연방주의자』는 공화국의 지도 이념을 개념화했던 것이다.

-위르겐 겝하르트 Jürgen Gebhardt

임마누엘 칸트
Immanuel Kant(1724~1804)

– 연대표 –

1724년	프로이센의 쾨니히스베르크Königsberg에서 마구馬具 제조업자의 넷째 아들로 출생. 그의 조상은 스코틀랜드 출신임.
1732~40년	콜레기움 프리데리키아눔Kollegium Friedericianum에 재학. 고대의 저자들을 애호함. 경전주의적인 교육을 받았으나 이에 대해 점점 더 거부감을 가지게 됨. 1738년에 어머니 사망.
1740~46년	쾨니히스베르크 대학교에서 철학, 수학, 자연과학, 신학을 수학. 1746년에 아버지가 사망하기 이전부터 개인 교습을 통해 생계를 유지.
1747년	최초의 저서를 출판. 라이프니츠G. W. von Leibniz를 비판함. "나는 내가 견지하고자 하는 길을 이미 구상했다. 나는 나의 인생행로에 들어설 것이며, 그것을 지속하는 데에 그 무엇도 방해가 될 수 없다."
1746~55년	여러 가정에서 가정교사로 활동.
1755년	박사학위 취득. 철학 교수 자격*Venia legendi* 취득.
1755~70년	그중에는 꽤 큰 규모를 가진 것도 있는 73편의 연구 발표물들과 뛰어난 강의에도 불구하고 교수직을 얻지 못함.
1765년	쾨니히스베르크의 왕립 궁정 도서관 부사서로 첫 직업을 얻음.
1770년	쾨니히스베르크 대학교에서 형이상학 및 논리학

	담당 정교수로 임용됨. 좁은 의미의 철학 이외에도 여러 분야에 관하여 주당 14~22시간 강의.
1781년	『순수이성비판』Kritik der reinen Vernunft(KrV로 표기) 출판. 1781년 이전에 출판된 칸트의 모든 저작은 비판기 이전 저작들이라고 불림. 57세부터 칸트는 자신의 비판철학을 쉼 없이 가다듬고 완성하는 작업을 시작함. 저술을 위해 엄격하게 규칙적인 생활을 함.
1784/84년	『세계 시민적 견지에서 본 보편사의 이념』*Idee zu einer allge-meinen Geschichte in weltbürgerlicher Absicht*(*G*로 표기) 출판. 자신의 도덕철학을 다룬 간결하면서도 탁월한 기획서인 『도덕형이상학 정초』*Grundlegung zur Metaphysik der Sitten*(*GMS* 로 표기) 출판.
1787년	『실천이성비판』*Kritik der praktischen Vernunft*(*KpV* 로 표기) 출판. 새롭게 서문을 쓰고 부분적으로 수정한 『순수이성비판』의 재판이 나옴. 집을 장만함. 사교에 유념하면서 기꺼이 손님들을 점심 식사에 초대하곤 했으나 미혼으로 남음.
1790년	『판단력비판』 *Kritik der Urteilskraft*(*KU*로 표기) 출판.
1793년	『이성의 한계 내에서의 종교』 *Die Religion innerhalb der Grenze der bloßen Vernunft*(*R*로 표기) 출판. 검열 당국이 이 학설을 금지시킴.
1793/94년	칸트의 정치철학을 담고 있는 두 편의 저서인 『이론적으로는 옳으나 실천에는 적합하지 않다는 통설에 대하여』*Über den Gemeinspruch: Das mag in der Theorie richtig sein, taugt aber nicht für die Praxis*(*TP*로 표기) 및 『영구평화론』*Zum ewigen Frieden*(*F*로 표기) 출판.
1797년	「법론의 형이상학적 시초 근거」와 「덕론의 형이상

	학적 시초 근거」의 2부로 이루어진 『윤리형이상학』*Die Metaphysik der Sitten*(*MS*로 표기) 출판. 노년기 장애로 강의 활동을 중지.
1798년	『학부 간의 논쟁』*Der Streit der Fakultäten*(*StF*로 표기) 출판.(계몽하는 비판이 가진 권리를 옹호하려는 마지막 역작) 칸트의 최후 출판물인 『실용적 관점에서 본 인간학』*Anthropologie in pragmatischer Hinsicht*(*A*로 표기) 집필.
1800년	예셰G. B. Jäsche가 편집한 『임마누엘 칸트의 논리학』*Immanuel Kants Logik*(*L*로 표기) 출판. '인간이란 무엇인가?' 라는 근본 물음이 담겨 있는 중요한 서문을 포함하고 있음.
1803년	링크F. Th. Rink가 편집한 『임마누엘 칸트 교육학』*Immanuel Kant über Pädagogik* 출판. 생애 마지막 수년간 새로운 개념들을 가지고 재차 자신의 자연철학과 자유의 철학이 안고 있는 문제점들을 해결하려고 시도함. 이른바 『유고』*Opus postumum* 집필.
1804년	"여행을 하지 않고서도 인간에 대한 지식과 세계에 대한 지식을 얻을 수 있는" 곳인 쾨니히스베르크에서 사망.

Ⅰ. '계몽의 시대' — '철학의 시대'

프리드리히 대제가 자신의 신하들에게 "종교 문제에서" 그리고 "심지어는 자신이 행하는 입법에 관해서조차" 제안과 비판을 허용했다는 이유에서 칸트는 "계몽의 시대"라고 말한다.(**VI**, **59** 이하) **18**세기는 "철학의 시대"라고 자부했다. 알 수 있는 것의 영역을 넘어서려는 목표를 가진 총 **35**권으로 된 **1751**년 프랑스 대大『백과전서』의 서문에서 달랑베르가 그렇게 선언했다. 인간의 이성을 통해 세계에 관한 백과사전을 마련하고 철학을 한낱 지혜에 대한 사랑에서 현실적 지知로 혁신시키는 혁명의 시기가 도래한 것처럼 보였다.

"너 자신의 오성을 사용하는 데에 용기를 가져라! […] 이것이 계몽주의의 표어이다."(**VI**, **53**) 근대에 들어서서 자연과학과 사회과학을 비롯한 학문의 세계에서는 사람들이 이미 오래 전부터 이 준칙에 따라 사유해왔으며, 이는 갈릴레이**G. Galilei**의 '정신 속에서 파악함' ***in mente concipio***이라든지 홉스의 '발생' ***generatio*** 같은 용어로 표현된다. '인간은 그 자신이 만들어낸 것만을 이해한다.' 칸트는 여기에다 "인간 이성(철학)의 입법"이라는 것을 덧붙인다. 인간 이성의 입법은 "자연과 자유라는 두 가지 대상을 가지고 있으며, 따라서 그것은 자연 법칙도 또 도덕 법칙도 포함하고 있는데, […] 최종적으로는 […] 이 두 가지를 하나의 유일한 철학 체계 안에 포함하고 있다."(***KrV*** **II**, **701**)

II. 비판으로서의 철학 — 이성의 비판

우리 시대는 진정한 비판의 시대인 바, 모든 것이 비판에 회부되어야 한다. 종교는 그 신성함을 통해, 그리고 입법은 그 위엄을 통해 보통 비판을 회피하고자 한다. 그러나 그렇게 함으로써 종교와 입법은 자신에 대해 정당한 의혹을 불러일으켜서 꾸밈없는 존경에 대한 요구를 주장하지 못하게 된다. 이성은 자신의 자유롭고 공개적인 심사를 견뎌낼 수 있었던 것에만 꾸밈없는 존경을 허락한다.(***KrV*** **II, 13**)

칸트의 공헌은 무엇보다도 순수이성 내지 이론이성 비판, 실천이성 비판, 그리고 마지막으로 판단력 비판이라는 삼대三大 비판에 있다. 이 비판들을 통해 세계와 인간에 관한 지금까지의 모든 독단론과 교조들이 물러서고, 학파 간의 분란이나 심지어는 전쟁에서 벗어나 철학의 평화로 전진하게 될 것이다. 이런 비판철학은 "현 세기가 다 경과하기 전에" 인간의 "지식욕"을 "완전하게 충족"시키려는 야심을 가지고 있다.(***KrV*** **II, 712**)

아리스토텔레스의 『형이상학』***Metaphysik***은 "모든 인간은 본성상 앎을 추구한다"라는 구절로 시작된다. 이에 칸트는 "나는 무엇을 알 수 있는가?"라고 묻는다. 이것이 이성 비판의 근본 물음이다. 이성 비판**Kritik**의 물음은 인간에게서 이성이 지닌 척도와 한계를 드러내는 것을 목표로 삼고 있으며, 그것이 바로 고대 그리스어로 '***krinein***' 이라고 불렀던 것이다. 이런 비판적 의미에서 "나의 이성이 가진 모든 관심(사변적 관심 및 실천적 관심)은 다음의 세 가지 질문으로 집약된다. 1. 나는 무엇을 알 수 있는가? 2. 나는 무엇을 해야 하는가? 3. 나는 무엇을 희망해도 좋은가?"(*KrV* II, 677) 칸트의 비판철학은 이런 질문들을 다루고 있는데, 여기서 그는 이성에 관하여, 그리고 거기에 이르는 길과 또 그 어려움들에 관하여 인간을 계몽시키고자 한다. 그는 "이성 자체의 방식"을 연구하려고 하는데, 이를 위해 그는 "인간의 인식 능력 일체"를 분해하고서는 "그것의 한계가 어디까지 나아갈 수 있는지"를 검토한다.(*L* III, 456) 이 모든 물음들은 최종적으로 "인간이란 무엇인가?"라는 네 번째 물음에 대한 답변으로 인도한다.(*L* III, 448) 칸트는 이 최종 물음을 자신의 주저主著에서가 아니라 『논리학』에서 비로소 문장으로 명료화하는데, 바로 이 점이 오늘날에 이르기까지 우리를 당혹스럽게 만든다.

칸트가 "세계시민으로서의 인간"에 대한 보편적 인식(*A* VI, 400), 인간이야말로 이 세계에서 "가장 중요한 대상"이라는 인식(*A* VI, 399)이 관건이라고 생각한 것은 비단 『실용적 관점에서 본 인간학』에 이르러서만이 아니다. 그는 벌써 『순수이성비판』에서 "궁극적인 의도"는 "실천적인 것"에 놓여 있다는 점을 확언한다.(*KrV* II, 37) 따라서 철학은 단지 학문에 불과한 것이 아니라 궁극적으로는 "지혜의 가르침"이요, "인간 이성의 최종 목적에 관한 학문"으로서 "세계 개념"에 따른 철학이다.(*L* III, 446 이하) 한낱 사변적 지식이나 지식을 위한 지식을 추구하는 사람은 "학교에서 배운 개념에 따른 철학"에 머무는 "이성 기술자"나 "철학 교설가" Philodox에 불과하다. "반면에 세계 개념에 따른 철학에 […] 관해서라면, 우리는 그것을 우리들의 이성을 사용할 때 지켜야 할 최고의 준칙에 관한 학문이라고도 부를 수 있겠다."(*L* III, 446 이하)

"여기서 세계 개념은 누구든지 필연적으로 관심을 가질 수밖에 없는 것에 관한 개념을 일컫는다." "철학자는 이성 기술자가 아니라 인간 이성의 입법자이다."(**KrV** II, 700 이하)

바로 그런 철학을 칸트는 단호하게 형이상학이라고 부른다. 왜냐하면 앞서 언급한 네 가지 물음 중에서 "첫 번째 물음에 답하는 것이 형이상학이고, 두 번째 물음은 도덕이, 세 번째 물음은 종교가, 네 번째 물음은 인간학이 답변하기" 때문이다. 칸트의 『논리학』 서문에서 우리는 이 모든 것을 포괄하는 진술을 발견하는데, 그곳에서 칸트의 형이상학이 동시에 인간학임이 밝혀진다. 처음 세 질문은 마지막 질문과 관련되기 때문이다. 이때 칸트는 자신이 『순수이성비판』에서는 이런 형이상학의 앞마당에 도달했을 뿐이라는 점을 늘 자각하고 있었다. 『순수이성비판』은 "방법에 관한 논고"이다.(**KrV** II, 28) 그리고 그 방법은 "선험적 연역"에 있다.(**KrV** II, 125 이하) 그 길, 즉 그 방법은 넘어서지 않는다. 다시 말해서 그것은 초월철학이 아니라 선험철학이다. '선험적' transzendental이라 함은 그것이 이성에 "선행하는 비판"이고 그 비판이 인간 속의 근원 자체로 되돌아간다는 것을 뜻한다.(**KrV** II, 36)

철학이 초월철학에서 선험철학으로 비판적인 전환을 하는 것은 지금까지의 모든 사유를 혁신하는 전환으로서 '코페르니쿠스적 전회'로 알려져 있다. 코페르니쿠스N. Copernicus에 비견되는 "사유방식의 변경"(**KrV** II, 28)은 칸트가 『순수이성비판』에서 가장 인상 깊게 문장으로 표현한 다음과 같은 학문론적 원칙으로 이끈다. "경험 일반의 가능성의 조건은 동시에 경험 대상의 가능성의 조건이다."(**KrV** II, 201)

Ⅲ. 세계시민적 견지에서 본 철학

『세계시민적 견지에서 본 보편사의 이념』이라는 소책자의 배후에는 『순수이성비판』에 담겨 있던 추동력 전체가 버티고 서있다. 『순수이성비판』은 이미 "이런 세계시민적 의미에서 철학의 장場"에 들어서 있었다.(*L* III, 447) 그리고 이는 칸트가 『실용적 관점에서 본 인간학』에서 인간을—독자들이 이미 프랑스 계몽주의자들에게서 볼 수 있는 문구인—"이성적 동물"***animal rationabile***이라고 언표하는 데에까지 이른다.(*A* VI, 673) 칸트는 자신의 역사철학을 계몽주의자들이 하던 식으로 기획하는데, 여기서는 진화와 혁명이 착종되며 자연과 이성이 서로 역행하기도 하고 서로 관통하기도 하고 또 서로를 동반하기도 한다. 우리가 자연에서 나올 때부터 이미 이성적인 것은 아니지만, 단연코 이성적으로 될 수는 있다는 것이다.

칸트는 자신의 역사철학을 아홉 가지 명제로 진술한다.(*G* VI, 35 이하) 그 첫 번째 명제에서는 자연목적론의 이념이 "이성의 [...] 실마리"라는 관점에서 주장된다면, 두 번째 명제에서는 이성적 존재로서 인간의 목적론의 이념이 유적類的 관점에서 고찰된다. 또 세 번째 명제에서는 스스로의 이성을 통한 인간의 자기 생산이라는 이념이 언약되는가 하면, 네 번째 명제에서는 "사회 속에서의 [...] 반목", 즉 "인간의 비사교적 사교성"이 언급된다. 불화로 치닫는 인간의 자연적 소질 속에 최종적으로는 선의지善意志의 이성이 지배하게 되는 자연의 궁극적인 의도가 담겨 있다는 것이다. 다섯 번째로 칸트는 인간 사회에서의 반목에 직면하여 "자연이 인간에게 그것을 해소하라고 강요하는, 인류에게 가장 큰 문제점"을 본다. 시민 상태 및 법상태에 도달해서야 비로소 우리는 우리의 인간다움을 완성하게 된다. "완전히 정의로운 시민 헌정"이 "인류를 위한 자연의 지상 과제"라는 것이다. 여섯 번째로 "인류가 가장 나중에서야" 풀 수 있을 "가장 어려운" 문제는 인간이 어떻게 "그 스스로가 정의로운 공적 정의의 수장首長을 마련할 수 있을 것인가" 하는 것이다.

인간을 만들어낸 그토록 굽은 나무에서는 아무 것도 아주 곧게 다듬어져 나올 수 없다. 다만 이런 이념으로의 접근만이 자연으로부터 우리에게 부과되어 있다.

일곱 번째 명제에서는 국가 간의 평화 보장이 제안되는데, 이는 시민 헌정을 수립하기 위한 필수불가결한 조건***conditio sine qua non***이 된다. 그렇게 하는 데에는 먼저 국가 간의 합법적인 외교관계, 그리고 다음으로는 국제연맹**Völkerbund**의 구성이 포함된다. 칸트는 자연과 문화, 인간의 감성과 이성 사이의 간극을 그 온갖 차원에서 들추어내고, 인간 자신 속에서 그리고 개인과 개인 사이에서 벌어지는 내부 전쟁과 함께 외부 전쟁, 즉 국가 간의 전쟁도 언급한다.

여덟 번째 명제에서는 인류의 역사를 국내 정치적으로 완전한 국가 헌정을 이룩하기 위한, 그리고 또 그런 목적을 위해 자연 역시 외교 정치의 문제들을 점차 규율하게 되는 "자연의 숨겨진 계획"의 수행으로 본다. 오늘날의 우리 역시 어쩌면 더 첨예하게 당면해 있는 이런 정치 질서의 문제를 칸트는 철학적으로 해결할 수 있는 문제로 간주한다. 왜냐하면 자연은 결국 "인류의 모든 근본 소질들이 계발되는 모태로서 보편적인 세계시민적 상태가 언젠가는 기어이 이룩될 것이라는 지고한 의도를 가지고 있기" 때문이다. 하지만 이와는 전혀 다른 세계 상황에 당면하여 우리가 오늘날 할 수 있는 일은 무엇인가? 칸트는 이에 대해 다음의 아홉 번째 명제에서 답변한다.

> 인류에게서 완전한 시민적 결사結社를 목표로 가진 자연의 계획에 따라 보편적 세계사를 논하는 철학적 시도가 비단 가능할 뿐만 아니라 이와 같은 자연의 의도 자체를 촉진시키는 것으로 보아야만 한다.(*G* **VI**, **47**)

Ⅳ. 실천이성 — 자율

칸트는 자신의 역사철학에서 인간을 인류 내지 인간성이라는 가능한 한 가장 큰 연관 속에 세워둔다. 『도덕형이상학 정초』에서도 이와 마찬가지이다. 형이상학의 물음, 즉 근원에 대한 물음은 여기에서 포기되기는커녕 오히려 더욱 밀집된다. 그 권리에 대한 주장이 더 커지는 것이다. 그는 철학을 물리학과 윤리학과 논리학이라는 세 가지 분야로 나눈 고대의 분류법을 가리키면서, 이러한 "분류가 […] 사태의 본성에 완벽하게 부합한다"고 본다.(**GMS IV**, **11**) 칸트도 기본적으로 이 분류를 유지하되 다만 그것을 더 세분하고 정렬한다. 논리학이 형식적이라면, 물리학과 윤리학은 질료적이다. 물리학과 윤리학은 상이한 방식으로 고찰되어야 하는 대상(즉 자연 법칙과 윤리 법칙)을 가지고 있는데, 여기서 상이한 방식이라 함은 보다 더 또는 순수하게 경험적인가 아니면 보다 더 또는 순수하게 합리적인가 하는 것을 말한다. 그 중에서 후자는 순수하게 선천적인 계기들로 되돌아가려고 하는 칸트의 이성 비판이 지닌 의미 안에 포함되는 것이다. 선험적 방법이 그렇게 할 것을 요구한다.

물리학과 윤리학, 또는 칸트의 표현으로 자연론과 윤리론은 경험에 의거하여 거기에서부터 출발하는 철학을 시도할 수도 있다. 그러나 칸트는 "선천적 원리들로부터 학설을 개진하는" 철학만을—그리고 이것이 바로 새로운 비판적 사고인데—비로소 "순수철학"이라고 일컫는다.(*GMS* IV, 11) 그는 우선 형식논리학을 이런 순수철학으로 든다. 하지만 자연철학과 윤리철학도 선천적 법칙들을 준수하는 한에서, 칸트는 이를 낡은 이름이지만 새로운 의미를 부여하면서 형이상학이라고 부른다. 여기에서 인간을 목표로 삼는 철학은 사유와 행동의 무제약적 정초와 정당화에 대한 권리 주장을 제기한다. "이러한 방식으로 두 가지 형이상학의 이념, 즉 자연의 형이상학과 윤리의 형이상학이라는 이념이 발생한다."(*GMS* IV, 12)

'일상적인 윤리적 이성 인식에서 철학적 인식으로의 이행'이라는 제목을 가진 제1장은 다음과 같은 유명한 문장으로 시작된다.

이 세계에서, 아니 도대체 이 세계 밖에서도 그 어디에서건 아무 제한 없이 선한 것이라고 간주될 수 있다고 생각할 수 있는 것은 오로지 선의지善意志밖에는 없다.(*GMS* IV, 18)

이것이 바로 새로운 비판적 유형의—도덕철학이라고 부르는 것이 더 좋을—윤리학을 위한 선천적이고 비경험적인 단초이자 근본 명제이다. 그것은 다름 아니라 인간의 모든 자연적 소질로부터 스스로를 떼어내고 윤리 법칙의 자유로 이끄는 의지인 바, 칸트는 이를 자율이라고 부르고 또 나중에는 그것이 "순수이성, 심지어 사변

적 이성의 체계라는 건축물 전체의 마룻보"라고 말한다.(*KpV* IV, 107)

이를 위해 칸트는 『도덕형이상학 정초』에서 세 가지 공식으로 진술되는 본질적인 구성 요소들을 기안한다. 우리는 이 세 가지 공식에서 점점 더 넓게 펼쳐지는 자율을 목도한다. 즉 자율은 선의지를 가진 인간으로 하여금 "보편적 법칙", "보편적 자연법칙", "인간성" 그리고 최후에는 하나의 형이상학적 전체, 즉 내 안의 "도덕적 세계"에 다다르도록 만든다.(*KrV* II, 681)

그 준칙이 보편적 법칙이 되기를 네가 동시에 의욕할 수 있도록 하는 바로 그런 준칙에 따라서만 행위하라.(*GMS* IV, 51)

이 공식이 이른바 정언명법(定言命法)이라는 가장 유명한 공식이다. 여기에서 인간은 이성적 존재가 되라는 고유한 과제 앞에 소환된다.

모든 것이 의지에 달려 있다. 의지는 아주 많은 것을, 아니 전체를 이룰 수 있다. 그렇지만 바로 여기에서 정말로 이성적으로 산다는 것의 고질적인 어려움이 드러난다. 이성은 우리에게 법칙을 강제하지 않으면서도 도덕 법칙을 제공한다. 오히려 우리는 윤리 법칙과 마주하여 자유의 본질을 '의식하게' 된다. 자유란 우리가 이성적인 인간이 되기를 결단할 수 있다는 데에 있다. 그런데 이는 우리가 우리 안의 윤리 법칙에 귀 기울이고 그것이 우리에게 진정한 이성 법칙으로 출현할 때에만 자유롭다는 것을 말한다. 도덕 법칙은 "다름 아니라 순수한 실천이성, 즉 자유의 자율을 표현하는 것이다."(*KpV* IV, 144) 자율로서의 자유란 자기 자신에게 자신의 이성으로부터 선천적으로 행위의 법칙을 부과한다는 것을 뜻한다.

그런데 무엇을 통해서 그렇게 하는가? 그것은 바로 의지를 통해서인데, 의지는 이러한 이성적인 입법 행위의 중심 요체를 이룬다. 의지는 아우구스티누스에 의해 최초로 부각되었지만 18세기의 철학에 와서야 비로소, 그 중에서도 특히 루소에게서 모든 것을 결정하는 역할을 담당하게 된다. 그리고 칸트에게서는 의지가 삶과 인류를 결정짓는 기준이 된다. 순수이성의 비판 작업을 수행하는 것도 바로 의지이며, 그렇기 때문에 순수이성은 동시에 실천이성이다. 이제 인간의 규정은 자율이다. 자율은 "자기 자신에게 법칙이 된다는 의지의 특성"이다. "따라서 자유 의지와 윤리 법칙 아래의 의지는 한 가지이다."(*GMS* **IV, 81** 이하)

Ⅴ. 공화주의 헌정 — 영구 평화

공화주의 헌정과 영구 평화, 이 두 가지는 서로 결부되어 있다. 즉 공화주의 헌정은 정치에서 그리고 사람들 사이에서 평화로 이끌고, 또 역으로 평화의 이념은 인간의 정치적·공화주의적 공동생활을 위한 본질적인 조건이다.

첫째로 (인간으로서) 사회 구성원의 자유라는 원리에 따라, 둘째로 (신민臣民으로서) 유일한 공동의 입법에 대한 만인의 종속이라는 원칙에 따라, 셋째로 (국민으로서) 만인의 평등이라는 법에 따라 수립된 헌정은—그것이 어느 한 민족의 모든 법적 입법 행위가 기반을 두어야 할 근본 계약의 이념에서 생겨나는 유일한 헌정인데—공화주의 헌정이다.(***F* VI, 204**)

공화주의 헌정의 요체는 공화주의적 정부 유형에 있다.

칸트는 공화주의적 정부와 전제적 정부라는 두 가지 정부 유형을 구분하고, 더 나아가 군주정, 귀족정, 민주정이라는 세 가지 국가 형태를 구분한다.(*F* VI, 206 및 *MS* § 51 참조) 그는 민주정을 제외한 모든 국가 형태에서 공화주의적 정부 유형이 가능하다고 본다. "공화주의는 (정부의) 행정권을 입법권에서 분리시킨다는 국가 원리이다."(*F* VI, 206 이하) 따라서 칸트에 의하면 군주정 역시 그와 같은 공화주의가 될 수 있다.

그것은 설사 민중에게 문자 그대로 그들의 동의를 묻지는 않을지라도 (성숙한 이성을 가진 민중이 자기 자신에게 규정으로 정했을) 자유 법칙의 정신에 부합하는 원리들에 따라 민중을 대하는 것이다.(*StF* VI, 364 이하)

칸트는 민주정에서는 일종의 "전제주의"를 본다. 각자가 스스로의 주인이 되고자 하면서 모두가 권력의 혼란을 노리고, 개인이 모든 것을 대변하면서 실은 동시에 아무것도 대변하지 않는다는 것이다. 민주주의 사회에 대한 칸트의 숙고는 아직까지도 곰곰이 생각해볼 만한 가치가 있다. "입법자가 동일한 한 인물에게서 동시에 그 의지의 집행자가 […] 될 수 있기 때문에" 민주정은 "대의적이지 않은" 정부 형태이고, 따라서 "본래는 일종의 기형"이라는 것이다.(*F* VI, 207)

자신의 저서 『영구평화론』에서 칸트는 계몽주의 시대의 평화 호소문들이 하던 식으로 평화 내지 공화주의 국가를 수립하기 위한 조건들을 제시하는 항목들을 내세운다. 그 항목들이란 장래의 전쟁을 은밀하게 유보한 채로 평화 체결을 하지 말 것, 다른 국가들이 한 국가의 헌정과 정부에 폭력적으로 개입하지 말 것, 그리고 마지막으로 그 어떤 "미래의 평화에 대한 상호 신뢰도 불가능하게 만들 수밖에 없게" 할 만큼 극단적인 "적대 행위들"이 없을 것 등이다.(F VI, 200) 그는 예비 항목들을 이렇게 작성하고 나서는 다음과 같은 핵심 항목들을 덧붙인다.

1. "각국의 시민 헌정은 공화주의적이어야 한다."

2. "국제법은 자유로운 국가들의 연맹에 기초를 두어야 한다."

3. "세계 시민법(만민법)은 보편적 환대의 조건들로 제한되어야 한다."(F VI, 204, 208 및 213)

공화주의 헌정과 영구 평화는 규제적 유類이념이다. 우리가 칸트의 역사철학을 통해 알고 있고 또 칸트도 『영구평화론』이라는 정치학 초고에서 자인하듯이, 이와 같은 정치 질서에 도달할 수 있는 것은 어느 특정한 인간이 아니라 오직 인류, 즉 "지상에서 사회적으로 결사를 이루고 여러 민족들로 분할되어 있는 인간들의" 전체이다. 오직 이런 인류에 대해서만 "인간종이 (크게 보아) 더 나은 상태를 향해 지속적으로 전진한다"고 말할 수 있다.(StF VI, 351) 그렇지만 누구나 칸트와 마찬가지로 자신의 역사와 정치를 세계 시민적 견지에서 스스로 기획한다면 이 모든 것을 이념상으로 성취할 수 있다. 그런데 이는 그가 실천이성의 근본 법칙, 즉 윤리 법칙, 자율, 선의지에 따라 살아갈 것을 요구한다.

Ⅵ. 좋은 시민에서 좋은 인간으로

"부정의보다 더 분개를 일으키는 것은 없다. 우리가 겪는 다른 모든 악들은 그에 비하면 아무것도 아니다."(*AA* XX, 36) 인간의 비참함이 불의를 감수해야만 하는 것에 있다면, 법(옳음, 권리)의 실현을 위해 모든 노력이 기울여질 것이라는 희망은 정당할 수밖에 없다. 인간의 권리에 대한 존중 역시 불의(불법)에 대한 경험을 통해 형성되고 또 더욱 커지며, 옳음 자체를 위한 옳음에 대한 요구가 우리에게 부득이한 것으로 나타날 수밖에 없게 된다. 옳음이 의무가 될 수 있어야만 한다.

하나의 행위가 그 행위의 동기를 고려하지 않고 법칙과 단순히 일치하는가 아니면 불일치하는가 하는 것을 합법성**Legalität**(합법칙성)이라고 부른다. 반면에 법칙으로부터의 의무라는 이념이 동시에 그 행위의 동기가 되는 그런 행위와 법칙의 일치를 그 행위의 도덕성**Moralität**(윤리성)이라고 부른다.(*MS* IV, 324)

인간은 자기 자신을 위해 자연적으로 '좋은 시민'이 되도록 강제된다. 다시 말해 인간은 그들 자신을 위해 법률과 동료들을 존중해야만 한다. 이에 따라 한편으로는 이와 같은 좋은 시민과, 다른 한편으로는 법칙 자체를 위해 법칙을 존중하고 타인 자체를 위해 타인을 존중하는 도덕적 인간인 좋은 인간 사이에 간극이 존재한다. 법에 대한 존중과 인간에 대한 존경은 좋은 인간의 표지이다. 이런 존중 속에서 인간은 비로소 자기 존중을 획득하며 인간 존재의 '존엄성'을 경험하게 된다.(*GMS* IV, 67 이하 참조)

그렇지만 칸트에게도 합법성의 실현은—칸트는 도덕성의 실현보다는 합법성의 실현에 더 큰 가망성을 두는데—도덕적으로도 적지 않은 의미를 가지고 있다. 왜냐하면 이를 통해 담보된 "인간의 선한 행위, […] 다시 말해 인간종의 윤리적 상태라는 현상에 인간종을 더 나은 상태로 개선시키는 작업의 성과(결과)가 유일하게 축적

될 수 있을 것"이기 때문이다.(*StF* Ⅵ, 365) 칸트는 선의지를 이 세계에서 "아무 제한 없이 선한 것이라고 간주될 수 있는" 유일한 것으로 보고, 그런 선의지에 대해 "그것이 무슨 결과를 낳거나 무엇을 수행하는가를 통해서가 아니라 […] 오로지 그 의욕을 통해서" 선한 것이라고 말한다.(*GMS* Ⅳ, 18 이하) 그래서 칸트는 오늘날 종종 심정 윤리학자**Gesinnungsethiker**라고 불리면서 비판받기도 한다. 하지만 그런 칸트도 행위에서 발생하고 합법성에 결부시킴으로써 더 향상시킬 수 있는 '성과'를 전혀 고려하지 않는 것은 아니다.

칸트는 도덕성을 합법성의 원인으로 보지 않는다. 그러나 그는 역으로 합법적으로 작동하는 삶이 민중을 선한 도덕성으로 양성시키는 원인이 된다고 본다.(*F* Ⅵ, 224 참조) 하지만 이런 원인과 결과의 관계를 오해해서는 안 된다. 이를 통해 칸트가 하고자 하는 말은, 이를테면 인간이 이성과 자유를 통해 될 수 있는 것이 자연적으로 생겨난다는 것은 결코 아니다. 인간 속의 근본악에 직면하여 윤리 법칙을 향한 인간의 자유는 늘 의문에 부쳐진다. 그런데 인간에 관한 칸트의 사유는 바로 이 지점에서—즉 '근본악' **das radikal Böse**의 근거가 되는 자연적 소질과 윤리 법칙을 향한 자유를 가진 이성의 재능 사이의 대결에서—착수된다. 그는 결코 자연의 숙명론이나 이성의 회의론에 굴복하지 않는다. 칸트는 인간의 비판자이다. 그는 인간의 자연과 이성을 구별하고 이런 긴장 관계 속에서 인간이 무엇인지를 명료화하려고 시도한다.

"인간이란 무엇인가?"라는 물음은 칸트에게서 "인간은 스스로 무엇이 될 수 있는가?"라는 물음으로 밝혀진다.

여기서 중요한 것은 자연이 인간으로부터 무엇을 만들어내는가가 아니라 인간이 자기 자신으로부터 무엇을 만들어내는가 하는 것이다.(*A* VI, 634).

그것은 사유 방식의 혁명, 새로운 인간적 특성의 일회적이면서도 어쩌면 항구적으로 남게 되는 정립 행위를 통해서 달성된다. 칸트는 이를 어떤 "자연적 성장"이 아니라 "본능의 동요 상태에 대한 염증에 뒤따라서 일거에 일어나는 폭발"로 이해한다. 이런 이성을 향한 결단은 인간을 전면적으로 포섭해야 한다.

단편적으로 좀 더 나은 인간이 되려고 하는 것은 부질없는 시도이다. [⋯] 반면에 특성의 정립은 삶의 전환 일반의 내적 원리의 절대적 통일이다.(*A* VI, 637)

바로 여기에 칸트의 인간 이해가 제기하는 엄청난 요구가 있다. 인간의 노력이 그것을 목표로 삼아야만 한다면, 그것은 전체인가 아니면 전무全無인가의 요구에 관한 것이 된다. 그러나 칸트는 인간을 위해 이를 요구할 수밖에 없는데, 그 이유는 인간이 근본악에 사로잡혀 있기 때문이다. 인간 내부로의 근본적인 침투만이 '근본악'과의 대결에서 이길 가망성을 가지고 있는 것이다.(*R* IV, 680 이하 참조) 그런데 인간 본성의 개조인 그와 같은 특성의 정립이 과연 성공할 수 있을까?

30세 이전에 이런 혁명을 시도하는 이는 아마도 소수에 지나지 않을 것이고, 40세 이전에 그런 혁명을 확고하게 정착시키는 이는 더더욱 드물 것이다.(*A* VI, 637)

사유 방식의 혁명—바로 이것이 칸트의 문제이다.

Ⅶ. 정치와 도덕

칸트가 실천과 정치에서 사람들에게 자신의 요구를 제기할 때에는 매우 단호하다. 이때 그는 지혜의 탐구자로서의 철학자라는 자신의 규제적 이념에 책임을 지고 있는 것이다. 철학은 근본적으로 실천적이어야 하기 때문에 정치를 규정하려고 기도한다. 그렇다고 칸트가 이를 정치는 철학자가 해야 한다는 뜻으로 이해한 것은 아니고, 다만 정치가 철학적 원리들에 따라 이루어져야 한다는 것이다. 칸트의 철학은 바로 이런 원리들을 이끌어내려는 고된 작업이며, 그렇기 때문에 전체적으로 그 목적을 철학적 정치에 두고 있는 정치철학이라고 불릴 수 있다. 의무 사상이 이성으로 고양될 때 그런 철학적 정치가 실행된다.

칸트에게서 도덕과 정치의 차이는 이론과 실천의 차이이다. 여기서 그는 "세계주의적 관점에서도 '이성적 근거에서 이론에 타당한 것은 실천에도 타당하다'는 주장"을 견지한다. 세계주의 정치 **Kosmopolitik**의 이론에서는 이성 원리가 법의 원리로 유효하다. 그 이론은 "사람들 사이의 관계 그리고 국가 간의 관계가 어떠해야 하는가?"에서 출발해야 하며, 정치가들에게 "분쟁의 와중에서도 늘 그 분쟁을 통해 그와 같은 보편적 국제 국가가 도입될 수 있도록 행동하고, 따라서 그런 국제 국가가 (실천적으로*in praxi*) 가능한 것으로, 즉 그것이 있을 수 있다고 상정할 것"을 권유해야 한다.(*TP* Ⅵ, 172)

Ⅷ. 판단력 비판

칸트가 시도한 최후의 포괄적인 비판은 핵심적이면서도 매개 역할을 하는, 다시 말해 모든 심성 능력과 인식 능력의 한 가운데에서 그것들을 관장하는 판단력에 할애된다. 칸트가 영혼을 가리키는 말 중에서 *'psychê'* 라는 용어 대신에 좀 더 오래되고 더 포괄적인 용어이면서 '심성' Gemüt으로 번역되는 *'thymos'* 라는 용어를 사용한다는 점이 눈에 띈다. 그가 심성에 기반을 둔 인식 능력을 찾고 있었음이 분명하다. "심성의 욕구 능력"은 "자유"라는 "궁극 목적"을 가지고 있는 인식 능력인 이성을 축으로 삼고 있다.(*KU* V, 274) 오성은 자연에 적용될 때 자신을 합법칙성의 선천적 원리들에 맞춘다. 그런데 도대체 심성 능력과 인식 능력의 매개체는 무엇인가?

그것이 바로 판단력인 바, 그것은 특수를 보편에 포함된 것으로 사유하는 "선천적으로 입법하는 [⋯] 능력"이다.(*KU* V, 251) 인간이 이성 속에서, 그리고 이성을 가지고 무엇을 서로 결합시켜야 하는지가 판단력 속에서 드러나는데, 그것은 다름 아니라 개별, 특수, 보편, 전체 등이다. 여기서 판단력은 매개의 역할을 하면서 여기저기로 넘나들어야 한다. 판단력은 말하자면 중심(매개)이자 분기점이다. 칸트는 판단력이 작동하는 두 가지 근본 형태를 구분한다. 그것은 개별에서 보편으로, 즉 지식과 통찰에 이르거나 아니면 근본 명제, 법칙 내지 규칙에서 출발하여 개별이나 특수를 그 아래 포섭한다. 이성과 인간에 관한 이 최후의 비판적 시도에서 칸트는 우리가 인간다움을 고수하고 사람들 사이에서 타인들과 함께 하는 인간이 되기 위해서는 오성과 이성 이외에도 판단력이 필요하다는 사실과 마주친다. 우리는 오성을 가지고 자연 법칙에 도달하고, 이성을 가지고 전체의 척도인 윤리 법칙에 도달한다. 그러나 개별과 특수가 어떻게 전체와 관련을 맺는가 하는 물음이 여전히 남는 것이다.

Ⅸ. 요약과 전망

칸트는 자신의 비판철학으로 인간이 모든 것을 획득하려고 시도하는 근대의 다양한 운동의 추동력을 더욱 강하게 밀고 나아간다. 데카르트R. Descartes가 '확실성' certitudo이라는 개념을 가지고 진리의 획득을 표명했고, 로크는 인권의 기본 공식이 되는 자유와 생명과 소유의 획득에 대해 논한다. 여기에서 인권 선언과 계몽주의 시대 사이의 연관이 빛을 발하는데, 칸트는 바로 이 연관 속에서 결정적인 철학을 제공한다. 그는 『순수이성비판』에서 오성 개념, 즉 '범주'를 오성의 소유물로 할당한다. 그리고 더 나아가 오성 너머를 가리키는 이성 개념, 즉 '이념'에 대해 벌써 논한다. "이성에 […] 그것의 소유물이 할당된" 『실천이성비판』에서 칸트는 바로 이념들과 씨름한다.(*KU* V, 238)

"인간이란 무엇인가?"라는 칸트 철학 및 근대 철학의 근본 물음은 결국 "나는 인간으로서 무엇을 소지하고 있으며, 무엇을 획득할 수 있는가?"라는 물음을 뜻한다. 그것은 바로 오성과 이성이 우리에게 제공하는 개념이다. 칸트는 자신의 마지막 비판에서 이와 같은 비판적 획득 방식의 위대함과 난점을 확인하면서, 각각 오성의 준칙, 판단력의 준칙, 이성의 준칙에 해당하는 다음의 세 가지 준칙을 제시한다.

1. 스스로(스스로를) 사유하기**Selbstdenken**, 2. 다른 모든 사람의 입장에서 사유하기, 3. 항상 자기 자신과 일치하게 사유하기.

그는 이 준칙들을 인간이 할 수 있고 또 인간에게 부과된 "사유 방식"이라고 부른다. 그중 첫 번째 준칙과 관련해서 그는 이런 사유 방식이 인간에게 비교적 쉽게 부여되어 있다고 여긴다. 또한 두 번째 준칙에 따라 누군가가 "보편적 관점에서 (그는 스스로를 타인의 관점으로 옮겨 놓는 것을 통해서만 보편적 관점을 규정할 수 있는데) 자기 자신의 판단에 대해 반성하는" 경우를 칸트는 "확장된 사유 방식"이라고 부른다. "세 번째 준칙, 즉 일관된 사유 방식"은 "도달하기가 가장 어렵고" 또 "처음 두 가지 사유 방식의 결합"을 통해서만 이루어질 수 있다.(*KU* V, 390 이하) 비판은 한계에 다다르고 가장 큰 난점들, 심지어 해결이 불가능한 문제들을 가리킨다. 계몽과 비판과 철학의 시대가 우리에게 가져다 준 것을 우리는 결국 다만 이론이성 속에, 더 정확히 말하자면 오성 속에 가지고 있을 뿐이다. 오성은 범주들, 예컨대 우리가 학문에서 사용하는 인과성 같은 범주들을 제공해준다.

1. 오성 속에서 인식 가능성의 조건들을 기획하는 인간은 일체의 세계 인식에서 결국 자기 자신을 경험할 뿐이다. 이런 생각은 칸트 이후의 시대에 점점 더 많은 이해를 얻게 되었으며, 하이젠베르크**W. K. Heisenberg** 같은 물리학자가 모든 자연 인식은 실은 인간의 자기 인식이라고 강조할 때에도 이런 생각이 반영되어 있다. 사람들은 또한 학문에서 주된 문제가 되는 주·객 관계에 대해 언

급하곤 한다. 이처럼 상대성이론도 확장된 주·객이론으로 볼 수 있으며, 오늘날의 카오스이론은 말할 것도 없고 양자론도 이와 마찬가지이다. 관찰자가 자기 자신을 관찰해야만 하는 것이다. 우리는 관찰자에 대해 말한다. 아리스토텔레스의 관조*theoria*는 존재를 향한다. 반면에 오늘날의 이론**Theorie**은 의식, 아니 자기의식을 축으로 삼는다. 관찰할 수 있고 측정할 수 있는 것만이 현실적인 것이다. 스스로(스스로를) 사유하기라는 준칙이 관찰과 측정에서 작동한다. 이 점에서는 우리가 예전과 마찬가지로 여전히 소유자가 될 수 있다.

2. 이성 속에서 우리는 '나는 의지意志한다'라는 단초를 보편적 법칙, 즉 윤리 법칙과 인간성으로 고양시키려고 시도한다. 여기에서는 도덕적 세계, 다시 말해 세계시민적 상태에 도달하고자 하는 "사유 방식의 혁명"이 문제가 된다. 칸트 자신도 이렇게 동경한 상태가 "지상에서의 신의 왕국"이 될 것이라는 점을 깨달았다.(*AA* XV, 608) 사람들은 칸트의 이성철학 내지 도덕철학을 엄숙주의이자 형식주의라고 불렀다. 하지만 칸트도 무엇이 결정적인 문제점인지를 알아차릴 수 있을 만큼 충분히 자기비판적이었다.

내가 오성을 통해 어느 한 행위가 윤리적으로 선하다고 판단하더라도, 내가 그렇게 판단한 그 행위를 실행하기에는 아직 많은 것이 모자라다. [···] 물론 오성은 판단을 내릴 수 있다. 그러나 이런 오성 판단에 힘을 주고 행위를 수행하도록 의지를 움직이는 동인이 되도록 만드는 것, 그것은 바로 현자의 돌이다.(『윤리학 강의』 *Eine Vorlesung über Ethik*, 54)

3. "다른 모든 사람의 입장에서 사유하기"라는 사유 방식의 최

대 혁명이 접목되는 지점이 바로 여기이다. 여기에서 칸트는 인간이 획득할 수 있도록 해주는 이 새로운 철학의 "건축술" 전체가 마치 벽에 부딪치는 것과도 같은 한계로까지 자신의 비판을 밀고 나아간다.(***KrV*** **II, 695** 이하 참조) 여기에서 문제가 되는 것은 우리가 단지 부분적으로만 결여하고 있는 것이 아니라 아예 본질적으로 결여하고 있고, 칸트가 강조하듯이 그 어떤 철학이나 학문으로도 그 결여가 제거되지 않는 그런 인간의 판단력이다. 나는 이 문제점을 세 가지 명제로 명료화할 터인데, 이 명제들은 거의 대부분『순수이성비판』에서 발견된다. 내가 보기에 그 명제들은『순수이성비판』에서 두드러지게 눈에 띄는 과제들이고, 칸트가『판단력비판』에서 해소하려고 했지만 그렇게 하지 못한 과제들이다.

1. "판단력**jugement**과 건전한 오성은 같은 것이고 적용할 때의 오성 능력이다."(**AA XVI, 139**)

2. "판단력의 결핍은 실은 사람들이 우매함이라고 부르는 것인데, 그와 같은 결함은 도무지 구제할 방도가 없다. 둔한 머리나 저능의 두뇌는 [···] 학습을 통해 상당히 잘, 심지어는 박식함에 이를 수 있을 정도까지 정비될 수 있다. 그러나 이때에도 보통 판단력이 결여되곤 하기 때문에, 매우 학식이 있으면서도 자신의 학문을 사용할 때에는 결코 개선되지 않는 판단력의 결핍을 종종 알아차리게끔 만드는 사람들을 만나게 되는 것이 기이한 일은 아니다."(**KrV II, 185**)

3. "그런데 판단력은 특별한 재능이어서, 결코 교습되지 않고 오직 연마될 수 있을 뿐이다."(**KrV II, 184**)

이 마지막 명제로 칸트는 우리를 아리스토텔레스가 자신의 윤리학과 정치학을 실천철학으로 정초하려고 시도했었던 그 시초로 되돌아가게 만든다. 거기에서 철학과 여러 학문들은 이론적 학문, 기술적 학문, 실천적 학문으로 분류되었다. 이론은 지식을 지향하고, 기술은 작품을 지향하는 반면, 실천은 행위 자체를 지향한다. 거기에서 윤리학과 정치학은 가르치려 들지 않고 오히려 실습, 즉 그 당시의 말로 하면 습관*ethos*을 지시할 뿐이다. 칸트의 비판은 그 모든 계몽에도 불구하고 우리가 자연 법칙과 윤리 법칙을 인식하고서도 그에 상응하게 그때그때 적절하게 행위를 하지 못하도록 만드는 우매함을 부각시킨다.

–아르노 바루치 Arno Baruzzi

에드먼드 버크
Edmund Burke(1729~1797)

– 연대표 –

1729년	1월 12일 아일랜드 더블린Dublin에서 개신교도 법률가인 아버지와 가톨릭교도 어머니의 아들로 출생. 성공회 세례를 받음.
1741~43년	퀘이커교도가 운영하는 더블린 근교의 발리토어 Ballitore 학교에 재학.
1743~48년	더블린 소재 트리니티 칼리지Trinity College에서 자유교양학*Artes Liberales* 수학.
1750년	애초에는 법률가 교육을 받으려고 런던으로 이주했으나 문필가가 되기 위해 법학 교육을 중단함.
1756년	『자연적 사회의 옹호』***A Vindication of Natural Society: Or, A view of the Miseries and Evils arising to Mankind from every Species of Artificial Society*** 출판.
1757년	『숭고와 아름다움의 이념의 기원에 대한 철학적 탐구』***A Philosophical Inquiry into the Origin of our Ideas of the Sublime and Beautiful*** 출판. 경험주의의 정신에서 쓰인 매우 주목받는 철학적 미학서.
1758~65년	문학과 정치학 분야 연보인 「애뉴얼 레지스터」***Annual Register***의 편집자로 활동.
1759~65년	윌리엄 해밀턴William Hamilton의 개인 비서로 활동하면서 실제 정치를 처음 경험함.
1765년	로킹엄Rockingham 후작 수상의 개인 비서로 활동.
1766~94년	웬도버Wendover(1765~74), 브리스톨Bristol(1774

	~80), 맬톤Malton(1780~94)의 대표로 하원 의원 역임.
	국회의원으로서 다음과 같은 주요 연설들을 함.
1774년	「브리스톨 유권자를 향한 연설」*Speech to the Electors of Bristol*
1774년	「미국 조세에 관한 연설」*Speech on American Taxation*
1775년	「식민지들과의 화해 조정에 관한 연설」*Speech on Conciliation with the Colonies*
1780년	「경제 개혁에 관한 연설」*Speech on Economical Reform*
1781년	「국회 하원의 의원 선출에 관한 연설」Speech on the Representation of the Commons in Parliament
1788~95년	인도 벵골Bengal의 총독인 워런 해이스팅스Warren Hastings에 대한 탄핵 소추를 제기하고 주도했으나 1796년 무죄 판결로 종결됨.
1790년	11월 1일 『프랑스혁명에 대한 성찰』*Reflections on the Revolution in France* 출판.
1791년	『휘그당 구파에 대한 신파의 상소』*Appeal from the New to the Old Whigs* 출판.
1796~97년	『국왕 시해자인 프랑스 집정부의 평화 제안에 관한 서한』*Letters on a Regicide Peace* 출판.
1797년	7월 9일 비콘스필드Beaconsfield에 있는 자택에서 사망.

Ⅰ. 생애와 작품

에드먼드 버크는—예컨대 아리스토텔레스나 홉스나 칸트처럼—철학 체계의 테두리 안에서 정치에 관해서도 저술한 그런 이론가에 속하지는 않는다. 오히려 그는 경험의 자극을 받아 정치의 근본 물음들에 대해서 깊이 생각하게 된 실천가에 속한다. 그런데 이런 실천가의 전통 속에서도 버크는 예를 들어 키케로나 마키아벨리나 토크빌 같은 이들과 사정이 다르다. 이들의 경우에는 그들이 처했던 상황이 그들로 하여금 정치와 결별하고 이를 통해 철학적 또는 학문적 조망의 특징을 나타내는 정치와의 거리를 획득할 수밖에 없도록 강요했다. 반면에 버크는 자신의 저서들 대부분을 활동적인 직업 정치가로서 자신의 개인적인 또는 당파적인 이해 관심을 개입시켜서 영향력을 확보하고 군중을 자기편으로 끌어들이려는 의도를 가지고 집필한다. 처녀작인 『자연적 사회의 옹호』에서도 이미 저자의 집필 동기가 진리의 탐구에 있다기보다는 독자들을 현혹시키려는 의도에 있는 것처럼 보인다. 볼링브로크H. Bolingbroke 경이 그 필자로 추정되는 익명의 편지 한 통을 구실로 삼아 그는 볼링브로크의 종교 비판이 부조리하다는 점을 논증하려고 했다. 그 후에는 능수능란한 의회 연설가로서의 경험이 이에 덧붙여진다. 버크의 저서들은 대부분 그가 국회의원으로서 영국 정치의 주요 문제들에 대해 입장을 표명하는 연설문과 서한들이다. 그 주요 문제들이란 북아메리카 식민지들과의 대립이라든지 영국 헌정 체제에 대한 해석, 그중에서도 특히 의회와 선거권의 개혁 문제라든지 아일랜드 및 인도 정책이라든지 혁명기의 프랑스에 대한 입장 등이다.

버크의 삶은 강한 긴장 관계 속에 있었다. 성공회의 세례를 받은 아일랜드인으로서 그는 영국의 개신교도들 사이에서 가톨릭 교회에 호감을 갖고 살았다. 부유한 귀족들 가운데에서 가난한 평민으로 살았으며, 권력가들 사이에서 힘없는 가문 출신으로 살았다. 이런 긴장이 분명 그의 내부에서 강한 에너지를 불러일으켰을 것이다. 근면함과 재능이 그를 의회의 정상에 올려놓았고, 휘그당 로킹엄파의 선두 사상가이자 대변인으로 만들었다. 그러나 그는 여전히 예민하고 상처받기 쉬운 사람으로 남았으며, 과도하게 긴장된 듯한 인상을 자주 주곤 했다. 그는 불의와 마주칠 때마다 항상 격분했고 자의적인 전횡을 탄핵했다. 그는 미국인과 아일랜드인과 벵골인, 그리고 세계 어느 곳에서건 억압받는 자들의 친구로 여겨졌다. 반면에 궁중과 가까운 무리들은 그를 증오했다. 사람들은 왕실의 재정 수단들을 제한했던 1782년 경제 개혁안의 배후에 그가 있다는 사실을 알고 있었다. 그는 조지 3세Georges III의 정부 형태를 비판했고, 왕이 의회에 영향력을 행사하려는 것을 고발했다.

그렇기 때문에 이 골수 개혁가가 이미 1790년 11월에 프랑스혁명을 극단적으로 단죄하고 나섰을 때, 영국의 독자들은 더더욱 놀란 반응을 보였다. 최대의 숙적이 어려움을 겪고 있는 데에 대해 고소해하는 것에서부터 시작하여 프랑스 민중의 자유를 위한 투쟁에 공감하는 것에 이르기까지 아주 다양한 여론과 반대되는 방향으로 『프랑스혁명에 대한 성찰』은 나아간다. 프랑스 군주정을 옹호하고 1688년의 혁명(영국의 명예혁명)과 1789년의 혁명(프랑스혁명)이 서로 비교 불가능하다고 변론함으로써 그는 (토마스 페인Thomas Paine이나 리처드 프라이스Richard Price 같은) 급진적인 영국 국교 반대자들만 반박한 것이 아니라 자신의 당 동료 대부분 마저도 반박한 셈이 되었다. 1791년 5월 폭스Ch. J. Fox가 이끄는 휘그당 다수파는 버크의 생각이 잘못된 것이라고 결론지었다. 이에 대해 그는 입장을 바꾼 것은 자신이 아니라 폭스를 중심으로 한 휘그당 신파라는 점을 『휘그당 구파에 대한 신파의 상소』에서 입증하려고 했다. 휘그당 신파는 영국의 헌정을 전혀 새로운 토대—즉 민중 주권의 토대—위에 세우려고 했다는 것이다. 프랑스에서 벌어진 사건들은 버크가 옳았음을 보여준다. 버크는 후일 프랑스에서 벌어진 일들을 이미 예언했던 것이다. 프랑스혁명에 대한 그의 적대감은 생애 마지막에 이르기까지 단호하게 유지된다. 사망하기 직전에도 그는 『국왕 시해자인 프랑스 집정부의 평화 제안에 관한 서한』에서 프랑스의 '국왕 시해자들'과 평화 협정을 체결하는 것에 대해 강력하게 경고한다.

버크의 정치 저작들을 해석할 때에 먼저 유념할 것은 그 저작들이 국회의원으로서의 그의 삶과 활동, 정파 정치적 이해 관심 및 신념과 긴밀하게 연계되어 있다는 점이다. 그렇기 때문에 연설문으로 작성된 것이 아닌 다른 저작들조차도 수사적 요소들로 각인되어 있다. 자신의 독자들이 유별나게 이성적이기보다는 오히려 격정에 이끌린다는 점을 간파한 후부터 그는 독자들에게서 특정한 감정을 불러일으키려고 애쓴다. 파리의 천민들에 의해 국왕 부부가 굴욕을 당한 사건에 대한 묘사가 바로 이런 종류의 수사학적 예술 작품이다.(*WSEB* VIII, 121~126) 버크는 마리-앙투아네트J.-J. Marie-Antoinette를 연약하고 박해받는 여성이자 어머니의 모습으로 그려 냄으로써 독자들의 감수성에 호소했던 것이다. 그 외에도 정치는 마치 한 편의 연극처럼, 놀라움에 가득 찬 관중들 앞에서 드라마를 상연하는 것처럼 나타난다. 작품의 주인공들과 그들의 성격 및 관심이 미리 정해져 있듯이, 헌정을 확립하는 특정한 공연 규칙도 미리 정해져 있는 것이다. 하지만 실제 상연은 바뀔 수 있고, 그에 따라 감독과 배우와 관객들이 드라마에 부여하는 의미도 달라질 수 있다. 버크의 수사학은 작품에 어떤 특정한 해석을 제공하려는 목적에 봉사한다. 예컨대 프랑스혁명은 그에게 한 편의 비극이다. 그것은 굴욕당하는 위대한 인물들과 더럽힘을 당하는 미인들의 숭고하고 감동적인 연극을 보여준다. 하지만 그것은 또한 그로테스크풍도 담고 있다. 관객들이 무대로 몰려나와 작품을 종결시킨다. 주인공은 제거되고, 공연 규칙은 무효로 선언되며, 혼란이 뒤따른다. 영국에서도 그와 흡사한 파국이 벌어지지 않도록 막는 것이 『프랑스혁명에 대한 성찰』을 비롯한 그의 반혁명적 저작들이 지닌 목적이다. 그렇기 때문에 혁명의 옹호자들이 영웅적인 행위로 묘사하는 것들은 모조리 반감을 불러일으키는 관점으로 전환되어야만 한다. 프랑스 국왕 부부를 베르사유에서 파리로 이송하는 광경이 리처드 프라이스에게는 자유를 사랑하는 민중의 개선 행렬이었지만, 『프랑스혁명에 대한 성찰』에서는 인간성을 상실한 천민들의 잔혹한 바보 행렬이자 국왕 가족의 슬픔에 찬 고난의 길*via dolorosa*이 된다.

버크가 매혹적인 정치 연설가이자 저술가였음은 분명하다. 하지만 그가 과연 중요한 정치철학자였는지는 또 다른 문제이다. 정치사상가로서 그가 지니는 의미를 평가하기 위해서는 그가 세계 정치의 무대에서 수사학이라는 수단을 완벽하게 구사할 줄 알았다는 것을 보여주는 것만으로는 부족하고, 그가 대단히 감정적인 정치 세

버크에게—그리고 그가 존경하는 몽테스키외에게—정치적 자유는 영국 헌정의 결정적인 표지이자 목표이다. 그가 자기 조국의 정치 질서를 특징지으려고 할 때에는 자유로운 연방**free commonwealth**, 자유로운 국가**free state**, 자유로운 나라**free country**, 자유로운 의회**free parliament** 등으로 말한다.(예를 들어 WEB I, 471~472) 정치적 자유는 무엇보다도 시민들의 법적 안전 보장을 의미한다. 정부가 법치 국가의 원리를 건드릴 때에 그의 비판이 가장 거세지는데, 그는 이런 경우를 헌정의 핵심에 대한 침해로 보기 때문이다. 이에 대한 사례는 얼마든지 있다. 예를 들면 영국 의회가 북아메리카 사람들에 대해 인신보호법**Habeas Corpus Act**을 폐지하려고 했을 때나(*WEB* II, 192), 또는 영국 의회가 아일랜드에 적용되는 법률에서 그 국민의 절대 다수의 기본권을 침해했을 때가 그러하다. "다수의 이해 관심에 반하는 헌법은 법률이라기보다는 폐해**grievance**에 가깝다."(*WSEB* IX, 462) 그런데 인도에서 워런 해이스팅스가 전제 군주처럼 행세하고 자신에 대한 소송에서도 아시아는 전제적으로 통치할 수밖에 없다고 주장했을 때에도 버크가 가진 법에 대한 의식이 손상을 입는다. 1788년 2월 16일에 그는 상원에서 다음과 같이 연설한다.

존경하는 의원 여러분, 동인도회사는 해이스팅스에게 부여할 수 있을만한 어떠한 자의적 권력도 지니고 있지 않습니다. 국왕 폐하도 그런 자의적 권력을 가지고 있지 않고, 상원의원 각하 여러분이나 하원이나 또는 입법부 전체도 가지고 있지 않습니다. 자의적 권력은 인간이 소유할 수도 없고 제공할 수도 없는 것이기에 우리는 누군가에게 부여할 수 있는 아무런 자의적 권력도 가지고 있지 않

습니다.(*WSEB* VI, 350)

권력 오용의 위험에 대해 영국 헌정은 혼합적 정부**mixed government** 내에서의 권력분립과 상호 견제로 대처한다. 입법권은 시민 계급과 귀족의 대표자들에 의해 대의되는 민중에게 귀속되는데, 그 권한은 다시 국왕의 거부권을 통해 통제된다. 국왕은 행정부를 조각할 권리를 가지고 있지만, 의회는 동의를 거부함으로써 그에 반대할 수 있다. 군주정과 귀족정과 민주정의 요소들로 조합된 혼합적 정부 내에서의 견제와 통제**checks and controls**의 기제로부터 늘 불안정한 균형을 이루는 복잡한 정치 체제가 산출된다. 버크는 기존의 균형이 두 가지 방면으로부터 위협을 받고 있다고 본다. 우선 조지 3세 치하의 정부 시책에 의해서인데, 조지 3세는 의회를 지배하는 강력한 귀족 가문들 대신에 개인적으로 총애하는 자들을 자신의 주변으로 끌어 모으고 갖은 수단을 동원하여 의회의 독립성을 잠식하려 들었다. 다른 한편 (제임스 버러**James Burgh**, 토마스 페인, 리처드 프라이스, 조셉 프리스틀리**Joseph Proestley**, 존 윌크스**John Wilkes** 같은) 급진적인 개혁적 저술가들과 정치가들에 의해서도 균형이 위협받고 있는데, 이들은 선거권의 확대와 수에 비례한 대표의 원리 그리고 궁극적으로는 공화주의 헌정을 옹호했다. 이 두 방면으로부터의 위협에 대해 버크는 똑같이 결연하게 대항했는데, 왜냐하면 그는 최소한 절대주의 못지않게 무정부 상태나 '대중 전제'**popular despotism**도 두려워했기 때문이다.

급진 개혁가들은 대부분 자연법적 정치사상의 전통을 가진 진영에 속한다. 로크와 더불어 그들은 다음과 같은 전제에서 출발한다. 인간은 본성상 자유롭고 동등한 권리를 가지는데, 그중에서도 특히 국가에서의 공동생활을 계약을 통해 규율할 권리를 가진다. 국가의 본래 목적은 시민의 생명과 자유와 재산을 보호하는 데에 있다. 모든 시민은 자신의 대표자를 통해 통치에 참여할 권리를 가진다. 시민의 복종 의무는 자유 의사에 따른 자기 의무에 근거를 두고, 정부 관청의 권위는 민중의 신뢰에 근거를 둔다. 민중은 사회 계약의 조건들을 훼손하는 지배자에 대해 언제든지 신뢰를 철회하고 자신들의 정치적 관계를 새롭게 규율할 수 있다. 왜 버크는 당시에 널리 유포되었던 이런 사상을 추종하지 않았던 것일까? 그는 추상적인 자연법이나 인권 사상을 비판하는 것 못지않게 자연 상태라는 허구도 비판한다. 그에게서 법(권리)의 개념은 권리가 정의되고 보호받으며 불법은 처벌을 받게 되는 법질서라는 표상을 내포한다. 그렇기 때문에 그에게는 법질서 밖에서 인간 자체에게 귀속되는 그 어떤 권리도 존재하지 않는다.

그렇지만 버크를 현행법을 평가하는 아무런 규범이나 규준 없이도 지낼 수 있다고 믿는 법실증주의자로 간주해서는 안 된다. 그는 판단하고 비판한다. 그리고 이때 그는 그 근거로 현행 법질서에 내재하는 표준만이 아니라 인간의 본성(자연)도 끌어들인다. 그를 대부분의 자연법 사상가들과 구별되도록 만드는 것은 자연에 대한 그의 견해에 있다. 그는 개인주의적 · 기계론적 자연 개념이 아니라 유기체적 · 목적론적 자연 개념에서 출발하는 것이다. 무엇이 자연에 부합하는지를 판정하기 위해서는 개별적 요소들이 아니라 전체의 구조에 주목해야 한다. 그리고 발전의 출발점이 아니라 그 정점을 척도로 삼아야 한다. 인간 본성과 관련해서는 이런 점들이 특히 더욱 유효하다. 인간은 사회적이고 역사적인 존재이며, 자신의 본성을 사회와 역사 속에서 펼쳐나간다. 그러므로 인간의 삶의 형식들을 평가하기 위한 척도는 허구적인 전前사회적 자연 상태 속에서 자유롭고 평등한 개인들이 가진 의지가 될 수 없고 고도로 발전된 사회 속에서 사회화된 개인들이 지닌 욕구와 가치 표상들이어야 한다. 목적론적 시각에서는 근대의 시민 사회**civil society**야말로 그 사회적 관행과 신분 서열과 법적 관계들 일체와 더불어 진정한 자연 상태이다.

시민 사회의 상태는 […] 자연 상태, 그것도 야만적인 비사회적 생활 방식에 비해 훨씬 더 참된 의미에서 자연 상태이다. 왜냐하면 인간은 본성상 이성적이며, 자신의 이성을 가장 잘 계발하고 이성의 우월한 지배를 가장 잘 행사할 수 있는 곳 밖에서는 결코 완전한 자연적 상태에 있을 수 없다. 문화야말로 인간의 자연이다**art is man's nature**.(***WEB*** **IV, 175~176**)

모든 인간이 동일하게 이성적이거나 이성적일 수 있다고 상정하는 것은 일체의 경험과 모순된다. 자연에 부합하는 발전은 분화된 사회 구조로 이끄는데, 거기에서는 교육받고 부유한 자들—'자연적인 귀족들' **natural aristocracy**—에게 당연히 지도자의 역할이 부여된다. 민중은 정치적으로 그리고 계층적으로 파악된다. 위계질서와 사회적 조화는 서로 모순되지 않는다.

더 현명하고 더 경험이 풍부하고 더 재산이 많은 사람들이 더 약하고 교육을 덜 받고 더 가난한 사람들을 이끌고, 그렇게 이끌면서 이들을 계몽하고**enlighten** 보호한다. 군중**multitude**이 이런 규율 아래 있지 않다면, 시민 사회를 운위하는 것이 거의 불가능할 것이다.(***WEB*** **IV, 174**)

이성과 덕성에 의한 질서, 다시 말해 책임감에 넘치고 대중이 자발적으로 복종하는 엘리트의 영도에 의한 질서—버크는 이런 좋은 질서에 대한 온정적 간섭주의의 이상을 의문시할 만한 그 어떤 이유도 없다고 본다. 이 이상은 버크로 하여금 다양한 계층의 대의代議, 모든 시민의 법적 안전 보장, 엘리트들의 공동 의식을 그 특징으로 들 수 있는 헌정을 옹호할 수 있도록 해준다. 그렇지만 그 이상은 또한 그가 한편으로는 책임감 없는 엘리트들에 대해, 그리고 다른 한편으로는 사회적 불평등을 철폐하고 모든 시민에게 평등한 정치적 권리를 부여하려는 유토피아주의자들에 대해 신랄하게 비판할 수 있도록 해주기도 한다. 그가 대의에 관해 질적인 관념을 가지고 있는 것이라든가 대표자들이 자유롭게 전권을 행사할 수 있다는 견해도 이와 연관된다. 선출과 퇴출은 단지 위탁 업무를 수행하고 특수한 이해 관심들을 관철시키는 사람이 아니라 공익을 실현할 임무를 가진 사람들의 임명과 통제를 의미한다.(***WEB*** **II, 96**)

이성적이고 덕 있는 자가 다스린다는 것은 모든 좋은 질서의 전제 조건이다. 그렇지만 여기에 경험과 전통에 대한 존경이라는 또 다른 원리가 덧붙여져야 한다. 역사는 규칙과 제도들이 검증되어 확립되기도 하고 배척되어 사라지기도 하는 사회적 학습 과정이다. 오래된 것이란 원칙적으로 검증된 것이고 보존될 만한 가치가 있는 것이다. 인간이 겪은 경험들의 역사라는 보물 창고에 문의해보지 않고도 개인이나 어느 한 집단이 정치적 결정을 내릴 수 있다고 생각하는 사람은 어리석은 자이다.

왜냐하면 인간은 극히 어리석은 존재이면서도 동시에 아주 현명한 존재이기 때문이다. 깊이 생각하지 않고 행위를 하는 한, 개인도 어리석고 집단도 어리석다. 그러나 인류는 현명하며, 종種으로서의 인류는 연륜이 쌓임에 따라 거의 항상 올바르게 행위한다.(*WEB* VII, 95)

그렇기 때문에 개인이나 인간 집단에게 역사는 질서를 수립하는 전통으로 나타난다. 버크가 자신의 역사관이 가진 이런 측면을 자주 워낙 강하게 부각시키는 탓에 동전의 다른 측면—즉 전통의 보존에는 변화된 환경에의 적응도 속한다는 견해—이 간과되곤 한다. 이를테면 영국 헌정의 유일한 권위는 그것이 "까마득한 옛날부터 존속해 왔다"는 데에 있다고 그가 강조할 때에도 그러하다.(*WEB* VII, 94) 이때 그가 말하고자 하는 바는 실은 다음과 같다. 헌정이 권위를 가지는 것은 그것이 바로 현재 명백해 보이는 정당성의 원리—예컨대 주권재민의 원리—에 부합한다는 사실 때문이 아니라 그것의 법률과 제도가 여러 세대를 거치며 검증받아온 것이라는 사실 때문이다. 그러므로 시민이 그 국가의 법질서에 대해 갖는 관계도 마치 수공업자가 자신의 도구에 대해 갖는 관계인 듯이 이해해서는 안 되고 자식과 부모 사이의 관계처럼 이해해야 한다. 오래된 헌정이 아직도 여전히 합목적적인가 하고 늘 새롭게 다시 물음을 제기하는 것은 매우 부적절하며, 오히려 우리는 오래된 헌정을 경외하고 인정해야 할 의무를 지고 있다.(*WEB* VII, 104)

이와 같은 전제 아래에서는 자유롭고 평등한 사람들 사이의 합의를 통해 질서가 수립되고 정당화될 수 있다는 생각이 불합리해 보일 수밖에 없다. 그렇다고 버크가 사회 계약 사상을 포기하는 것은 아니다. 하지만 그는 근대 자연법의 개인주의적 원리들이 더 이상 효력을 지니지 못하도록 사회 계약의 이념을 재편한다. 그는 임의의 목적을 위해 체결했다가는 다시 해지할 수도 있는 사법적私法的 계약이 모범이 될 수 있다는 생각을 단호하게 거부한다. 결국 문제가 되는 것은 삶의 가장 중요한 일에서 단지 한 세대의 인간들로만 국한되지 않는 동반자 관계, 산 자와 죽은 자와 아직 태어나지 않은 자 사이의 동반자 관계, 외적 필연성에 의해 부득이하게 해체될 수 있을지는 몰라도 주체의 의지에 의해서는 해체되지 않는 영원한 동반자 관계이다. 물론 이런 세대 간의 계약도 합의로부터, 특히 자신들이 장구한 사슬의 고리로서 전승된 것을 온전하게 물려주어야 한다는 공동의 신념으로부터 생명력을 얻는다. 그러나 그것은 자유롭고 평등한 사람들의 합의에 관한 것도 아니고 합의에 의한 정당화에 관한 것도 아니다. 왜냐하면 사회적·정치적 질서의 정의로움에 대한 결정적인 기준은 해당 주체들이 가진 의지와의 일치가 아니라 신이 정신세계와 물질세계의 근저에 세워둔 객관적 법칙들과의 일치이기 때문이다.(***WSEB*** **VIII, 146~148**)

모든 자의에 맞서서 버크는 객관적이고 자연법적이며 궁극적으로는 종교에 기초를 둔 규범들의 유효성을 고수한다. 그리고 그는 이런 규범들이 계층적으로 분화되고 역사적으로 성숙한 법치 국가에서 실현되어 있다고 본다. 이때 누가 자의의 주체인가, 즉 그 주체가 폭군 개인인가 또는 월권을 일삼는 의회인가 아니면 주권을 가진 민중인가 하는 것은 원칙적으로 그리 중요하지 않다. 민주주의 시대가 도래하기 직전의 전야에 버크가 민중 주권에 대해 한 발언은 우리에게 단지 회고적인 관점에서만 각별히 중요해 보인다. 그는 "허영의 철학의 창시자"이자 "미친 소크라테스"인 루소에 대해 전前정치적 자연 상태 속의 민중이라는 관념은 하나의 자기모순

이라고 반박한다.(*WSEB* VIII, 313~314)

단순한 자연 상태 속에서는 민중 따위가 아예 존재하지도 않는다. 일정 수의 인간은 그 자체로는 아직 행위 능력을 지닌 집단체가 아니다. 민중이라는 이념은 단체의 이념이다.(*WEB* IV, 169)

이에 따르면 민중은 오직 법질서의 틀 내에서만 존재한다. 민중이 자연 상태에서 스스로 헌정을 마련한다는 생각은 모순적이라는 것이다. 그리고 민중이 민주주의 헌정의 틀 속에서 그들이 원하는 대로 입법을 할 수 있는 자유를 가지고 있다는 표상은 한낱 "군중의 전제주의"**despotism of a multitude**를 표현하는 것일 따름이다.(*WSEB* VIII, 173) 그러므로 버크가 폭군 워런 해이스팅스를 비판하면서 한 다음과 같은 말은 모든 인간과 모든 민족에게도 유효하다.

그 어떤 인간도 자기 자신만의 의지에 따라 자신을 합법적으로 통치하지는 못한다. 게다가 한 인격자가 다른 사람의 의지에 의해 통치될 수는 더더욱 없다. 우리는 모두 신하로 태어났다.—고귀한 자이건 비천한 자이건, 통치자이건 피통치자이건 우리는 모두 똑같이 위대하고 불변하며 미리 주어져 있는 법칙의 신하로 태어났다. [···] 이 법칙을 통해 우리는 우주의 영원한 틀에 결합되고 결부되며, 우리가 그로부터 벗어나 움직일 도리는 없다.(*WSEB* VI, 350)

현대의 독자라면 여기서 곧바로 다음과 같은 물음을 제기할 것이다. "신과 자연의 영원한 법이 명령하는 바가 무엇인지를 우리는 어떻게 인식하는가? 이에 대해 상이한 견해들이 존재한다는 사실이 분명하지 않는가?" 버크는 이런 질문을 던지지 않는다. 왜냐하면 오늘날의 다원주의 사회는 그가 살고 추구했던 사회가 아니라 오히려 그가 경고하려고 했던 것의 결과이기 때문이다. 하지만 그라면 이 질문에 대해 틀림없이 다음과 같이 답변했을 것이다. "역사의 경험, 교육 받은 엘리트들의 판단 그리고 참된 종교의 교리가 결정적인 준거이다. 자신의 법전통을 무시하고 "자연적 귀족"을 경시하면서 교회를 박해하는 민족은 스스로를 자신의 도덕적 기반으로부터 분리시키고 자기 자신을 파멸시킨다." 이런 답변이 아무리 인상적이라 할지라도 그것은 동시에 버크 사상의 단초가 지닌 한계도 보여준다. 부패한 엘리트들이 자신의 법전통을 파괴하고 또 위기의 시기에 권력자들이 개혁을 꺼리고 개혁에 무능하다면, 버크의 이런 충고가 대체 무슨 소용이 된다는 말인가? 버크의 개혁 지향적 전통주의는 유기적 발전의 시대에는 훌륭한 조언자가 된다. 그러나 새로운 시작을 감행해야만 하는 사회에 그가 해줄 수 있는 말은 없다.

Ⅲ. 영향사와 해석의 문제

버크가 18세기 후반과 19세기 초반의 정치사상에 미친 영향은 거의 예외 없이 그의 『프랑스혁명에 대한 성찰』에서 비롯된다. 이 책을 읽으면서 프랑스혁명의 지지자에서 반대자로 변한 프리드리히 겐츠Friedrich Gentz는 1793년에 스스로 이 책의 (자유분방한) 독일어 번역본을 내놓았다. 이 판본은 겐츠가 수집하고 주해를 단 71편의 문헌 목록을 포함하고 있는데, 이 문헌들은 1792년 말까지 영국에서만 버크의 저작에 대한 반응으로 나온 것들이다. 그 중에서 46편은 버크에 반대하는 입장을 취하고 25편만이 버크의 편을 든다. 여기서 반대하는 입장의 저서들이 이론적으로 더 중요한 의미를 가지고 있는데, 그 중에서도 메리 울스턴크래프트Mary Wollestonecraft의 『인간 권리의 옹호』*A Vindication of the Rights of Men*과 토마스 페인의 『인간의 권리, 버크 씨의 프랑스혁명에 대한 공격에 답함』*Rights of Man, being an Answer to Mr. Burke's Attack on the French Revolution*이 특히 중요하다. 페인의 비판은 그 자체가 하나의 고전이 되었다. 반면에 다른 비판적 저서들은 (그 중에는 조셉 프리스틀리라든가 제임스 매킨토시James Mackintosh 같은 유명한 저자들도 있는데) 분명 페인의 저서 못지않게 수용될 만한 가치가 있음에도 그렇게 되지 못했다. 특히 메리 울스턴크래프트의 인권에 대한 옹호는 오늘날에도 여전히 매혹적인 읽을거리이다. 그것은 이성의 (남성적) 관점에 서서 관습적인 계층의 권리와 선입견에 대한 버크의 변호를 (전형적으로 여성적인) 감상적 수사로 이해한다는 데에 적지 않은 까닭이 있다.

『프랑스혁명에 대한 성찰』의 숭배자들 중에는 에른스트 브란데스Ernst Brandes, 프리드리히 겐츠, 아우구스트 레베르크August W. Rehberg 같은 자유주의적 보수주의자도 있었고, 루이 드 보날드Louis de Bonald와 조제프 드 메스트르Joseph de Maistre 같은 왕당파도 있었으며, (노발리스Novalis로 알려져 있는) 프리드리히 폰 하르덴베르크Friedrich von Hardenberg나 아담 뮐러Adam Müller 같은 낭만주의적 보수주의자들뿐만 아니라 놀랍게도 (처음에는 버크를 비판했던) 제임스 매킨토시와 초기 무정부주의자인 윌리엄 고드윈William Godwin도 있었다.(이에 대해 I. Kramnick 1983 참조) 이런 최초의 긍정적 수용이 무엇보다도 프랑스혁명에 대한 공동의

적대에 기반을 두고 있었다면, 19세기 중반 경부터는 버크를 전체적으로 이해하려고 시도하고 새롭게 강조점을 두는 일련의 해석들이 시작된다. 버크의 전기 작가인 존 몰리John Morley를 비롯하여 19세기와 20세기 초의 윌리엄 버클William Buckle, 윌리엄 레키William Lecky, 레슬리 스티븐Leslie Stephen과 그 밖의 여러 저자들에게 버크는 경험주의자이자 자연법 비판가, 실용주의적 공리주의자이자 자유주의자, 정치적 영민함과 합목적성의 사도使徒로 나타난다. 반면에 프랜시스 카나반Francis Canavan, 제럴드 채프먼Gerald W. Chapman, 디트리히 힐거Dietrich Hilger, 러셀 커크Russell Kirk, 피터 스탠리스Peter J. Stanlis, 레오 슈트라우스 등이 시도한 20세기 50~60년대의 버크 해석에서는 버크를 원칙이 없다는 비난으로부터 방어하고 그의 여러 저서들로부터 옛 자연법에 채무를 지고 있는 자유주의적 보수주의가 주장하는 정치철학의 근본명제들을 재구성하려고 노력한다는 점이 전형적이다.(버크 해석의 역사에 관해서는 F. P. Lock 1985, 5~6장 참조)

반면에 가장 최근의 버크 대大전기(1992) 작가인 코너 크루즈 오브라이언Conor Cruise O' Brien은 버크에게서 정치철학의 체계를 찾으려는 일체의 시도를 빗나간 것으로 간주한다. 이런 판단은 근래에 들어 무엇보다도 버크의 정치 저서들이 지닌 미학적 차원을 강조하는 (예를 들어 톰 퍼니스Tom Furniss, 팀 그레이Tim Gray, 폴 힌슨Paul Hindson, 크리스토퍼 리드Christofer Reid, 닐 우드Neal Wood 같은) 해석가들의 견해와 경향적으로 일치한다. 이 저자들은 버크의 미학에 등장하는 숭고와 아름다움이라는 근본 범주가 그의 정치 저서들, 특히 『프랑스혁명에 대한 성찰』에도 각인되어 있다는 것을 근거로 삼아 버크의 사유의 통일성을 강조한다. 그러나 다른 한편 그들은 버크의 저서들을 정치적 수사라는 유형의 글로 분류함으로써 그 저서들의 비체계적이고 무반성적인 면도 부각시킨다.

실상 버크에게서 어떤 견고한 철학 체계를 찾는 것보다는 주도적인 동기와 근본 직관들을 찾는 것이 훨씬 더 생산적이다. 그의 정치사상을 가장 깊숙한 내면에서 함께 묶는 것이 무엇인지를 이해하기 위해서는 그의 거의 모든 연설문과 저서들에서 발견되는 핵심적인 입헌론적 사고에 주의를 기울여야 한다. 이런 입헌론적 사고로부터 그가 궁극적으로는 아리스토텔레스에게까지 거슬러 올라가고 18세기에는 몽테스키외가 가장 중요한 대표자인 유럽의 입헌주의의 전통 속에 있다는 점이 명확해진다. 몽테스키외와 마찬가지로 버크도 역사적으로 성숙한 현실 속에서의 영국 헌정이 자유로운 질서라는 이상에 가장 근접해 있다고 확신했다. 이런 영국의 헌정을 왕실의 간섭으로부터만이 아니라 또한 급진적 공화주의자들의 비판으로부터도 방어하는 것을 버크는 자신의 정치적 삶의 최고 목표로 삼았다. 그의 저작이 일상 정치에 맞춰지고 수사적 과도함을 지니고 있음에도 불구하고 바로 이런 목표가 그의 저작에 근본적인 완결성을 부여해준다. 그렇지만 그것은 또한 버크가—그와 개인적으로 가까웠던 몇몇 동시대인들과는 달리—뛰어넘어 생각하지 못했던 한계도 적시해준다. 이를테면 아담 스미스와는 반대로 그는 시간이 흐를수록 전통적 특권의 해체로 이끌 수밖에 없는 근대 상업 사회 commercial society 내에서의 이익 충돌과 발전을 인식하지 못했다. 또 흄과는 달리 그는 대규모 국가가 순수한 공화정의 정부 형태를 가지고 있으면서도 자유로운 법치 국가가 될 수 있다고는 생각하지 못했다. 그렇기 때문에 그의 사유의 중심에 자유가 있음에도 불구하고 버크는 자유주의적 법치 국가의 정신적 창시자에 속하지 못하고 무엇보다 자유주의에 대한 보수주의적 적대자들을 고취시킨 18세기의 저자 중 한 사람이 된다.

–칼 그라프 발레스트렘 **Karl Graf Ballestrem**

엠마뉘엘 조제프 시에예스
Emmanuel Joseph Sieyes(1748~1836)

– 연대표 –

1748년	5월 3일 (프랑스 프로방스Provence 지방의) 프레쥐스Fréjus에서 우체국장의 다섯째 아들로 출생.
1765~72년	파리에서 신학 공부를 위한 장학금을 받고 처음에는 생-쉴피스Saint-Sulpice 신학교에서 그리고 1770~72년에는 생-피르맹Saint-Firmin 신학교에서 수학.
1775~88년	(브르타뉴Bretagne 지방에 있는) 트레귀에Tréguier의 주교 아래에서 행정관으로 근무하다가 주교를 따라 샤르트르Chartres로 이주.
1788/89년	1789년 삼부회가 소집되기에 앞서 개혁을 촉구하는 저서들인 『1789년 프랑스의 대표자들이 취할 수 있는 실행 방법에 관한 고찰』*Vues sur les moyens d' exécution dont les représentants de la France pourront disposer en 1789*(『고찰』로 표기), 『특권론』*Essai sur les privilèges*, 『제3신분이란 무엇인가』*Qu' est-ce que le Tiers-État*? 출판.
1789년	베르사유에서 개최된 삼부회에 제3계층의 대의원으로 참가.
1789년 7월	국민 의회의 사무총장과 제1차 제헌 위원회의 의원으로 활동.
1789~99년	수많은 책자에서 헌정 체제의 정치와 관련된 문제들에 대해 발언함. 예를 들어 『헌법에 관

	한 의견』*Opinion sur plusieurs articles des titres IV et V du projet de constitution*(1795년 7월), 『성직자들에 대한 임시 포고령 초안』 Projet d' un décret provisoire sur le clergé(1790년 2월) 등이 있음.
1790년 6월	국민 의회의 의장으로 활동.
1792년 9월	(사르트Sarthe 현을 대표하는) 국민공회 대의원으로 선출됨.
1792년 10월	국민공회의 사무총장으로 선출됨. 제2차 제헌 위원회와 공공 학제學制 위원회의 위원으로 활동.
1793년 1월	공안 위원회 위원.
1795년 3월	복지 위원회 위원.
1795년 4~5월	국민공회 의장.
1795년 5월	파리의 에콜 상트랄École centrale에서 정치경제학 담당 교수로 재직.
1795년 10월	(사르트 현을 대표하는) 입법 회의Corps législatif 대의원으로 선출됨.
1795년 11월	프랑스 학사원L' Institut de France의 회원으로 선출됨. 500인 위원회 의장.
1797년	시에예스에 대한 암살 기도가 있었으나 무위로 돌아감.
1798/99년	베를린에서 특사로 활동.
1799년 5월	집정 내각의 일원으로 활동.
1799년 6월	집정 내각의 총재.
1799년 11월	나폴레옹 보나파르트N. Bonaparte 및 뒤코P. R. Ducos와 함께 통령에 임명됨.
1799년 12월	원로원 의장.
1802년	레종 도뇌르 그랑도피시에 훈장Grand officier de la Légion d' honneur 수여.

1808년	백작 작위 취득.
1815년 6월	보나파르트에 의해 프랑스 상원의원에 지명됨.
1816년 1월	'국왕 시해자'로 종신 추방령을 받고 브뤼셀 Brussels로 망명을 떠남.
1830년	7월혁명 이후 파리로 귀환.
1836년	6월 20일 향년 88세로 사망.

Ⅰ

엠마뉘엘 조제프 시에예스는 프랑스혁명의 가장 중요한 정치이론가이자 동시에 1789년에서 1815년에 이르는 혁명기 및 제국 시대에 집행 지도부의 일원이었다. 교회 행정관으로서 (그는 아마 신앙심이 전혀 없는 사람이었을 것이다) 시에예스는 점차로 프랑스 앙시앵 레짐의 사회 상태와 국가 헌정이 안고 있는 문제점들을 숙지하게 되었다. 그는 몇몇 파리 살롱의 개혁 토론 모임에도 참석했고 프리메이슨단에도 가입했다. 1789년 국가 예산안을 경정하기 위해 1788년에 삼부회가 소집되자 그는 프랑스 군주정의 신분제 헌정과 기형적 특권층에 반대하고 입법의 권한을 갖춘 평등한 대의제 국회를 옹호하는 일련의 개혁서들을 집필했다. 동시대의 수많은 시사평론가들 중에서도 그는 공중으로부터 가장 큰 반향을 얻었고, 그의 『제3신분이란 무엇인가』(1789년 1월)라는 논고는 오늘날에 이르기까지 발행 부수가 가장 많은 정치 시사서로 남게 된다.

파리 제3계층의 대표자로서 그는 삼부회에서 치열한 경쟁 속에서도 급진적 개헌안을 관철시켰다. 급진적인 브르타뉴 위원회 Comité breton의 위탁으로 그는 1789년 6월 17일에 삼부회를 세 계층 모두에서 선출된 개혁에 개방적인 다수의 대의원들로 구성되고 주권을 가진 국가 의지에 의해 공인된 '국민 의회' Assemblée nationale로 개편하자는 안을 상정하는 데에 성공했다. 이 안에 대해 왕이 결국 양보하여 특권층 의원들에게 국민의회에 참여할 것을 명령했고, 이를 통해 시민전쟁의 발발을 막았다.

새로 구성된 국민 제헌 의회Assemblée nationale constituante는

1791년 가을까지 프랑스의 내부 헌정 체제를 개조했는데, 시에예스는 이에 깊숙이 관여했다. 막대한 국가 부채가 교회 재산의 세속화와 매각을 통해서만 메워질 수 있다는 사실이 명백해지자 그는 이 방안에 처음에는 반대하다가 결국 동의했다. 그는 일관된 태도로 성직자 계층의 시민 조직화, 즉 성직자 계층에 속한 자가 국가 업무를 담당하는 제도에도 찬성했는데, 이 제도는 프랑스와 로마 법왕청 사이의 알력으로 이어지는 결과를 가져왔다. 그러나 그는 파리 주교의 입헌적 선출(1791)은 거부했다. 그 사이에 그는 정치가로서의 삶을 살기로 결심한 것이다.

새로운 프랑스를 함께 주조하는 활동의 태두리 안에서 그는 프랑스의 행정 구역을 현縣Département 단위로 새롭게 구획하는 데에도 참여하여 활동했다. 하지만 그가 가장 큰 활약을 펼친 것은 제헌 위원회에서 새로운 헌법을 마련한 일이다. 그 헌법은 유럽 대륙 최초의 대의제 헌법으로서 그때까지 신의 은총에 따른 신분제적 특성을 지니고 있던 왕정을 입헌 군주제로 변형시켰다. 그의 관심사는 철저하게 동등한 권리를 가진 성숙한 시민들—독립적인 (즉 자유로운 전권을 지닌) 대의원들을 통해 그들 자신의 운명을 결정할 능력을 갖추게 될 시민들—의 결사체, 다시 말하면 근대 주권 국가를 수립하는 일이었다.

이 문제와 관련하여 1791년의 헌법은 일정 금액 이상의 납세를 정규 시민으로 받아들이는 전제 조건으로 삼았다. 하지만 이런 제한적 해결책은 수구적 입장에 선 국왕의 태도와 더불어 1792년 8월에 국사國事에 완전히 평등하게 참여할 권리를 요구했던 급진적인 파리 공화파sans-culotte에 의해 왕정이 무너지게 되는 원인이 된다.

국민공회Convention nationale의 대다수 의원과 함께 시에예스는 1792년 9월 21일에 군주정의 폐지에 찬성했고, 1793년 1월 17일에는 국왕의 사형에 찬성했다. 그 밖의 경우, 특히 1793~94년의 공포정치 기간 동안에는 그는 국민공회에서 뒷전에 물러나 있었다. 그러나 로베스피에르M. F. M. I. de Robespierre와 생-쥐스트L. A. de Saint-Just의 실각(1794)에는 적극적으로 개입했으며, 그 후에 혁명기의 프랑스를 주요 시민들의 집정 내각 헌정이라는 정치 체제로 전환시킨 복지 위원회에 들어가 활동했다. 1795년에 그는 '정치학자'로서 '학사원 회원' Membre de l' Institut으로 선정되는데, 이는 국립 학술원들이 프랑스의 지적·예술적 삶의 대표로서 선발하는 것이다.

1795~99년의 헌정 체제 기간 중에 시에예스는 갓 수립된 프랑스 공화국의 공격적인 민족주의적 팽창 외교 정책을 확고하게 지지했다. 1792년 이후로 프랑스 공화국은 이데올로기적으로 해방 정책을 표방하면서 군주제적 유럽의 억압받는 자들을 편들고 나섰다. 1799년에 제2차 대프랑스동맹이 우세를 점하는 것처럼 보이자, 시에예스 역시 국가 수반인 총재 중의 한 사람으로서 동참한 옛 혁명가들의 모반으로 (혁명력 8년 브뤼메르 18~19일, 즉 1799년 11월 18~19일에) 쿠데타가 일어나 나폴레옹 보나파르트 장군이 권력을 장악하게 되었다. 시에예스는 나폴레옹과 함께 세 명의 통령 중 한 사람으로서 국가 수반에 올랐다. 하지만 이미 권력을 차지하고 경쟁심도 강한 군인을 상대로 하여 그가 정치적으로 오래 버틸 도리가 없었고 결국 명예직으로 밀려나고 말았다. 1816년에 그는 '국왕 시해자'로서 브뤼셀로 망명하여 도피할 수밖에 없었고, 1830년

의 7월혁명이 발발한 이후에야 그곳으로부터 비로소 돌아올 수 있었다.

Ⅱ

먼저 시에예스가 사회적·정치적 문제들에 접근하는 방법을 살펴보자.

사회의 작동 기제를 파악하려면 반드시 사회를 하나의 평범한 기계처럼 분석하려고 마음먹어야 한다. 즉 각 부분들을 분리하여 고찰한 뒤에 정신의 눈앞에서 차례차례 조립하여, 결국 그것들의 협주를 포착하고 거기서 생겨나는 일반적인 화음을 감지해야 한다.(『제3신분이란 무엇인가』, *S/R*, 164~165)

시에예스는 모든 역사적·사실적 연관을 가차 없이 경멸했다. 필요하다고 간주되는 사회 변화에 영향을 주는 것은 생성된 것이나 성장한 것이 아니라 오직 '뛰어난 원리들' les bons principes, 즉 기계론적으로 고찰된 인간의 완전성이라는 참되고 훌륭한 근본 명제들이다. 이 원리들만이 새로운 질서의 준거가 될 수 있다.

그런데 시에예스는 어디에서 자신의 원리들을 이끌어오는가? 스탈 부인Madame de Staël의 판단에 따르자면 그 원리들은 그가 자신의 개인적인 삶의 욕구와 요구에서 얻은 인간의 본성에 대한 한 가지 상像에 기반을 두고 있다.

어디에서나 사람들은 잘 다스려지기를 원한다. 즉 자신의 권리가 전제주의의 목구멍 속으로 집어삼켜지기를 원치 않고, 무정부 상태의 발톱에 내맡겨지기도 원치 않는다. 그런데 좋은 통치는 어떻게

이루어질 수 있을까?(『헌법에 관한 의견』, *PS* II, 371)

개인의 권리의 제도적 안전 보장이라는 실용적인 물음이 실로 시에예스의 모든 정치사상이 시작되는 출발점이다. 이 권리가 어떤 형이상학으로부터 도출되는가라는 그 다음의 물음은 그 시대에 걸맞게 논의되지도 않을 뿐만 아니라 아예 금기시된다. 그런 권리가 존재한다는 것만으로도 이미 충분하다. 그렇지만 여기서 개인과 관련해서는 시에예스가 모든 사유 행보를 이를테면 사회계약이나 시정市政이나 국가를 넘어서서 설정하며, 다수의 사람을 포괄하는 일체의 개념들을 고립된 상태에 있다고 사유된 개인과 기능적으로 관련짓는다. 사회계약이라든지 시정이라든지 국가는 임의로 변경할 수 있는 단위, 기술적 산물, 조직화할 수 있고 계량화할 수 있는 틀에 불과하며, 일정한 목적 단체로 결합한 개인들이 의식적으로 그들의 이익을 위해 이용할 수 있는 것들이다. 그렇지만 일차적으로 중요한 것은 이런 목적 단체도 아니고 그것의 발전은 더더욱 아니며, 그렇게 함께 행동하는 인간이다.

개인들을 보살피고 존중하자. 왜냐하면 사회가 존재하는 것은 개인들을 위해서이기 때문이다. 무질서를 제거하고, 악용을 타파하고, 전제주의와 귀족정을 영원히 멸절시켜야 한다. 이런 사태는 타파하되 개인은 존중하자. 만일 개인의 행복이 사회 상태의 유일한 목적이 아니라고 한다면, 나는 더 이상 사회 상태가 무엇인지 모르겠다.(『성직자들에 대한 임시 포고령 초안』, *PS* II, 32)

이로부터 직접 "시민의 자유는 모든 법률의 유일한 목적이다"라는 시에예스의 가장 중요하고 수없이 되풀이되는 강령이 결론으로 이끌려 나온다.(『고찰』, *S/R*, 26)

시에예스는 여기서 자유를 포괄적으로 외적 영향으로부터의 자유 그리고 보편적 법칙에서 비로소 그 한계를 가지는 자신의 고유한 행위의 자유로 이해한다. 이에 따라 권력 남용의 방지 및 개인적 영역 속으로의 공적 개입이라는 문제가 그에게 평생 동안 가장 큰 역할을 하게 된다. 정밀하게 대수학적으로 계산된 단계적 선거권 제도의 창안, 모든 층위에서 엄격하게 적용되는 권력분립, 직업 조합과 이익 집단화의 분쇄, 최고 헌법재판소의 창설 등을 통해 만족스럽게 잘 고안된 정치적 상호 통제의 체계를 만들어내려는 노력은 그의 전 작품을 마치 페달음처럼 관통한다. 그리고 이런 노력이 문서상으로는 상당히 성취되었다고 말할 수 있다. 다만 사실에 대한 위대한 경멸가인 시에예스가 한 가지 요인만은 고려하지 못했다. 즉 인생은 그리고 특히 정치권력과의 교제는 인간의 추구와 행위가 지닌 역동성을 간과하는 합리적으로 숙고된 정교한 약관約款에 최종적으로는 잘 들어맞지 않는다는 사실을 그는 고려하지 못했다.

Ⅲ

개인의 자유를 제도적으로 안전하게 보장하려는 시에예스의 노력이 가져온 중요한 성과는 그가 계발한 국민 대의제라는 안이다. 근대의 민주주의 운동 전반이 그러하듯이 시에예스도 사상적으로 필수적인 루소의 근원적 주권재민론이라는 지반 위에 서있다.

그런데 그의 대의제론에서는 "민중 참여의 원리와 논리적으로 대립되고 대의제를 의식적으로 최고의 국가적 인륜성의 표현이자 상징으로 고양시키는 매우 독특한 유형의 교설이 등장한다. 대의제는 민중의 직접적 권리에 대한 한낱 대체물에서 주권재민의 원리에 따른 자기 목적이자 국가철학적 고유 가치라는 현상이 된다."(K. Loewenstein) 왜냐하면 시에예스는 어떤 법률이건 그것은 오로지 공동 의지volonté commune가 (시에예스는 일반 의지volonté générale라는 용어를 불명확하다는 이유로 거부한다) 명백하게 나타나 대의제 의회에서 다수의 의지가 표현된 것일 수 있을 뿐이라고 강조하기 때문이다. 이로써 그는 민주주의적 정당성을 지닌 근대 민족 국가의 아버지임이 밝혀진다.

시에예스는 당시까지의 유럽에는 아직 알려져 있지 않던 이와 같은 국가 유형을 처음에는 시민의 절대적 평등이라는 토대 위에서 합리적으로 구성하고자 모색하는데, 그는 늘 바로 이런 평등의 결핍이 과거의 프랑스가 가지고 있던 가장 큰 구조적 결함이라고 낙인찍곤 했다. 잘 알려진 바와 같이 평등égalité은 프랑스혁명이 일어나기 직전 수년간의 정신적·사회적 들끓음을 나타내는 커다란 표어였다. 그런데 당시에 사람들은 평등을 각자 서로 달리 이해했다. 영주의 마부에서부터 오를레앙 공에 이르기까지 누구나 어떤 형식이 되었건 평등을, 즉 평등한 권리, 평등한 혜택, 정치 체제가 불균등하게 배분한 만큼만의 봉록과 권력 같은 평등을 원했다. 이런 혼란스러운 상황에서 시에예스는 최초로 혼동을 극복할 수 있을 만큼 명료하고 오늘날에도 우리 헌법의 기초로 삼을 수 있을 정도로 올바른 표현을 발견했다.

재산과 직업의 불평등은 연령, 용모, 성별 등의 불평등과 마찬가지이다. 그런 것들은 시민의 평등에 하등의 변화를 주지 않는다.

물론 이런 개인적인 장점들이 법률의 보호를 받기는 하지만, 그런 장점들을 조장하여 어떤 사람에게는 특권을 부여하고 다른 사람에게는 특권을 박탈하는 것이 입법자의 임무는 아니다. 법률은 그 무엇도 허가하지 않으며, 다만 현존하는 것을 그것이 공익에 해가 되기 전까지 보호할 따름이다. 바로 여기에 개인적 자유의 한계가 설정된다.(『제3신분이란 무엇인가』, *PS* I, 172~174)

이와 같은 추상적 보편 규범은 법치국가가 지닌 특징이며, 그에 반대되는 것은 개인이나 개별적 상태에 맞추어 재단된 조치법들, 예를 들면 앙시앵 레짐에서 시행된 오명 높은 봉인서**lettres de cachet** 제도 같은 것들이다. 이런 추상적 보편 규범에 대한 근대적 요구는 직접 법적으로 평등한 통일된 민족국가**Nation**에 대한 요청으로 확고하게 이끈다.

그러면 시에예스는 무엇을 원하는가? 그가 원한 것은 이성적 사회 질서의 실현이었다. 하지만 그는 역사적으로 생성된 것은 무엇이든 우연과 비이성의 산물이라고 거부했기 때문에, 개인이 자신의 행복 추구를 실현할 수 있는 새롭고 합리적으로 근거지을 수 있는 단위를 모색할 수밖에 없었다. 그런데 이런 새로운 단위가 그에게는 바로 민족국가였던 것이다. 그에게 민족 국가는 고립된 상태에서는 생존에 위협을 받는 자유롭고 대개는 이성적인 인간들의 결합이 낳은 결과물, 전면적인 안전 보장과 지원에 이바지하는 의식적인 집단적 의지 행위의 산물이다.

제3계층에 관한 그의 저서에서 시에예스는 공유된 법률의 존재와 공동 대의제를 갖춘 민족국가를 상정했다. 당시에 그는 '작은 것에서 큰 것으로' ***a minore ad maius***의 논증을 사용하여 제3계층이야말로 민족국가가 필요로 하는 모든 것을 포함하고 있으므로 프랑스 민족국가와 전적으로 동일하며, 그 반면에 특권 계층들은 정치 참여의 권리를 소유하고 있지도 않을뿐더러 바로 그들이 누리는 특권 때문에 국가 단체corps de nation에서 배제된다는 점을 밝혔다. 이미 이때 그는 이처럼 대의제의 원리를 법적·정치적으로 평등한 민족 국가의 조직적 근본 원리로 선언함으로써 근대적 입헌 국가이론으로 나아가는 길을 제시해주었던 것이다.

될 수 있는 대로 많은 일에서 다른 사람이 자신의 직무를 대리하도록 함으로써 자신의 자유가 증대되고, 또 여러 직무 대리를 동일인에게 집적시킬 때 자신의 자유가 감소한다는 사실은 확실하다. 보라! 사적 생활에서 다른 사람들로 하여금 자신을 위해 가장 많이 일하도록 만드는 사람이야말로 가장 자유로운 자가 아닌가? 그리고 한 사람이 직무 대리를 동일인에게 이양하면 할수록 더욱더 타인에 대한 종속으로 빠져들고, 자신의 모든 권력을 동일한 한 개인에게 집중시켜주면 이로부터 마침내 일종의 자기 자신의 양도가 일어난다는 사실을 온 세상이 인정하고 있지 않는가?(『헌법에 관한 의견』, *PS* II, 373)

여기서 정치적 대의가 예리하게 공동체의 정치적 의사 결정의 기술로 간주되고 있는데, 이때 근대적 대의제는 철저하게 합리적인 임명, 즉 서로 경쟁하는 인간군群 중에서의 선발을 필요로 한다. 이런 확언의 밑바탕에는 고대 폴리스 또는 루소식으로 이상화된 민회와 노동 분업에 기반을 둔 대규모 공동체 사이의 근본적인 차이점에 대한 그 당시로서는 놀랄 만한 사회학적 분석이 놓여 있다.

사회 상태에서는 모든 직무가 대리된다. 직무 대리는 사적 질서에서건 공적 질서에서건 어디에서나 발견된다. 그것은 공업과 상업의 어머니이자 자유교양학과 정치술에서 진보의 어머니이다. 그것은 심지어 사회생활의 본질과도 융합된다.(『헌법에 관한 의견』, ***PS*** **II, 372**)

그러므로 다른 사람들로 하여금 자신을 가장 많이 대리하게 하여 자신을 위해 일하도록 만들고, 그 자신은 그가 통달하고 그 분야에서는 그가 다른 사람들을 대리하는 특수 분야에 스스로를 제한시키는 자, 그런 자가 바로 가장 잘 지내는 사람이다. 따라서 직무 대리야말로 모든 사회적 진보의 속도 조종 바퀴이며, 직무 대리를 통해 어떤 과업이건 예외 없이 그 과업에 가장 적합한 개인에게 위탁된다는 것이다.

Ⅳ

정치나 또는, 시에예스의 표현을 빌리자면, '사회술'社會術에서도 다른 모든 생활 영역에서와 사정이 마찬가지이다. 여기에서도 가능한 한 많은 사람들에게 분배된 직무 대리가 모든 이의 자유와 복지를 증진시킨다는 점은 분명하다. 여기서 시에예스는 내용상 실용주의적인 자유주의적 권력분립론을 발전시킨다. 그는 애초부터 루소를 넘어서는데, 그가 보기에 루소의 동질적 공동체라는 구상과 일률적인 공동 의지의 직접적 형성은 사회가 아직 미성숙하고 원시적인 상태에 있는 단계에 불과한 것이었다. 이런 근원적이고 아직 미흡한 정치적 상태가 상승된 사회적 요구에 부응하기 위해서는 더 진척된 발전과 세련화와 복합화가 필요하다. 그런데 시에예스에게 이것은 필연적으로 공적 사안들이 직무 대리를 통해 처리되는 상태를 의미한다. 이처럼 시에예스는 정치적 대의의 원리를 모든 시민이 몸소 함께 모이는 것이 더 이상 불가능한 대규모 국가를 정치적으로 평등하게 조직할 수 있는 실행 가능성이 가장 큰 해법으로 본다. 그뿐만 아니라 그는 그 원리에서 또한 사회 상태를 모든 시민의 안녕에 순작용을 일으키도록 만드는 질적 변화도 본다. 보편적 노동 분업의 원리에 기반을 둔 국가는 당연히 관직을 시민들 중에서 그에 가장 적합한 사람들에게 위탁하게 될 것이고, 입법과 통치와 행정과 사법에 각각 가장 능숙한 자들을 임명하게 될 것이다. 이는 개별 시민이 목전의 경쟁 상황에서 그때그때 가장 유능한 제화공이라든지 가장 뛰어난 건축가를 고르는 것이나 또는 주식회사가 가장 능력 있는 사람에게 경영권을 위임하는 것과 마찬가지이다.

이처럼 시에예스에게는 직무 대리의 원리가 이미 근본적으로 권력분립 또는 그보다는 기능 분업과 동일한 것이다. 각기 다양한 부분 기능들을 담당하는 기관들의 협업적 병립은 상호 통제를 이루고, 과도하게 권력이 집중되는 것과 국익에서 벗어나는 특수한 이해 관심이 형성되는 것을 방지한다. 이를 통해 직무 대리는 시민의 자유를 보장한다.

이 지점까지는 시에예스가 몽테스키외와 일치한다. 하지만 이 원리를 제도적으로 구체화하는 데에 있어서는 그가 몽테스키외와 결정적인 편차를 보인다. 몽테스키외의 영향이 주로 전문 용어와 강령의 영역에서 확인될 수 있는 반면, 오늘날 유럽 대륙의 입헌 국가에서 시에예스의 사상이 실현되어 있지 않은 곳을 발견하기가 어려우리만큼 그 편차는 크다.

1795년 테르미도르Thermidor(프랑스 혁명력 11월)에 행한 대연설에서 시에예스는 상호적으로 제어하는 서로 격리된 권력들이라는 몽테스키외의 사상을 날카롭게 논박한다. 이런 체계가 믿기 어렵긴 하지만 설사 어디에선가 순수한 형태로 수립된다손 치더라도 그것은 모든 공적 생활의 즉각적인 봉쇄와 중지로 귀결되리라는 것이다. 그렇기 때문에 그는 실행 가능성이 있는 체제로서 이른바 '조직화된 통일'을 통한 권력분립을 기획한다. 그 중심에 있는 생각은 마치 집을 지을 때 직공들 개개인이 그렇게 하는 것처럼 각각의 공권력이 하나의 동일한 공동 목표를 향해 일해야 한다는 것이다.

여기서 시에예스는 통치 과정 전체가 '법률 제안', '법률 의결', '법률 집행'이라는 세 가지 본질적인 기능들로 나뉘어 있다고 파악한다. 그리고 '법률 집행'을 다시 집행 입법(법령)과 이 법령의 수행으로 세분한다. 그는 오직 이 마지막 기능, 즉 공적 집행권만을 행정권pouvoir exécutif이라고 부른다. 반면에 결정을 내리는 기관들은 정부gouvernement라는 명칭으로 총괄한다. 그리고 최종적으로는 헌법 재판소가 정치의 조화로운 전체적 운영을 감시한다. 정치적 과정들의 분석이라는 관점에서 볼 때 시에예스가 한 공적 기능들의 구분은 몽테스키외에게로 거슬러 올라가는 통상적인 권력들(입법권, 행정권, 사법권)의 구분보다 더 우월한 것으로 밝혀졌다.

V

정치 이념사에서 시에예스는 개별 국민을 법적으로는 평등화하지만 동시에 그 의미에서는 "분말화"하는(E. Fraenkel) 중앙 집권적이면서 동시에 "민중과 소원한"(K. Loewenstein), 즉 선거인들과 거리를 두는 대의제 민주주의의 가장 중요한 옹호자로 간주된다. 이런 유형의 국민들이 모두 함께 모여 근대 민족 국가를 이룬다. 시에예스의 헌정 사상은 1831년 벨기에의 헌법을 거쳐 유럽 대륙 전체에, 그 중에서도 특히 독일에 심대한 영향을 주었다. 1831년의 벨기에 제정制定은 대부분 1849년의 파울스키르헤 Paulskirche 헌법(프랑크푸르트에 소재한 베드로 성당에서 독일의 제1회 국민 의회가 개최되었는데, 이때에 제정된 근대적 통합 독일 국가를 지향하는 헌법) 그리고 이를 거쳐 간접적으로 1919년의 바이마르Weimar 헌법과 1949년의 본Bonn 헌법의 시발점이 된다. 다만 이 독일 헌법들은 헌정 활동 중에서 대의제적 요소는 강하게 강조하지만 동시에—예컨대 스위스 헌법과 비교해 볼 때—평민제적 요소는 현저하게 약화시킨다.

–에버하르트 슈미트 Eberhard Schmitt

게오르크 빌헬름 프리드리히 헤겔
Georg Wilhelm Friedrich Hegel(1770~1831)

- 연대표 -

1770년	8월 27일 독일 슈투트가르트Stuttgart에서 출생.
1788~93년	튀빙겐 신학교Tübinger Stift에서 수학. 1790/91년 겨울학기에는 횔덜린F. Hölderlin 및 셸링F. W. J. Schelling과 한 방에서 기거.
1793~96년	스위스 베른Bern에서 슈타이거Steiger 가족의 가정교사 생활.
1797~1800년	독일 프랑크푸르트Frankfurt a. M.에서 고겔Gogel 가족의 가정교사 생활.
1798년	헤겔의 최초 출판물인 「바트란트와 베른 시 사이의 과거 국가법적 관계에 관한 비밀 서한」*Vertrauliche Briefe über das vormalige staatsrechtliche Verhältnis des Wadtlandes (Pays de Vaud) zur Stadt Bern* 출판. 뷔르템베르크Württemberg의 시사 정치를 다룬 미출판 저작인 「시의원은 시민들에 의해 선출되어야 함」*Daß die Magistrate von den Bürgern gewählt werden müssen* 집필.
1799~1803년	독일 제국의 상황을 다룬 미출판 초고인 『독일 헌정』*Die Verfassung Deutschlands* 집필.
1801~06년	예나Jena 대학교에서 사강사 및 (1805년부터) 철학 담당 객원교수로 활동.
1806년	『정신현상학』*Phänomenologie des Geistes* 출판.
1807~08년	밤베르크 신문Bamberger Zeitung의 편집장.

1808~16년	뉘른베르크Nürnberg에 소재한 아에기디엔 김나지움Aegidien-Gymnasium의 교장.
1812/13/16년	헤겔의 형이상학인 『논리학』Die Wissenschaft der Logik 출판.
1816년	하이델베르크 대학교 교수로 취임.
1817년	헤겔의 체계인 『엔치클로페디』Enzyklopädie der philosophischen Wissenschaften 출판.(재판: 1827, 3판: 1830)
1817~31년	베를린 대학교 교수.
1821년	헤겔의 정치적 주저인 『법철학』*Grundlinien der Philosophie des Rechts. Naturrecht und Staatswissenschaft im Grundrisse* 출판.
1831년	『영국의 선거법 개정안에 대하여』*Über die englische Reformbill* 출판. 11월 14일 베를린에서 콜레라로 사망.

헤겔은 칸트, 피히테, 셸링과 더불어 '독일 관념론자'로 분류된다. 이때 '독일 관념론'은 아주 다양한 철학들을 총괄하는 개념으로 쓰인다. 칸트는 '순수' 이성의 한계를 제시하는 비판적 관념론을 정초했다. 반면에 피히테와 셸링과 헤겔은 이성에 다시 날개를 달아주었다. 피히테는 세계를 정립하는 자아의 철학을 통해, 셸링은 자연 속에 잠들어 있는 정신을 인식하려는 자연철학을 통해, 헤겔은 역사 속에 이미 실현되어 있는 이성을 개념적으로 파악하는 데에 전념하는 철학을 통해 이를 수행하려고 했다.

칸트의 정치철학은 사실로서 현존하는 절대주의와 '보편적으로 법을 관할하는 공화정'을 향한 희망 사이에서 계몽과 공개성과 개혁의 중도를 걸어가는 공화주의를 목표로 삼았다. 청년기의 피히테는 프랑스혁명의 자코뱅파에 가까웠지만 후기에는 몇 가지 또 다른 정치적 선택을 시도해보았다. 또한 헤겔은 프랑스혁명의 경험을 이제 대두되기 시작하는 시민 사회의 경험과 결합시켰다. 헤겔에게 시민 사회는 근대적 자유와 평등을 실현하는 역사적 장소였다. 그러나 동시에 그에게 시민 사회는 삶의 인륜성 속으로 비도덕성이 침투하는 것을 의미했으며, 시민 사회는 혁명과 마찬가지로 그것의 등장과 더불어 도래한 자유와 평등을 보존할 만한 능력을 갖추지 못한 것이었다.

헤겔은 사변적 사상가로 간주되는데, 실제로 후기 헤겔에게서는 분명 정치철학이 철학 체계 안으로 편입되어 있다. 그러나 그가 결코 단지 동시대의 커다란 역사적 경험들을 분석하는 데에 머물지 않았다는 점은 이 철학자가 가진 경험에 대한 욕심을 특징적으로 보여준다. 혁명과 시민 사회를 파악하는 작업 이외에도 그는 매우 일찍부터 이미 사소하거나 심지어 아주 미세한 상황 속에서 벌어지는 정치적 변혁들을 연구하는 일에도 몰두했다. 헤겔의 철학적 · 정치적 주저인 1821년의 『법철학』 이외에도 여러 나라의 역사적 변혁의 흔적들을 다루는 여러 권의 역사적 · 정치적 저작들이 있다. 베른 시의 바트란트에 관한 글(1798), 사멸해가는 독일 제국에 관한 글(1799~1803), 헤겔의 고향인 뷔르템베르크에 관한 글(1789, 1817) 그리고 끝으로 영국의 선거법 개정안에 관한 글(1831) 등이 그 예이다. 헤겔을 단지 사변적 사상가로만 본다면, 그것은 헤겔의 정치철학을 과소평가하는 것이다.

Ⅰ. 청년 헤겔의 정치학(1790~1806)

헤겔은 1788년에서 1793년까지 튀빙겐 신학교에서 철학과 신학을 수학했다. 이때에 그는 한 학기 동안 셸링 및 횔덜린과 같은 방을 썼다. 이 신학생들은 칸트의 철학으로부터 감화를 받았으며, 당시의 모든 동시대인들과 마찬가지로 프랑스혁명의 영향 아래 있었다. 특히 헤겔과 횔덜린의 경우에는 거기에다 그리스와 고대적 인륜성의 정신에 대한 열광이 부가된다. 튀빙겐 시기에 작성된 헤겔의 습작에는 이런 경험과 동경들이 '민족 정신' Volksgeist이라는 개념으로 응축되어 기록된다. 추측컨대 몽테스키외의 '보편 정신' esprit général 개념으로부터 영감을 얻은 헤겔은 '민족 정신'을 한 민족의 삶을 이루는 모든 자연적이고 정신적인 요소들의 생동하는 통일로 이해했다. 비록 이미 모저J. J. Moser나 헤르더J. G. von Herder에게서 유사한 개념이 등장하기는 하지만, '민족 정신'이라는 개념을 사용한 최초의 인물은 헤겔이다.

튀빙겐 시기가 지난 후에 헤겔은 가정교사 자리를 얻는데, 최초의 가정교사 활동은 1793년에서 1796년 사이에 베른에서 했다. 베른 시기에는 폴리스의 부활이라는 꿈이 퇴색하기 시작한다. 물론 헤겔에게서 이 꿈이 완전히 사라진 적은 결코 없다. 그러나 베른 시기에 이르러서는 혁명과 칸트주의의 정신이 폴리스와 고대적 인륜성에 대한 모든 회상보다 우위를 차지하게 된다. 그 이후 몇 년간은 날카로운 대립 명제들이 헤겔의 철학을 규정한다. 이성과 (경직화된 삶 일체를 일컫는) '실증성'은 화해할 수 없는 대립을 이룬다. 마르크스주의자인 루카치G. Lukács는 바로 이 대립을 청년 헤겔을 정치 · 경제학적으로 해석하는 실마리로 삼았다. 그러나 청년 헤겔이 경제학적으로 사유하기보다는 신학 · 정치적으로 사유했다는 사실을 간과해서는 안 된다. 민족 정신에는 '이성 신앙'과 '물신 숭배'를 배격하는 '민족 종교'도 포함된다. 베른 시기에 헤겔의 비판은 교조적으로 경직화된 기독교 그리고 종교와 억압의 결탁을 겨냥하는데, 이에 대한 당시 헤겔의 공격은 이미 후대의 헤겔 좌파의 공격 못지않게 신랄하다. 당시에 헤겔이 열망하던 '신의 왕국'은 경건주의적으로 해석되어서도 안 되고 또 그것이 프리메이슨단의 암호도 아니다. 그것은 오히려 칸트적으로 이해하여 '보이지 않는 교회'로서 서로 결집한 도덕적으로 행위하는 인간들의 '왕국'을 의미한다.

베른 시기에 헤겔의 최초 출판물인 「바트란트와 베른 시 사이의 과거 국가법적 관계에 관한 비밀 서한」이 작성된다. 이 글은 1798년에 익명으로 발표되었다. 헤겔은 베른의 명문 귀족인 슈타이거

가문에서 가정교사 생활을 하면서 직접 당시의 베른 지방의 정세에 대한 통찰을 얻게 되었다. 그는 법률가인 장 자크 카르Jean Jacques Cart가 바트란트의 재무부장에게 보낸 서한들을 번역하고 논평했다. 이 시사 비평문은 옛 법의 원용과 프랑스혁명에 대한 지지 사이에서 동요하고 있다. 그러나 헤겔은 베른의 과두정이 혁명적으로 와해될 만한 운명이었다는 점에 대해서는 의심할 여지를 남기지 않는다.

같은 해인 1798년에 헤겔은 또한 「시의원은 시민들에 의해 선출되어야 함」을 집필한다. 이 글은 헤겔의 고향인 뷔르템베르크의 시의원 선출 제도에 대해 검토한다. 헤겔은 시의원이 민중에 의해 선출되어야 한다고 요구한다. 그렇지만 그가 완전한 확신을 가지고 이런 요구를 한 것은 아니었으며, 아마 그런 사정이 이 초고를 발표하지 않은 연유일 것이다.

1797년에서 1800년까지의 프랑크푸르트 시기에는—이미 「시의원은 시민들에 의해 선출되어야 함」도 이 시기에 속하는데—헤겔의 사유에 결정적인 전환이 일어난다. 횔덜린과 피히테의 영향을 받아 헤겔은 이후로 자신의 철학을 규정하게 되는 입장을 발견하게 된다. 이성과 실증성을 단지 서로 대립시키는 대신에 이제부터 헤겔은 시간 속에서 이성의 현재를 파악하려고 시도한다. 분열과 대립과, 헤겔이 후에 말하듯이, '둘로 떨어짐' Entzweiung 속에 이성이 현존한다. '사랑' 과 '생명' 과 '정신' 은 대립들을 포함하고 있을 뿐만 아니라 생동하는 총체성으로서 대립들을 견디어낼 힘을 가진 개념들이 된다. 이 시기에 이르러 헤겔의 철학은 처음으로 낭만주의 및 다른 관념론 철학들과 구분되는 고유한 입장을 확보하게 된다.

이미 상당히 대가다운 면모를 드러내는 『독일 헌정』은 프랑크푸르트 시기를 지나 예나 대학교에서 최초의 학문적 강의 활동을 하는 시기로의 이행기에 속하는 저작이다. 헤겔은 1799년에서 1803년 사이에 이 글을 집필했다. 이 저서의 주제는 독일 제국의 헌정과 상황이다. 이 저작은 "독일은 더 이상 국가가 아니다"라는 문장으로 시작되어 무엇보다도 국방과 재정 체제에 초점을 맞춘 개혁안을 제시하면서 마무리된다. 헤겔은 제국의 '테세우스' **Theseus**가 나오기를 바라며 호명하는데, 사람들은 그를 나폴레옹과 동일시하기도 하고(W. Dilthey) 또 카를 대공**Erzherzog Karl**과 동일시하기도 한다(O. Pöggeler). 어쩌면 여기서 헤겔이 단지 마키아벨리(또는 루소)를 인용한 것일 뿐인지도 모른다. 『독일 헌정』은—수년이 지난 후에 피히테에게서 볼 수 있는—마키아벨리의 '민족주의적' 수용과 몽테스키외가 찬양한 타키투스**Tacitus** 풍의 옛 '독일적 자유'에 대한 회상을 한 데 묶는다. 이 저작 역시 발표되지 않은 채로 남는다.

헤겔은 자신의 예나 초고들(1801~1806)에서 프랑크푸르트 시기에 획득한 이성의 현재성에 대한 통찰을 당시의 정신적 조류들에 맞서 발전시키고 주장하려고 시도했다. 그 당시의 지배적인 사상 조류로는 과거를 미화하는 낭만주의, 야코비**F. H. Jacobi**의 감성 신학, 칸트와 피히테의 주관주의적 관념론이 있었고, 헤겔은 이에 맞섰던 것이다. 그렇지만 이 시기의 헤겔은 그의 사유 속에 있는 고대 지향적 요소와 근대적 요소의 종합을 발전시키는 데에는 아직 성공하지 못한다. 헤겔의 『자연법』(1802/03)에서는 여전히 자연이 정신을 지배하고 있으며, 『예나 체계 초고』***Jenenser Systementwürfe***는 근대 시민 사회를 고전적 자연법의 틀 안에 성공적으로 통합시키지 못한다. 『자연법』에서는 '인륜 속의 비극'이 거론된다. 정신의 권리 주장은 자연의 권리 주장에 희생되고, 주체성의 권리 주장은 고대 지향적 인륜성의 권리 주장에 희생되는 것이다.

예나 말기인 1806년에는 최초의 대작인 『정신현상학』이 나온다. 이 저서는 의식의 여덟 가지—일부는 추상적이고 일부는 역사적인—'형태들'을 제시하면서 이 의식 형태들이 어떻게 내적으로 제한되어 있고 또 어떻게 자신으로부터 벗어나 철학의 관점, 즉 '절대지'絕對知에 도달하는지 그 발전 과정을 보여준다. 철학적 파우스트Faust 여행(E. Bloch)이자 '역사 이성 비판'(W. Dilthey)인 이 저서가 정치 저작은 아니다. 그러나 이 저서는 중요하고 영향력이 큰 정치적 장章들을 포함하고 있다. 그 중에서도 프랑스혁명을 다룬 장('절대적 자유와 공포') 및 주인과 노예의 장('자기의식의 자립성과 비자립성')은 가장 널리 알려져 있다. 최근에는 코제브A. Kojève 같은 마르크스주의자들이 이 유명한 장을 계급투쟁의 헤겔식 각색으로 이해했다. 그러나 이 장에서 헤겔에게 중요했던 것은 실은 홉스처럼 인간을 욕망과 '만인에 대한 만인의 투쟁' *bellum omnium contra omnes*으로 환원시키는 것에 맞서서 자유롭고 동등한 존재인 타자로부터의 정신적 '승인'承認이 어떤 의미를 지니며, 어떻게 변증법적 전환을 통해 주인이 오히려 노예와 그의 노동에 의존해 있는 존재로 밝혀지는지를 논증하는 일이다. 헤겔은 근대 자연법과 그것이 내세우는 인간학 그리고 자연 상태라는 허구에 대해 비판적인 입장을 취한다. 특히 자연 상태라는 허구에 대해서 그는 역사적으로 성취된 인간 승인의 역사를 통해 그 기반을 허물어뜨린다.

Ⅱ. 후기 헤겔(1807~1831)

헤겔은 예나 대학교에서의 강의 활동을 접은 후에 **1807~1808**년에는 밤베르크 신문의 편집장으로 그리고 **1808~1816**년에는 뉘른베르크에 소재한 아에기디엔 김나지움의 교장으로 고용살이를 한다. 헤겔이 편집장으로 활동한 것을 다룬 연구물도 있다.(**W. R. Beyer**) 헤겔이 자신의 업무를 궁극적으로는 그리 내켜하지 않았지만 늘 착실하게 완수했음에 틀림없다. 교장으로 재직하는 기간 동안에 헤겔의 형이상학적 주저인 『논리학』(**1812**, **1816**)이 나온다. 이 저서는 지금까지의 형이상학을 전도시켜 가장 공허한 개념인 '존재'에서 시작하여 추상적인 것에서 구체적인 것으로 발전하는 길을 간다. 이런 『논리학』도 물론 정치 저서라고 할 수는 없다. 그러나 헤겔의 논리학은 '개념' 자체를 '자유'로 이해하기 때문에 실천철학을 정초하는 역할도 한다. 또한 그것은 마르크스에게 영향을 줌으로써 정치·경제학적으로도 중요한 의미를 지니게 되었다. 마르크스의 『정치경제학 비판 요강』***Grundrisse der Kritik der Politischen Ökonomie***이나 『자본론』***Das Kapital*** 제**1**권은 헤겔의 논리학을 배제하고는 이해될 수가 없기 때문이다.

헤겔은 처음에는 **1817**년에 하이델베르크 대학교 교수로 그리고 **1821**년 이후로는 베를린 대학교 교수로 부임하여 다시 학문 생활을 위한 입지를 확보한다. 하이델베르크 시기 동안에 『**1815**년과 **1816**년 뷔르템베르크 왕국에서 개최된 대의원 의회에서의 토의 사항』***Verhandlungen in der Versammlung der Landstände des Königreichs Württemberg im Jahr 1815 und 1816***(**1817**)이 집필된다. 이 저작에서 헤겔은 뷔르템베르크 왕국의 의회를 둘러싼 논쟁에 개입하려고 시도한다. 대의원들은 국왕이 제안한 헌법 초안을 '훌륭한 옛 법'을 원용하여 기각시켰는데, 헤겔은 대의원들의 이런 입장이 더 이상 지지받을 수 없다는 점을 논증하려고 했다.

헤겔의 『엔치클로페디』가 나온 것도 역시 1817년 하이델베르크에서이다. 이 저서는 논리학, 자연철학, 정신철학이라는 세 부분으로 구성되어 있는 헤겔의 철학 체계이다. 이 체계는 개념적 파악에 최고 수준의 요구를 제기하는데, 그 까닭은 이 체계가 근원철학적이면서 또한 해방철학적으로 (그리고 또한 이 두 가지 가능성의 통합으로) 파악될 수 있기 때문이다. 근원철학적 관점에서 독해하면 '논리학'은 자신을 자연 속으로 외화外化하고 인간으로 하여금 역사 속에서 절대자에 대한 지知를 획득하도록 하는 신의 순수 사상 내지 이념들을 다룬다. 반면에 해방이론적 관점에서는 '논리학'의 신이 어떤 초월적인 (그리고 항상 초월적으로 남는) 근원이 아니다. 오히려 신은 자연과 인간 정신의 발전과 더불어 스스로가 비로소 자기 자신에 대한 지에 도달할 수 있도록 자신을 자연과 역사 속으로 외화 '해야만' 한다.

헤겔은 이미 하이델베르크 강의(1817/18년)와 베를린 강의(1818/19 및 1819/20년)에서 그 유명한 1821년 『법철학』의 골격을 짜는 체계를 마련했다. (1821년의 『법철학』 이외에도 같은 주제를 다루는 헤겔의 강의록들이 모두 6권 출판되어 있다. 참고 문헌 목록을 참조할 것.) 예나 시기의 초고들과 비교해 볼 때, 헤겔이 1817년 이후로 고전적 자연법의 틀을 근대적 주체성을 위해 개방시키는 데에 성공한다는 점은 커다란 발전이다.

『법철학』은 프랑스혁명 및 시민 사회와 더불어 근대적 자유가 도달한 수준을 그 단초로 삼는다. 『법철학』의 토대는 '자유 의지'이다. '법적 인격자'의 의지는 사물에서 자유의 외적 현존재를 갖는다.('추상법' Abstraktes Recht) 도덕적 '주체'의 의지는 자기 안에서 자유롭다.('도덕성' Moralität) 그리고 마지막으로 '가족'의 구성원이기도 하고 '시민 사회'의 시민이기도 하며 '국가'의 공민이기도 한 인륜적 의지는 내면적으로도 자유롭고 또 자신의 자유로운 자기의식을 재인식할 수 있는 제도들에서 자신의 현존재를 갖는다.('인륜성' Sittlichkeit)

『법철학』의 구조

헤겔의 『법철학』은 고전적 자연법을 혁신한다.(J. Ritter, M. Riedel) 헤겔은 낡은 '가정' *oikos* 이론을 해체하여 시민 사회와 국민경제학 내지 국가경제학이라는 새로운 학문을 위한 자리를 마련

목차	자유 의지	자연
	추상법	
소유 계약 불법	사물에서 자유의 외적 현존재를 갖는 '법적 인격자'	외적 자연의 사물화
	도덕성	
기도企圖와 책임 의도와 복지 선과 양심	내면적으로 자유로우면서 보편적인 기도와 의도와 선을 실현시키고자 하는 주체	내적 자연의 도덕화
	인륜성	
가족 시민 사회 국가	자기의식으로서 내면적으로도 자유롭고 자유 의지에 부합하는 제도의 현실 속에서도 자유로운 가족 구성원과 사적 시민bourgeois과 국가 공민citoyen	'제2의 자연'으로서의 자유

한다. (그는 청년기부터 이를테면 스튜어트J. D. Steuart 같은 사람의 정치경제학을 연구했다. 『법철학』에서는 누구보다도 스미스A. Smith, 세B. Say, 리카도D. Ricardo 같은 고전파 경제학자들이 거론된다.) '가정'의 자리에 더 이상 일차적으로 경제에 기초를 두지 않고 사랑에 기반을 둔 정서적 (소小) '가족'이 들어선다. 인륜성 *ethos*의 오래된 통일체는 '도덕성'과 '인륜성'으로 분리된다. 근대의 인륜적 삶은 도덕성의 요구 주장과 조화를 이룰 수 있어야 하기 때문이다. 마지막으로 헤겔은 '시민 사회'의 영역과 '국가'의 영역을 구별함으로써 사회와 국가의 전통적 통일을 해체한 최초의 사상가가 된다. 이런 구별은 아마도 근대적 자유의 가장 중요한 전제조건일 터인데, 헤겔이 바로 이 점을 사유한 것이다.

『법철학』에서 '추상법'과 '도덕성'은 일차적으로 비판적이고 예비학적인 기능을 가지고 있다. 이에 관한 장들에서는 국가학이기도 한 자연법의 근거가 근대적 자연법의 길을 따라서는 마련되지 못한다는 점이 논증된다. 헤겔에 의하면 소유와 계약과 법은 (이를테면 로크의 『통치론』 제2권에서는 이런 것들이 정치의 기반이 되는데) 자연법의 충분한 정초가 되지 못하며, 또한 (칸트적 의미에서의) '도덕성'을 통해서도 공동생활을 위한 충분한 토대가 발견되지 않는다. 『법철학』에서 각각의 상위 영역들은 하위 영역들의 가능성의 조건이 된다. 따라서 이 저서에서 논증이 진행되는 방식은 법의 근거가 도덕성 없이는 (또는 칸트식으로 말한다면, 합법성의 근거가 도덕성 없이는) 마련되지 못하고 또 법과 도덕성은 공히 인륜성 없이는 그 근거가 마련되지 못한다는 점을 말해준다.

헤겔이 얼마만큼 근대적 법과 근대적 도덕을 인륜성으로 '지양'

하는 데에 성공했는가라는 문제는 『법철학』이 출판된 이후로 줄곧 정치적 논쟁과 철학적 논쟁의 대상이 되어왔다. 그런데 이렇게 논쟁이 벌어진 데에는 역사적인 이유도 있고 체계적인 이유도 있다.

이 논쟁의 역사적 이유는 『법철학』의 출판 연도와 관련되어 있다. 이 저서는 카를스바트Karlsbad 결의(1819년에 메테르니히의 주도 아래 통과된, 자유주의 운동을 탄압하는 결의안) 이후에 반동정치가 한창 기승을 부리던 시기인 1821년에 출판되었다. 그리고 『법철학』에 "프로이센의 반동 정신이 깃들여 있다"(R. Haym)고 보는 것은 19세기의 자유주의자들과 좌파 헤겔주의자들이 공유한 일반적인 관점이었다. 마르크스나 루게A. Ruge 같은 헤겔 좌파는 헤겔이 프로이센(또는 현존하는 것 일반)에 '순응'했다고 힐난했다. 이러한 해석에 대해서는 헤겔 스스로가 『법철학』의 서문에서 그 빌미를 주었다. 이곳에서 그는 '당위'와 '요청'에 대해 전반적으로 그리고 특히 바르트부르크Wartburg 축제에서 행한 연설로 이미 교수 직위에서 해임당한 프리스J. F. Fries에 대해 논박한다. 철학은 세계에 교훈을 주는 데에는 늘 뒤늦다는 것이다. "미네르바Minerva의 올빼미는 황혼이 깃들 무렵에야 비로소 비상하기 시작한다." 이성의 현재를 찬양하는 다음의 구절이 『법철학』의 표어가 된다. "이성적인 것이 곧 현실적이며, 현실적인 것이 곧 이성적이다."

이와 같은 서문은 『법철학』을 현존하는 것에 대한 철학적 축복과 한낱 퇴행적 파악('과거주의' Passatismus)의 기록물로 간주하는 해석을 조장한다. 그러나 서문이 곧 저작 자체는 아니며, 몇몇 개별적인 문장들로 헤겔의 사유 체계 전체가 큰 영향을 받는 것도 아니다. 게다가 『법철학』의 표어와 관련해서는 앞서 인용한 문장과는 전혀 다른 표현들(예컨대 현실적인 것은 이성적으로 '된다' 같은 문장)도 발견된다. 오늘날 우리는 헤겔이 프로이센이나 현존하는 것에 순응했다는 비난 자체가 하나의 전설에 불과하다는 사실을 알고 있다.

『법철학』은 프로이센이나 현존하는 것을 찬양하지 않는다. 이 저서가 찬양하는 것이 있다면, 그것은 근대 국가 그리고 일정 정도 내에서 시민 사회이다. 헤겔은 청년기부터 인륜적 세계 속으로 시민 사회가 침투하는 현상을 개념적으로 파악하려고 시도했다. 이미 19세기에 자유주의적인 헤겔 연구가인 로젠크란츠K. Rosenkranz는 헤겔적 국가와 당시의 프로이센 사이의 몇 가지 명백한 차이점들을 다음과 같이 명시했다.

당시에 프로이센은 입헌 국가가 아니었다. 프로이센에는 사법司法의 공개성과 구두 진술이 존재하지 않았고, 언론의 자유나 법 앞에서 시민의 평등, 입법과 조세 가결에 민중의 참여도 존재하지 않았다.—그런데 헤겔은 이 모든 것을 철학적으로 필수적인 사항이라고 요구한다.

『법철학』은 프로이센 국가의 모사물이 되고자 하지 않았다. 오히려 이 저서는 근대 국가état modern, modern state를 구성하는 본질과 원리가 무엇인지를 개념화하려고 했다. 물론 이때 헤겔의 논증 방식이 이례적으로 독특하긴 하다. 왜냐하면 헤겔의 『법철학』은 로크에서부터 칸트에 이르기까지 결정적인 역할을 했던 전형적인 자유주의적 논거 방식을 취하지 않고도 자유주의와 근대적 자유의 성과들을 추수하려고 하기 때문이다.

헤겔은 계약을 한낱 사법私法의 도구이자 "자의적인 사항"에 관한 타결에 불과한 것으로 간주하기 때문에 사회계약론을 거부한다.(『법철학』, § 75 A) 근대의 이론들이 자연 상태라는 가설에서 출발하는 것도 그는 비판한다. 헤겔에게 자연 상태라는 허구는 순환 논증적이고 비역사적인 것이다. 그리고 궁극적으로는 국가로부터 개인의 경계를 설정하는 대신에 근대에서도 다시금 공동체 속에서 자유를 구하는 그런 정치 이념이 들어서야 한다.

이에 따라 근대법과 근대 시민 사회는 이중적 의미를 지닌 지위를 갖는다. 그것들은 한편으로는 인정을 받지만, 다른 한편으로는 스스로 자신을 주장하거나 안정화시키지 못하기 때문에 상대화된다. 헤겔은 근대적 인권을 인정한다. 인간이 인간의 가치와 권리를 지니는 것은 "그가 인간이기 때문이지, 유대교도라거나 가톨릭교도라거나 개신교도라거나 독일인이라거나 이탈리아인이라거나 등등의 이유 때문이 아니다."(『법철학』, § 209 A) 시민 사회는 인간을 출신의 구속으로부터 해방시켰다. 그것은 인간을 인간으로서 자유롭고 평등하게 만들었다. 그러나 동시에 시민 사회는 인간을 경제적 기본 단위로, 즉 가족도 출신도 종교도 민족도 결여한 한낱 노동 존재로 환원시킬 위험을 안고 있다. 시민 사회에서 인간에 대한 승인은 한낱 형식적이고 추상적인 승인에 머문다. 헤겔이 『법철학』 안의 유명한 절들에서 보여주듯이 시민 사회는 자신이 안고 있는 빈부의 문제를 극복할 수 있는 능력이 없다.(『법철학』, §§ 242~246) 시민 사회는 이 문제를 해결하기는커녕 세계를 세계 사회로 만듦으로써 전 세계로 퍼트린다.(『법철학』, §§ 246~248)

헤겔은 근대적 자유를 정초하면서 시민 사회의 사적 시민이 이미 사회적 삶 속에서 인륜화될 것을 요구한다. 헤겔에 의하면 사적 시민을 국가 공민으로 미리 양성하는 것이 교육과 종교와 '직업 단체'에 부과된 과제이다. 시민 사회에서 준동하는 자의적 자유는 이를 통해 본래 바라던 진정한 자유의 형식으로 전환될 채비를 갖추어야 한다. 헤겔에 따르면 진정한 자유는 '타자 속에서 자유롭게 자기 자신에게 있음' **freies Bei-Sich-Selbst-Sein im anderen**이다. 이런 자유는 경계 짓기가 아니라 공동성을 추구하며, 타자가 자신의 자유의 제약이 아니라 자신의 자유의 조건이자 성취로 경험되는 그런 공동체 속에서 실현된다.

이런 수준 높은 기획과 비교할 때 헤겔의 국가론이 구체적으로 전개되면서 제시되는 내용과 논증 방식은 몇 가지 결함을 보여준다. 배심 재판소(『법철학』, § 220(§ 227)), 사법司法의 공개성(§ 221(§ 224)), 법정주의(§ 221), 유대인 해방과 종파에 대한 관용(§ 270), 입헌 군주제(§§ 273, 277, 278(279))와 같은 근대법을 인정하면서도, 심지어 '장자 상속제'까지도 유지시키는 신분제 사회가 이에 맞서 등장한다. 군주제와 권력분립은 실용적인 이유에서가 아니라 사변적인 근거에서 정당화된다. 즉 군주제는 신학 · 정치적으로(그리스도론적으로) 정당화되며, 권력분립은 필요한 권력 통제에 의해서가 아니라 헤겔적 개념 자체의 삼분법에 의해서 정당화된다. 여기에서는 형이상학이 실용적 이성보다 우위를 차지하는 것이다.

많은 사람들에게 『법철학』의 결론부도 거부감을 불러일으키는 걸림돌이 된다. '대외적 국권(국제법)'의 장에서 헤겔은 칸트의 '영구평화론'과 국제 연맹의 이념을 비판한다. 국가와 국가 사이에는 '대법관'이 존재하지 않으며, 국가 연맹이 맺어지기 위해서는 주권

국가들의 자발적이고 '우연한' 동의가 전제되어야 한다는 것이다.(『법철학』, § 333 A) 헤겔은 주권의 일부인 전쟁권*ius ad bellum*을 국가에 부여하는 데에 그치지 않는다. 더 나아가 그는 전쟁을 부르주아의 생존을 뒤흔드는 것이라고 칭송하고, 이를 "전쟁이 지닌 인륜적 계기"로 본다.(『법철학』, § 324 A) 하지만 최고의 권리는 '세계 정신'이 가진 권리이다. 『법철학』은 세계사를 조망하면서 종결된다. 헤겔에게서 세계사는 시대를 만드는 각각의 민족들과 (알렉산더Alexander라든지 카이사르 같은) 세계사적 개인들에 의해, 그리고 무엇보다도 주체들의 '배후에서' 자유의 진보로 이끄는 '이성의 간지奸智'에 의해 만들어진다.

이런 『법철학』의 결말부를 (뢰슬러C. Rössler나 라송A. Lasson 같은) 비스마르크O. E. L. von Bismarck 시대의 헤겔주의자들은 '민족적 권력 국가'를 정당화하는 논거로 이해했으며, 헤르만 헬러Hermann Heller 같은 자유주의적 헤겔 비판가들 역시 같은 논지로 헤겔을 비판했다. 『법철학』의 결말부가 심각한 물음들을 제기한다는 사실은 의심할 여지가 없다. 세계사는 "세계 법정"이 되는데(『법철학』, § 340), 이와 관련하여 헤겔의 역사철학이 일종의 역사주의가 아닌가라는 의문이 제기된다. 그러나 칸트 철학과 헤겔 철학의 차이가 사람들이 종종 주장하는 것보다는 기실 적을 수 있다. 칸트와 헤겔, 이 두 철학자는 근본적으로 고전적인 주권론을 견지한다. 양자 모두 굽은 선 위에다 곧게 진보라고 쓰려는 역사철학을 가지고 정치학의 기초를 세운다. 또한 양자 모두 역사를 목적론적으로 사고하며, 양자 모두—칸트의 경우에는 '자연의 의도'가, 헤겔의 경우에는 '이성의 간지'가 조정하는—역사의 운행을 신뢰한다. 국제 연맹과 평화에 대한 상이한 학설이 짐작케 하는 것보다 칸트의 '철학적' 천년왕국설과 헤겔의 역사철학이라는 형식의 신정론神正論은 훨씬 더 서로 가까이 서 있다.

마지막으로 헤겔의 최후 출판물인 「영국의 선거법 개정안에 대하여」(1831)에 관해 간략하게나마 언급해보자. 이 논문은 영국의 대의제가 안고 있는 심각한 불균형을 제거하고자 시도하는 선거법 개정안을 둘러싼 논쟁을 다룬다. 이 논문을 통해 헤겔은 다시 한 번 프로이센에만 그 시각을 국한시키지 않고 유럽의 '근대 국가'의 발전에 대해 지대한 관심을 가지고 있음을 기록으로 보여준다.

Ⅲ. 영향사

헤겔의 정치철학이 가진 영향력은 엄청나다. 헤겔 학파가 처음에는 신학적 논쟁 문제로 갈라졌는데, 이를 계기로 다비드 프리드리히 슈트라우스David Friedrich Strauß(1835)는 헤겔 학파를 헤겔 좌파와 헤겔 우파로 분류했다. 반면에 1840년 이후에는 헤겔 저작이 지닌 신학·정치적 의미가 논쟁거리가 되었다. 헤겔 좌파는 신학적이자 동시에 정치적인 해방 정책의 극단적인 귀결로 점점 더 나아갔다. 포이어바흐L. Feuerbach는 종교적 소외에 대한 비판을 자연주의 및 인간신론Anthropotheismus과 결합시켰다. 마르크스는 헤겔을 '발 위로 머리 세우기'(전도시켜 똑바로 세우기) 원했고, 헤겔 철학에 맞서 무신론과 해방이 서로를 동반하는 '비판이론'을 발전시켰다. 헤겔 좌파는 좌파 자유주의(루게)에서 시작하여 공산주의(마르크스, 엥겔스F. Engels)와 무정부주의(슈티르너M. Stirner,

바쿠닌M. A. Bakunin)에 이르기까지 점점 더 극단적인 입장으로 치닫게 되었다. 그런데 헤겔의 정치철학은 사회 민주주의(라살레F. Lassalle)에도 영향을 주었다. 초기 좌파 헤겔주의가 지녔던 몇몇 요소들은 20세기에 들어서 블로흐E. Bloch, 루카치, 마르쿠제H. Marcuse와 프랑크푸르트 학파의 '비판이론'에서 되살아난다.

19세기의 헤겔 우파는 에르트만J. E. Erdmann 같은 프로이센의 보수주의자이거나 뢰슬러와 라송 같은 비스마르크-헤겔주의자였다. 더 나아가 나치즘과 파시즘도 헤겔을 징발하여 이용했다. 그렇지만 헤겔을 민족적 권력국가론의 창시자로 보거나(헬러) 전체주의의 선구자로 보는(포퍼K. R. Popper) 자유주의적 비판은 헤겔 철학을 우파 헤겔주의 자체와 혼동하는 데에서 기인한다.

과거에는 종종 헤겔 우파와 헤겔 좌파 이외에도 이미 19세기에 헤겔 중도파가 존재했었다는 사실이 간과되곤 했다. 19세기의 헤겔 중도파는 로젠크란츠, 미슐레K. L. Michelet, 힌리히스H. F. W. Hinrichs 등과 같은 인물들로 구현된다. 오늘날 헤겔 중도파는 가장 영향력이 큰 헤겔 학파를 형성하고 있다. 그들은 헤겔을 근대국가 및 근대 일반의 문제들과 연결시킨다. 이런 해석 방향을 대표하는 연구자로는 프랑스에서는 에릭 베유Eric Weil가 있고, 영어권에서는 아비네리S. Avineri와 테일러Ch. Taylor가 있으며, 독일에서는 요아힘 리터Joachim Ritter와 그 제자들이 있다.

(정치적 관점에서 본) 헤겔 학파

목차	자유 의지	자연
Eduard Gans (1797~1839) Arnold Ruge (1802~1880) Ludwig Feuerbach (1804~1872) Max Stirner(1806~1856) Bruno Bauer (1809~1882) Moses Hess(1812~1875) Karl Marx(1818~1883) Friedrich Engels (1820~1895) Ferdinand Lassalle (1825~1864) Ernst Bloch(1885~1977) Georg Lukács (1885~1971) Alexandre Kojève (1900~1968) 프랑크푸르트 학파 (Max Horkheimer[1895~1973], Theodor W. Adorno[1903~1969] 등)	Hermann F. W. Hinrichs(1794~1861) Karl Ludwig Michelet (1801~1893) Karl Rosenkranz (1805~1879) Joachim Ritter (1903~1974) 리터 학파에서: Hermann Lübbe (1926~) Günter Rohrmoser(1927~) Odo Marquard (1928~) 등	Johann Eduard Erdmann(1805~1892) Constantin Rössler (1820~1896) Adolf Lasson (1832~1917) Julius Binder (1870~1939) Theodor L. Haering (1884~1964) Gerhard Dulckeit (1904~1954) Karl Larenz (1908~1985)

–헤닝 오트만 Henning Ottmann

알렉시스 드 토크빌
Alexis de Tocqueville(1805~1859)

– 연대표 –

1805년	7월 29일 파리에서 유서 깊은 노르만 귀족 가문의 아들로 샤를 알렉시스 클레렐 드 토크빌 Charles Alexis Clérel de Tocqueville 출생.
1820~23년	메스Metz 중학교에 재학.
1823~26년	파리에서 법학을 전공.
1826~27년	이탈리아 여행.
1827년	베르사유 법원의 보조판사Juge-auditeur로 임명됨.
1828~30년	프랑수아 기조François Guizot 곁에서 『유럽문명사』*Histoire de la Civilisation en Europa*를 강연.
1830년	7월혁명 군주정에 충성 서약을 함.
1831~32년	귀스타브 드 보몽Gustave de Beaumont과 함께 미합중국 여행.
1833년	『미국의 교도행정 체제와 그 체제의 프랑스 내 적용 여부』*Du système pénitentiaire aux États-Unis et de son application en France* 출판.
1832~35년	『미국의 민주주의』*De la Démocratie en Amerique* 제1권 집필 작업. 첫 번째 영국 여행.
1835년	『미국의 민주주의』 제1권(*DA I*로 표기) 출판. 두 번째 영국 여행. 시민 계급 출신의 영국 여성인 메리 모틀리Mary Mottley와 결혼.
1836년	「1789년 이전과 이후 프랑스의 사회 · 정치적

	질서」*De l'état social et politique de la France avant et après* 발표. 스위스 여행.
1838년	도덕 정치학 아카데미Académie des Sciences morales et politiques의 회원으로 선출됨.
1839년	발로뉴Valognes 군의 대의원으로 활동.
1840년	『미국의 민주주의』 제2권(*DA II*로 표기) 출판.
1841년	프랑스 아카데미의 회원으로 선출됨. 첫 번째 알제리 여행.
1846년	두 번째 알제리 여행.
1848년	제헌 국회의 의원.
1849년	외무장관으로 임명됨. 첫 번째 독일 여행.
1850~51년	『회상』Souvenirs 집필. 쿠데타가 일어난 후 정치 이력을 마감함.
1852년	『앙시앵 레짐과 프랑스혁명』*L'Ancien Régime et la Révolution*의 집필을 위한 자료 연구.
1854년	두 번째 독일 여행.
1856년	『앙시앵 레짐과 프랑스 혁명』(*AR*로 표기) 출판.
1857년	마지막 영국 여행.
1859년	4월 16일 칸Cannes에서 사망.

알렉시스 드 토크빌은 이미 생전에 정치사상의 거장이 되었다. 그의 정치학이 지닌 새로운 면과 획기적인 면은 다 헤아릴 수 없을 정도이다. 존 스튜어트 밀**John Stuart Mill**은 토크빌을 근대 대의제 헌정의 첫째가는 이론가라고 찬양했으며, 루아예-콜라르**P. P. Royer-Collard**도 "토크빌은 **19**세기의 몽테스키외이다"라고 단언했다. 명성과 망각 사이에서 부침하는 영향사를 거친 후에 오늘날 토크빌은 다시금 이론의 여지없이 정치사상의 거장 반열에 속하게 되었다. 민주주의의 미래에 관한 그의 명제들은 오늘날 그 어느 때보다도 시의성을 지니고 있는 것처럼 보인다. 그가 제기한 물음은 여전히 우리들 자신의 물음인 것이다.

Ⅰ. 미국의 민주주의

1835년에 『미국의 민주주의』 제**1**권이 파리에서 출판되었는데, 이 책은 이제 막 **30**세가 된 저자를 단번에 유명 인사로 만들었다. 그로부터 **5**년 전에 토크빌은 그의 친구인 귀스타브 드 보몽과 함께 미합중국으로 여행을 떠났다. 이 두 법률가는 정부의 위탁으로 미국의 교도행정 체제에 관해 조사하는 임무를 띠고 있었다. 이 여행의 배경에는 가정환경과 프랑스의 정치 상황에 대한 저항만이 아니라 그 이상의 것이 놓여 있었다. 실은 이론적 의도가 여행의 주된 동기였던 것이다. 그리고 **9**개월에 걸친 미국 여행에 대한 성찰은 실로 정치 이념사의 지형과 연대기를 혁명적으로 변화시켰다. **18**세기의 철학자들은 미국을 자연 상태의 실례로 내세우며, 그곳에서 구세계의 과거를 찾으려고 했다. **1789**년의 혁명 이후에 프랑스의 자유주의자들은 영국의 헌정Constitution de l'Angleterre에서 근대 공화정의 표본을 연구할 목적으로 영국에 주목했다. 토크빌은 이와 달랐다. 그가 새로운 지평을 연 것이다. 프랑스 귀족의 몰락과 더불어 영국의 혼합적 헌정에서 볼 수 있었던 귀족정과 민주정의 통일은 설득력을 잃게 되었다. 민주주의의 진리는 신세계에 있다. 미국은 유럽의 과거가 아니라 그 미래이다. 그곳에서는 근대 민주주의의 본질과 민주주의가 진정한 문화로 거침없이 부상하는 현상이 목격된다. 토크빌은 여행에 나서기 전에 이미 미국에서 무엇이 그를 기다리는지를 알고 있었음이 분명하다. 1835년에 그는 "이제 여기에서 제시하는 것의 일부를 나는 약 10년 전부터 쭉 숙고해왔다"고 확언한다.

> 내가 미국에 간 것은 다만 이 점에 대해 분명함을 얻기 위해서였다. 교도행정 제도는 구실에 불과했고, 나는 이를 미합중국에서 어디에나 들어갈 수 있도록 해주는 여권으로 이용했을 뿐이다.(*OC* XIII 2, 373)

새로운 지평, 미국

토크빌은 미국을 민주주의의 원형으로 파악했다. 미국은 민주주의의 자연 발생적 전개를 위해 존재한다는 것이다. 미국인들은 자유롭게 태어났다. 그들은 낡은 위계질서를 타파하기 위한 혁명을 일으키려고 굳이 애쓰지 않아도 된다. 민주주의와 조건의 평등을 향해서 차분히 발전하는 데에 방해가 될 만한 것은 분명 아무것도 없다. 토크빌에게 민주주의는 하나의 국가 형태 이상의 의미를 지니고 있다. 그는 이 개념을 가능한 한 넓은 의미로 사용한다. 민주주의는 두 가지를 나타낸다. 첫째로 그것은 조건의 평등이 지배하는 사회 상태를 뜻한다. 둘째로 그것은 민중의 주권에 기반을 둔 정치 제도를 뜻한다. 바로 이 두 가지가 미합중국에서 모범적으로 구현되어 있는 것이다. "미합중국에 체류하는 동안에 나의 주의를 끈 새로운 현상들 중에서 사회적 조건의 평등만큼 내 시선을 강하게 사로잡은 것은 없다."(*DA* I, 9) 『미국의 민주주의』를 통해 그는 '근대 문화는 조건의 평등**égalité des conditions**이라는 법칙 아래 있다'는 역사철학적 명제를 과감하게 제기한다. 이 명제는 나중에 토크빌이 유럽 역사를 고찰할 때에도 입증된다.

그러므로 조건의 평등을 향한 점진적인 발전은 신의 섭리가 낳은 작품이다. 그것은 섭리가 보여주는 특징을 담고 있고, 보편적이고 지속적이며, 나날이 인간의 힘에서 벗어나고 있다. 일어나는 사건이건 인간이건 모두 그것의 발전에 이바지한다.(*DA I*, 14)

레이몽 아롱**Raymond Aron**에 따르면 우리는 미국 사회를 다루는 토크빌의 사회학에서 몽테스키외를 상기시키고 막스 베버를 선취하는 두 가지 상이한 방법을 식별할 수 있다. 우선 『미국의 민주주의』 제1권은 미국 민주주의의 독특성 및 미국의 특수한 정신을 파악하려고 시도한다. 반면에 제2권에서는 미국의 사례가 배후로 물러난다. 여기서 논제가 되는 것은 민주주의의 이념형을 보편화하여 규정하는 일이다. 토크빌은 귀족 사회와 민주 사회를 서로 대비시켜 맞세운다. 이를 통해 앙시앵 레짐의 상황이 계속 현시된다. 『미국의 민주주의』 제1권은 동시대인들로부터 크게 주목받았다. 이 책은 미국의 헌정 현실에 대한 고전적인 교본으로 간주되었다. 반면에 제2권은 그리 큰 성공을 거두지 못했다. 이 책은 너무 추상적이고 철학적으로 보였다. 그러나 바로 이런 성찰이 토크빌에게 근대 민주주의의 분석가이자 비판자라는 명성을 가져다 준 근거가 되었다.

불가피한 모험, 민주주의

『미국의 민주주의』 제1권은 미합중국의 정치 생활을 긍정적인 모습으로 그린다. 이 책은 정치 제도의 골격과 기능을 묘사하고 민주적 인간의 골상학骨相學을 기획한다. 미국인들은 이 책을 민주주의적 사회 상태가 지닌 욕구들에 정치 체제를 맞추려는 시도로 이해했다. 주권재민의 원리는 연맹 국가들의 연방에서부터 지역의 자치 공동체에 이르기까지 사회의 모든 층위에서 효력을 가진다. 종교와 관습은 정치가 제기하는 과도한 요구 주장에 한계를 설정한다. 사회단체들은 그 다양성과 생동성을 통해 국가에 대한 사회의 독립성을 보장한다. 토크빌은 군구郡區townships를 온갖 종류의 고유한 이해 관심을 가진 개인들을 공동체와 묶어주는 정치적 자유의 학습 장소라고 찬양한다. 바로 이곳에서 그는 유럽의 계몽주의자와 혁명가들이 쟁취하려고 그토록 격렬하게 투쟁했던 고대적 자유와 근대적 자유의 평형을 발견한다. 벵자맹 콩스탕Benjamin Constant은 고전적인 방식으로 고대의 자유와 근대의 자유를 구분하고서는 개인의 자유와 프라이버시를 요구했다. 반면에 토크빌은 부정적 자유와 정치적 참여 사이의 균형을 찾으려고 애쓰면서 그와 같은 편파성을 바로 잡는다. 근대적 자유란 자율과 존엄에 대한 인간의 권리이고, 그런 자유는 시민의 정치적 자유에서 비로소 완성된다. 루소가 고대적 폴리스에서 이런 조화를 꿈꾸었다면, 토크빌은 미국에서 그 두 가지 자유의 제도적 종합을 보았다. 참여를 향한 민주주의적 욕구는 지역 자치를 통해 충족되고, 부정적 자유를 향한 자유주의적 요구는 국가 헌법을 통해 성취된다. 시에예스에서 콩스탕을 거쳐 기조에 이르는 프랑스 자유주의자들이 그토록 오랫동안 갈구하던 근대 정체**gouvernement des modernes**가 마침내 신세계에서 구현된 듯이 보인다. 넓은 영토를 가진 근대 국가에서 공화정이 실현될 가능성이 『미국의 민주주의』를 통해 입증된 것이다.

이에 반해 『미국의 민주주의』 제2권에서는 토크빌의 회의가 노정된다. 여기에서 그는 민주주의가 이룩한 성과와 함께 이제 민주주의 시대가 안고 있는 위험과 탈선도 거론한다. 비록 조건의 평등이라는 법칙이 정치 체제로서의 귀족정과 이를 통한 앙시앵 레짐으로의 회귀를 저지하고 있기는 하지만, 그것이 결코 역사의 긍정적인 민주주의적 결말을 보장해주지는 않는다. 평등을 향한 보편적 열정이 무조건 자유 의식에서의 진보를 야기하는 것은 아니다. 자유냐 야만이냐, 자유 민주주의냐 근대적 전제주의냐 하는 것은 신의 섭리가 보장해주지 않는 평등의 시대에 우리에게 맡겨진 양자택일이다.

무엇보다도 민주 사회가 행정의 중앙 집권제를 향해 치닫는 경향이 우려스러워 보인다. 민주주의는 정치 참여를 통해 시민들을 실존적으로 공동체에 결합시킬 때에만 이런 위험에 대처할 수 있다. 하지만 개인주의에 물든 민주적 인간이 과연 이런 결합을 이루어낼 수 있고 또 이를 원하는지는 의문스럽게 보인다. 토크빌은 시장과 자기 이익에 집중된 시민 사회가 안고 있는 어두운 면을 드러낸다. 평등의 조건 아래에서도 시민의 삶이 불안정하고 차이를 위해 항구적으로 투쟁하는 상황 속에서는 계몽된 이기주의가 사회적 결속을 맺기에 역부족이라는 사실이 명백하다. 지속적인 유동성 속에서 민주 사회는 균등화와 침체의 위협을 받고 있다. 토크빌은 혁명적 공민citoyen보다는 시민bourgeois의 분주함을 훨씬 더 두려워했다. 시민들의 정치적 무관심에 새로운 자의적 폭정, 다시 말해 평등한 대중 사회의 부드러운 전제주의라는 위험이 도사리고 있다. 한 눈으로는 미국을 바라보고 다른 한 눈으로는 프랑스를 바라보며 민주주의의 미래에 대해 숙고하면서 토크빌은 우울함에 사로잡힌다. 부르주아지의 자족성은 심지어 혁명적 동요에 대한 동경을 불러일으키기까지 한다. 민주주의 시대에도 분명 혁명이 필요하다. 프랑스에서 공화정조차도 혁명을 종식시킬 수 없다는 사실이 밝혀진다는 것—이것이 귀족 출신의 한 자유주의자가 내린 놀라운 결론이다.

II. 프랑스의 민주주의

토크빌은 초기에 문필가로서 경력을 쌓고 나서 정치에 적극적으로 투신한다. 1839년에는 발로뉴 군의 대의원이 되고, 1848년에는 국회의원으로 선출되며, 얼마 후 나폴레옹 3세Charles-Louis-Napoléon Bonaparte 치하에서는 외무장관에 임명되기도 한다. 하지만 그에게 정치적 성공은 허락되지 않았다. 정치에 실망하고 스스로 현실을 조성할 수 있다는 환상이 깨어진 후에 그는 다시금 지적인 연구 계획에 몰두한다. 그는 미국 민주주의의 정치적 사회학자에서 프랑스혁명의 역사학자로 변신한다. 2년 동안 토크빌은 봉건 사회와 프랑스혁명에 관한 문헌들을 발굴하고 연구한다. 그는 이 연구 결과를 1856년에 『앙시앵 레짐과 프랑스혁명』이라는 저서로 내놓는다. 이 책을 통해 그는 이제 두 번째로 정치사상의 거장으로 등극한다.

혁명과 민주주의

토크빌은 결코 엄밀한 의미에서의 역사학자가 아니었다. 그는 사건의 연대기보다는 혁명의 역사적 의미에 대한 해석과 거기에서 작동되는 사회 변동의 논리에 훨씬 더 많은 관심을 가졌다. 그는 프랑스혁명을 근대 시민 세계의 발전이라는 맥락에서 바라본다. 프랑스가 민주주의를 향해 나아가는 특수한 길이 그의 주제이다. 미국에서는 민주주의가 말하자면 자연적인 진행을 거치는 반면, 프랑스에서는 혁명이 민주 사회의 시작을 알려준다. 하지만 토크빌은 급진적 변혁이라는 혁명 이데올로기를 신뢰하지 않는다. 민주 사회는 결코 홉스나 루소의 사회계약론이 상정하듯이 무無로부터의 창조물 *creatio ex nihilo*이 아니다. 민주 사회의 근원은 오히려 앙시앵 레짐 사회에 있다.

『미국의 민주주의』와 마찬가지로 토크빌의 두 번째 저작도 그의 후기 탐구들이 입증해주는 한 가지 직관으로부터 그 생명력을 얻는다. 그는 30대 중반에 벌써 프랑스의 정치 상황에 관해 발언한다. 1836년에 그는 존 스튜어트 밀이 편집한 『런던 앤드 웨스트민스터 리뷰』*London and Westminster Review*에 「1789년 이전과 이후 프랑스의 사회 · 정치적 질서」를 기고한다. 이 짤막한 에세이는 프랑스혁명을 다루는 후기의 역사서에서 주장하는 핵심 명제, 즉 낡은 제국과 새로운 공화국 사이의 숨은 연속성이라는 주장을 앞서 제기한다. 이 주장은 혁명이 새로운 프랑스를 창조해냈다는 전설을 파괴한다. 1836년의 저작에서는 귀족의 몰락이 전면에 내세워졌다면, 『앙시앵 레짐과 프랑스혁명』에서는 중앙 집중화가 주된 문제가 된다. 프랑스혁명의 유산을 파악하기 위해 토크빌은 앙시앵 레짐 사회를 사로잡힌 듯이 주시한다. 여기에서 혁명의 역사가 시작되고, 이미 여기에서 새로운 민주주의 질서를 본질적으로 규정하는 법칙이 작용한다는 것이다.

변화 속의 연속성

『앙시앵 레짐과 프랑스혁명』은 세 부분으로 구성되어 있다. 처음의 다섯 장은 스탈 부인에게서 시작하여 미네F. Mignet, 칼라일Th. Carlyle, 미슐레J. Michelet를 거쳐 루이 블랑Louis Blanc에까지 이르는 프랑스혁명에 대한 고전적 역사 서술가들과 비판적으로 대결하는 데에 할애된다. 토크빌은 프랑스혁명이 지닌 정치적 성격을 강조한다. 반反종교적 동인도 분명 개입되어 있었지만, 프랑스혁명은 근본적으로 봉건제의 철폐와 사회적 평등의 수립을 목표로 삼았다. 물론 프랑스혁명이 보편적 요구 주장을 함으로써 종교적 차원도 획득하기는 한다. 그러나 궁극적으로는 신생 공화국과 더불어 민주주의의 기원紀元이 시작되어야 하는 것이다.

이 저서의 제2권은 귀족주의 시대와 혁명 시대 사이에 숨은 연속성이 존재하게끔 만드는 중요 요인으로 행정적 및 정치적 중앙 집중화의 증대를 지적한다. 절대 왕정이 수세기 동안 공들여왔던 행정의 중앙 집권제는 프랑스혁명을 통해 제거되지 않고 지속된다. 또한 국가 주권에 관한 권리 주장도 혁명 정권에 의해 제한되기는 커녕 오히려 확대되었다. 자유와 평등과 형제애라는 명분 아래 그리고 민중의 보편 의지를 끌어들이면서 민주정의 주권자는 한층 더 큰 권한을 획득하게 되었다. 로베스피에르와 나폴레옹은 바로 이런 절대주의의 유산에서 자양분을 취한다. 혁명의 오래 되고 보편적인 원인들을 탐구하던 토크빌은 프랑스의 군주들이 민주주의와 조건의 평등을 위한 비밀 요원들임을 발견한다. 그들의 권력 증대는 앙시앵 레짐의 사회적 위계질서를 침식시키고 봉건제가 담당하던 정치적 기능을 점점 더 박탈했다. 군주정의 조건 아래에서 균등화와 민주화는 토크빌이 이미 혁명 전야의 프랑스 사회를 유럽에서 가장 민주적인 국가로 인식할 정도로 진척되었다. 사회 상황과 정치 체제가 서로 불균형 상태에 있었던 것이다.

제2권에서 보편적이고 장기적인 요인들이 검토된 후에, 제3권은 프랑스혁명의 특수하고 단기적인 원인들을 주제로 논한다. 그 중심에는 절대주의 시대의 막바지 국면에 나타난 이성과 정치 사이의 관계에 대한 물음이 있다. 토크빌에게 철학자들은 혁명의 선구자가 아니다. 루소에게도 볼테르에게도 그 책임을 물을 수 없다. 지식인들의 정치적 의미를 평가하기 위해서 토크빌은 일종의 계몽주의에 관한 지식사회학에 착수한다. 그는 귀족주의 사회에서 지적 엘리트들이 현실에 참여하고 영향을 주게 만드는 이유들을 탐구한다. 정치적 대의제가 부재하기 때문에 공중은 문필가들hommes de lettres에게서 주된 대변인을 찾게 된다. 그런데 일상 정치에 그리 익숙하지 않은 사유는 추상적일 수밖에 없어서 절대주의의 관행을 이상적 공화국을 향한 야심찬 요구와 대질시키곤 한다. 버크나 콩스탕과 마찬가지로 토크빌도 계몽주의 사상에서 추상의 폭력을 발견한다. 비록 그가 프랑스혁명을 순수하게 지적 원인들을 가지고 설명하려는 시도를 배척하기는 하지만, 혁명 이념가들이 이룬 정치적 공헌을 강조한다. 관계 속에서의 연속성과 심성의 변화—이것이 앙시앵 레짐에서 민주주의로 이행할 때에 나타나는 고착과 변화의 변증법을 요약한 공식이다.(Furet 1978 참조)

『앙시앵 레짐과 프랑스혁명』에서 다루는 많은 부분들이 이미 1836년의 에세이 「1789년 이전과 이후 프랑스의 사회 · 정치적 질서」에서 발견된다. 그렇지만 이 후기 저작은 1836년의 에세이에 담겨 있던 통찰을 더 넓게 전개한 것에만 머물지 않는다. 이 저서는 사회 상황과 정치 제도의 의존 관계를 역전시킨다. 30년대의 글에서는 사회적인 것이 정치적인 것을 지배했었다. 미국의 평등사회가 민주정을 정치 질서로 요구했던 것이다. 1836년의 에세이는 이런 진단 결과를 프랑스에서도 확인한다. 귀족주의 사회는 국지적 지배로 이끄는 반면, 민주주의 사회는 중앙 행정으로 이끈다는 것이다. 1856년에는 토크빌이 다른 식으로 논변한다. 프랑스에서 지속되는 혁명을 경험한 후에 이제는 정치가 결정적인 요인이 된다. 이 후기의 혁명사에서는 사회적인 것에 대한 정치적인 것의 우선성이라는 이념이 약동한다.

토크빌의 유고遺稿는 그가 『앙시앵 레짐과 프랑스혁명』 이후에도 프랑스혁명에 관한 포괄적인 역사를 집필하는 작업을 했다는 기록을 보여준다. 여기에서 그는 다시금 봉건 사회의 말기에 집중하고, 본래 의도했던 프랑스혁명의 연대기 자체는 간략하게 다루고 만다. 그의 사유는 오늘날에도 역사학자들이 끊임없이 제기하는 다음과 같은 근본 물음을 축으로 삼는다. 1789년의 혁명은 절대주의의 조건 아래에서 계몽주의가 낳은 결실인가? 아니면 프랑스혁명은 낡은 세계와의 완전한 단절을 나타내는가? 철학적 성찰이건 혁명적 담론이건 토크빌에게는 모두 한 가지 동일한 연극이다. 그럼에도 불구하고 1789년은 마술적 사건으로 남는다. 자유가 정치 무대에 들어섰다는 사실은 은총의 상연이다. 신이 프랑스인들의 마음에 채비를 갖추게 하여 자유에 대한 숭고한 취향을 부여해준 것이다. 프랑스혁명은 수수께끼라는 사실이 다시 한 번 드러난다. "프랑스혁명에서 무엇이 설명되건 간에 그 정신과 행적에는 결코 설명이 불가능한 무엇인가가 있다."(*OC* XIII 2, 337)

Ⅲ. 오늘날의 민주주의

혁명에 대한 토크빌의 독해 방식 자체가 혁명적인 영향을 미쳤다. 그렇지만 그 모든 높은 평가와 인정에도 불구하고 비판이 없을 수는 없다. 우선 『앙시앵 레짐과 프랑스혁명』의 단편적인 특성과 균형 잡히지 않은 편성이 질책을 받는다. 그뿐만 아니라 절대주의의 역사에 대한 무관심도 지적되고, 다른 사람의 시대 구분을 차용한 것도 비판받는다. 더 나아가 어떤 사람들은 그가 이를테면 혁명과 외교 정책의 연관성이라든가 행정 중앙 집중제의 경험 자료 같은 결정적인 현상들을 암묵적으로 간과했다고 비난한다. 사회 변혁의 경제적 조건들도 단지 부수적으로 언급될 따름이다. 토크빌에 의하면 프랑스혁명은—이후 한나 아렌트의 명제와는 반대로—빈곤의 혁명이 아니라 희망의 혁명이다. 프랑스혁명의 사건들과 원리들을 서술하는 데에 맹점들도 눈에 띈다. 1793년의 공포 정치도, 또 인간과 시민의 권리 선언도 소홀하게 다루어진다.

토크빌의 과거

거장들에 대한 수용사는 명성과 망각 사이를 오가며 진행된다는 고유한 법칙을 따른다. 이 법칙은 토크빌의 경우에 유달리 타당하다. 미국의 민주주의와 프랑스의 혁명을 다룬 그의 저작들은 공화국의 정신적 판테온Pantheon에 이미 한 자리를 확보한 것처럼 보인다. 동시대인들은 그에게 분석가로서, 그보다 한층 더 민주주의의 비판자이자 경고자로서 그리고 프랑스가 근대로 가는 길의 연대기록자로서 높은 평가와 인정을 표했다. 구세계 유럽과 신세계 미국에서는 사람들이 무엇보다도 1835년의 미국 민주주의에 관한 서술을 높이 평가했다. 이 저서에서 미국은 자신을 재발견했으며, 유럽인에게는 이 저서가 신뢰할 만한 정치적 여행 안내서였다. 그러나 명성은 퇴색하기 마련이다. 프랑스의 제3공화국은 토크빌의 유산을 망각했다. 사회학과 정치학이라는 새로운 분과 학문들은 그의 저작들과 단지 경계를 지으면서 관련을 맺을 뿐이었다. 그의 저작들은 실증 학문의 전사前史로 분류되었고 수십 년 동안 거의 아무런 반향도 얻지 못했다. 제2차 세계대전이 끝나고 나서야 비로소 토크빌 르네상스가 시작되었다. 프랑스에서의 토크빌 르네상스는 그의 저서들이 나온 순서에 따라 일어났다.(Mélonio 1993 참조) 1950년대에 레이몽 아롱이 『미국의 민주주의』 제1권을 대중화시켰다. 사람들의 관심은 민주주의 제도의 이론가로서의 토크빌에게 집중되었다. 반면에 1960년대에는 사회학자들과 철학자들이 1840년에 나온 『미국의 민주주의』 제2권의 저자로서의 토크빌을 읽었다. 그들은 토크빌의 민주주의 비판을 논제로 삼았고, 봉건 사회와 민주 사회에 관한 기술에서 각각 위계적 인간*homo hierarchicus*과 평등한 인간*homo aequalis*을 발견했다.(Dumont 1967, 1977 참조) 마지막으로 1980년대에는 토크빌이 역사가라는 표지 아래 서 있었다. 프랑스혁명에 대한 연구의 수정은 『앙시앵 레짐과 프랑스 혁명』을 통해 결정적인 동력을 얻게 된다.(Furet 1978 참조)

라인Rhein 강 저편의 독일에서도 토크빌 수용이 이와 유사하게 진행된다.(Eschenburg 1987 참조) 『미국의 민주주의』는 출판되자마자 곧 독일어로 번역되어 여러 차례 논평되었다. 유럽의 민주주의적 미래라는 도발적인 명제는 이 저작의 열렬한 추종자와 함께 결연한 비판자들도 만들어냈다. 이 책은 민주주의자와 자유주의자들에게는 고무적으로 작용했다. 이들은 미국을 유럽의 변혁을 위한 모범으로 삼았다. 이에 반해 보수적인 독자들은 그와 같은 발전에 어떻게 대처해야 하는가를 물었다. 야콥 부르크하르트Jacob Burckhardt는 민주주의의 거침없는 부상이라는 예측에는 동조했지만, 이를 인간다운 세계의 종말이라고 걱정했다. 반면에 토크빌은 위험 속에서의 구제책을 강구했다. 자유민주주의에 대한 진지한 대안은 존재하지 않는다는 것이다.

토크빌의 현대

미국과 러시아가 경쟁하게 될 것이라는 토크빌의 예언을 그의 적실성에 대한 증거로 내세우려고 애쓰던 시대는 다행스럽게도 지나갔다. 그동안 이런 세계사적 구도는 그 자체가 역사로 되었다. 하지만 민주주의의 승승장구는 민주주의의 토대와 전제 조건을 둘러싼 논쟁에 새로이 불을 붙였다. 근대 법치 국가와 그런 국가의 인권 보장으로 혁명은 정말로 완수된 것인가? 민주주의가 시민들을 역사의 종말(목적)로 데려다주었는가? 민주 공동체가 외부로부터의 원천과 안전 보장을 통해서만 존재할 수 있는 것은 아닌가? 이런 질문들을 제기하는 사람은 토크빌에게서 전문적인 대화 상대자를 발견한다. 19세기의 다른 어느 사상가보다도 그는 민주주의가 지닌 양가성을 똑똑히 인식했던 것이다. 그는 부르주아지의 최종적인 지배라는 기조의 환상에도 동조하지 않고 또 프롤레타리아트 독재를 향한 마르크스의 희망에도 동조하지 않는다. 그리고 평등의 역사에 대한 콩스탕의 신뢰에 맞서 그는 민주주의의 미래에 대한 회의를 제기한다. 하지만 그의 판단이 얼마나 비판적이건 간에 민주주의적 새 시대의 정당성에 대해서는 의심의 여지를 남겨두지 않는다.

토크빌이 과연 대중 사회의 부드러운 전제주의 뒤에서 이미 전체주의의 위험을 감지했으며 이를 통해 한나 아렌트나 레이몽 아롱 같은 저자들이 걷는 길을 먼저 닦았는지의 여부는 논외로 하겠다. 그러나 전체주의적 지배가 조건의 평등 아래에서 비로소 발생할 수 있다는 점은 입증될 수 있을 것이다. 근대의 병리학을 다루는 토크빌의 서술은 동시에 민주 공동체의 생존 조건들을 투명하게 제시해준다. 최근에 벌어진 자유주의와 공동체주의 간의 열띤 논쟁에서 토크빌은 현재하고 있다. 그는 개인의 자유를 최고 가치로 선언함으로써 자유주의적 근대의 편에 선다. 그렇지만 그는 근대의 개인주의가 가진 야누스의 얼굴을 알고 있다. 그는 이미 민주적 인간의 비정주성非定住性을 주제로 다룬다. 그렇기 때문에 토크빌은 공동의 정치적 실천과 구속력 있는 관습이 얼마나 중요한지를 알고 있다. 그는 공동체주의자들이 제기하는 시민 정신과 강한 민주주의에 대한 요청에 동조했을 것이다. 1980년대의 미국 사회에 대한 공동체주의자들의 정리와 평가가 토크빌을 떠올리게 만든 것은 우연이 아니다.(Bellah u.a., *The habits of the heart*, 1985) 토크빌이 미국으로 여행을 떠났던 이유는 바로 민주주의적 심성이 가진 습관을 연구하기 위해서였다. 그에게 신세계는 구세계만큼이나 낯설게 남는다. 그는 미래를 위한 민주주의의 열정에 동조하지 않았다. 그는 민주주의가 내건 언약을 믿기에는 민주주의를 너무나 잘 알고 있었던 것이다.

–칼프리드리히 헤르프 Karlfriedrich Herb

존 스튜어트 밀
John Stuart Mill(1806~1873)

– 연대표 –

1806년	5월 20일 런던에서 출생.
1809~20년	아버지로부터 엄격한 지성 교육을 받음.
1821~26년	벤담J. Bentham의 저서들을 읽음. '철학적 급진주의자들' Philosophic Radicals의 공동 투쟁가. '공리주의자 협회' Utilitarian Society를 창립하고 『웨스트민스터 리뷰』를 창간. 동인도회사East India Company에서 (1858년까지 다양한 직책을 맡으며) 직업 활동을 함.
1826/27년	그의 철학적 발전에서 전환점이 되는 정신과 영혼의 위기를 겪음. (워즈워스W. Wordsworth, 콜리지S. T. Coleridge, 괴테J. W. von Goethe, 생시몽Saint-Simon주의자들 등을 독서)
1830년	해리어트 테일러Harriet Taylor와 교제를 시작함.
1830~40년	『런던 앤드 웨스트민스터 리뷰』*London (and Westminster) Review*의 편집인. 「시대정신」*The Spirit of the Age*(1831), 「미국의 민주주의를 다룬 토크빌에 관하여」*Tocqueville on Democracy in America*(1835/40), 「문명」*Civilization*(1836), 「벤담」(1838), 「개혁당의 재편」*Reorganization of the Reform Party*(1839), 「콜리지」(1840) 발표.(『논문과 토론』*Dissertations and Discussions*에 수록됨)
1843년	인식론 주저인 『논리학 체계』*A System of*

	Logic 출판.
1848년	『정치경제학 원리』*Principles of Political Economy* 출판.
1851~58년	해리어트 테일러와 결혼. 테일러와 함께 『자유론』을 비롯하여 여러 편의 저서를 공동으로 작업. 유럽 대륙을 여행함. 해리어트 테일러-밀이 프랑스 아비뇽*Avignon*에서 사망.
1859년	『자유론』*On Liberty*과 『의회 개혁에 관한 구상』*Thoughts on Parliamentary Reform* 출판.
1861년	『대의제 정부에 대한 고찰』*Considerations on Representative Government* 출판.
1863년	도덕철학 주저인 『공리주의』*Utilitarianism* 출판.
1865~68년	하원 의원 역임. 여성 선거권을 위해 적극적으로 활동. 『오귀스트 콩트와 실증주의』*Auguste Comte and Positivism*(1865) 출판.
1869~73년	의붓딸인 헬렌Helen과 함께 아비뇽에서 생활. 『여성의 종속』*The Subjection of Women*(1869) 출판. 「사회주의에 관한 장」*Chapters on Socialism* 집필 작업.
1873년	5월 7일 아비뇽에서 사망. 『자서전』*Autobiography*과 『종교에 관한 세 편의 에세이』*Three Essays on Religion*가 유저로 출판됨.

정치사상의 거장들 중에는 20세기 말에 경쟁 상대나 대안이 없는 정치 질서의 이상으로 부상한 자유민주주의에 정신적 권위와 정당성을 부여해준 여러 명의 아버지들이 있다. 그런데 사람들은 보통 존 스튜어트 밀이 그런 아버지들 중에서도 이 점에서 우리에게 가장 친근한 거장이라고 생각할 것이다. 그의 에세이 『자유론』은 바로 오늘날 말하자면 개인의 자유를 자신의 종교로까지 고양시킨 사회의 복음서로 이해되고 있지 않은가? 또한 『대의제 정부에 대한 고찰』과 『여성의 종속』 같은 저서는 밀을 과거의 모든 자유주의 사상가들 중에서도 가장 민주주의적인 성향을 가진 사람으로 인식시키기 때문에 그에게 그 모든 명예가 돌아가도록 만든 그런 글들이 아닌가?

지난 50년 사이에 일어난 이른바 밀 르네상스는 일견 이런 추측이 옳다는 것을 입증해주는 듯이 보인다. 1945/50년 이후에 출판된 여러 전집들과 수많은 2차 서적들은 분명 그와 다른 결론을 허용하지 않는다. 그런데 이런 밀 르네상스가 지닌 두 가지 특징이 인상적이면서도 또한 당혹감을 준다. 밀이 정치사상가로서 누리는 명성은 독일어권보다는 영국과 미국과 캐나다에서 훨씬 더 크다. 그리고 밀의 에세이 『자유론』에 쏟아진 높은 관심도와 비교해볼 때 그의 다른 두 정치 저서를 다루는 출판물들의 수는 거의 부수적일 따름이다.

이런 불균형이 어떻게 설명될 수 있을까? 각 나라마다 그들 역사 속의 위인들을 각별히 존경하며 또 동일 인물의 손에서 나온 저작들이라 할지라도 무조건 동등한 중요성을 부여받아야 하는 것은 아니라는 이유 이외에 또 다른 이유가 있을까? 이런 물음들에 대한 답변을 찾는 일은 틀림없이 밀의 정치사상이 지닌 고전적인 면모를 엄밀하게 규정하려는 시도로 나아갈 수밖에 없다.

I

역사적인 관점에서 보면 밀은 이른바 '철학적 급진주의자들'의 영수로서 19세기에 자기 나라에서 벌어진 정치 논쟁의 한 가운데에 서 있었다는 이유만으로도 이미 당연히 정치사상가로서 특별한 중요성을 지닌다. 귀족주의적이고 금권 정치적일 뿐만 아니라 가부장적으로 각인되어 있는 대영제국의 전승된 지배 관계에 거부감을 가졌던 많은 동시대인들 중에서도 그는 민주 개혁과 시민의 정치적 자유를 위한 투쟁에서 핵심적인 위치에 있던 정신적 인물이었다. 그런 한에서 그가 자신의 조국에 미친 영향은 1832년의 제1차 의회 개혁에서부터 시작하여 1918년 및 1928년의 보통 평등 선거권의 도입에 이르기까지 매우 광범위하다.

밀은 민주주의적 대의제 헌정을 원칙적으로 '가장 뛰어난 정부 형태'로 본 "영국의 민주 자유주의의 선구자"이다.(J. S. Schapiro) 하지만 밀 자신은 만인의 동등한 권리를 즉시 관철시키는 것이 시대의 명령이라고 여길 정도로까지 멀리 나가지는 않았다. 1867년에 제2차 의회 및 선거권 대개혁이 이루어지기 6년 전에 그는 오히려 자신의 저서『대의제 정부에 대한 고찰』(7~10장)에서 선거권을 우선은 아직 몇 가지 최소한의 교육 조건들(읽기, 쓰기, 셈하기 능력)에 연계시킬 것, 다수결에 따른 선거 체제를 비례에 따른 선거 체제로 대체할 것, 학자나 다른 고위 직업에 종사하는 자들에게 두 배의 투표권을 허용할 것, 그의 견해로는 부적절한 선거 개입의 문제는 비밀 투표를 할 경우에 발생하는 획일적이고 경솔한 선거 결정으로 치우치는 경향에 비해 그리 걱정할 일이 아니므로—그렇지 않아도 영국에서는 1872년까지 관행으로 남게 되는—공개 투표 절차를 유지할 것 등에 찬성하는 발언을 한다. 공익에 대한 관심에서 또는 단지 수적으로 다수를 차지하는 노동자층이 정치적 우위를 점하는 상황에서 벌어질 "집단적 통속화의 경향"에 대한 우려에서 그는 "계급 입법이 초래할 위험"에 동의하는 것이 적절하지 않다고 여겼다. 민중 전체로 하여금 민주주의가 부과하는 의무와 과제를 완수할 만한 의지뿐만 아니라 능력까지 지니도록 만드는 문화 여건이 아직 성숙되지 않은 한, "교육 받은 소수"가 여론 형성에서 수정하는 역할을 하면서 영향력을 행사할 수 있도록 제도적 대비책을 마련하는 것이 그에게는 아주 타당한 일로 보였다.(4장, 6장 및 7장) 밀에 의하면 만인의 평등한 권리라는 근본 명제 자체가 최종적으로 모든 정치 제도의 최고 기준은 아니다. 그에게는 오히려 "어느 한 정부 형태가 지닌 가치"는 일차적으로 그것이 "민중의 윤리와 통찰을 고양시키는지에 의해 입증된다."(2장) 그리고 이런 기준은 민주주의적 대의제 헌정을 위한 그의 변론뿐만 아니라 그가 『여성의 종속』에서 법적·사회적 억압으로부터 여성의 해방을 위해 나서면서 주장한 수많은 논변에도 적용된다.

『여성의 종속』은 19세기에는 여성 운동의 "진정한 성서"veritable bible(Mary R. Beard)로서 영국의 국경을 훨씬 뛰어넘어 높은 존경을 받았고, 오늘날에도 최소한 여성주의 문헌의 판테온에서 확고한 자리를 차지하고 있다. 이 저서에서 밀은 당시의 여성들이 여태까지 당해야 했던 여러 형태의 불평등한 대우에 맞서 두 가지를 내세운다. 먼저 그는 정의의 관점에서 다른 성은 마치 당연한 듯이 자신을 위해 요구하고 주장하는 권리와 기회를 여성들에게는 미리부터 박탈하는 것이 얼마나 부당한 일인지를 강조한다. 그는 성별 간에 이런 불평등한 대우를 정당화해줄 수 있는 자연적 차이가 있다는 가정을 전혀 입증되지 않은 것으로 본다. 그리고 그는 가부장적 구조의 극복이 어떤 사회적 유익함을 동반할 것인가라는 문제의 관점에서도 여성들이 타율로부터 자유로워질 때에 인류의 상태가 향상될 것이라는 점을 강조하는 데에 크나큰 가치를 둔다. 이를 통해 "이제 해방된 인류의 반수에게 [⋯] 이루 말할 수 없을 만큼 각별한 행복의 획득이 수반될" 것이다. 그뿐만 아니라 또한 남성의 입장에서 보더라도 "인간이 권리와 교육의 면에서 동등한 위치에 있는 동료 인간들과 나누는 가장 강렬한 공감을 계발하는 것을 배울 때, [⋯] 그때에 비로소 인류의 도덕적 갱신이 진정으로 시작될" 것이다.(4장)

밀은 자신의 정치적 견해와 요구들을 뒷받침하기 위해 단순히 (만인의 자연적 자유와 평등이라는) 정의의 관점에만 호소하지 않고 사회 전체의 유용성에 대한 고려를 논변의 중심점으로 삼는다. 그렇기 때문에 앞서 언급한 두 저서는 다른 관점에서 볼 때에도 그 시대를 증언하는 이념사적으로 주목할 만한 증서들이다. 그 두 책은 계몽주의와 미국혁명 및 프랑스혁명의 이념과 원리들에 보편적 타당성과 관철력을 확보해주기 위해서 19세기에는 아직까지 얼마만큼 많은 논변들이 동원되어야 할 필요가 있었는지를 여실히 보여준다. 정치적 · 사회적 지배 관계의 자유화와 민주화를 찬성하는 입증의 부담을 여전히 그 지지자들이 져야 했기 때문에, 밀은 17세기와 18세기의 자유주의적 정치사상가들이 제시했던 자연법적 · 계약론적 논변에만 의존하는 데에 머물 수 없었고 말하자면 철학적으로 독자적인 길을 갈 수밖에 없었다.

그렇기 때문에 밀은 오늘날의 관점에서 사람들이 흔히 기대하는 바와는 달리 자신의 정치적 견해와 요구들을 뒷받침하기 위해 계몽주의 사상의 주류에 편승하지 않고 오히려 당시까지 (데이비드 흄의 경우처럼) 소수의 예외를 제외하고는 거의 통용되지 못하다가 19세기로 전환되는 시점에 이르러서야 비로소 (밀의 정신적 양아버지인 제레미 벤담의 공리주의 철학이라는 형태로) 점차 주목받게 된 사상 전통을 계승했다. 그런데 그 이후로도 이 전통은 계몽주의 사상의 한 지류에 머물렀고, 영어권 이외의 지역에서는 거의 전무하거나 기껏해야 매우 제한적으로만 뿌리를 내릴 수 있었다.

그러므로 밀이 유용성의 원리—다시 말해 밀에 따르면 자유민주주의적 사회 질서로부터 뒤따라 나오는 복지와 인간다운 행복—를 인간의 도덕적 개선과 완성이라는 표상과도 결합시킬 때, 밀의 독자적인 철학적 길—즉 그의 공리주의적 논변 방식—이 오늘날 여러모로 마치 '우회로'와 같은 느낌을 주고 그래서 늘 동시대의 독자들에게 무척 낯선 인상을 준다는 것은 놀라운 일이 아니다. 민주주의의 상태가 "판단력과 윤리와 자주성과 실행 능력과 관련하여" 주는 교육적 효과에 대한 믿음(『대의제 정부에 대한 고찰』, 2장 및 3장)의 배후에는 궁극적으로 오늘날 사람들이 서구 세계를 '문명의 모델'이라고 찬양할 때 은연중에 담겨 있는 것과 다르지 않은 진보에 대한 믿음이 있지만, 20세기 말에 이르러서는 사람들이 여러 경험을 바탕으로 그와 같은 높은 기대에 대해서 회의적으로 되는 경향이 있다. 반면에 사람들이 아직 실용주의적인 삶의 태도보다는 이상적인 인생 설계를 선호했던 19세기에는 밀이 아주 알맞은 논조를 찾아냈던 것이다. 그는 (워즈워스, 매콜리Th. B. Macaulay, 콜리지, 칼라일, 괴테, 훔볼트W. von Humboldt, 생시몽 학파, 오언R. Owen, 콩트, 토크빌 등과 같은) 동시대의 여러 사상가와 시인들로부터 영향을 받으면서 제레미 벤담의 공리주의 철학을 최종적으로는 인간의 행복에 대한 자신의 변화된 견해, 즉 행복은 단지 쾌락주의적 기준에 따라서만 평가되지 않는 정신적 · 문화적 안락함의 상태라는 견해에 부합하게끔 변형시켰다.(이는 특히 『공리주의』에서 체계적으로 개진된다.) 그렇게 함으로써 그는 자신의 저작에서 그 시대의 낭만주의적 · 보수주의적, 고전적 · 인본주의적, 사회개혁적 · 초기 사회주의적 세력과 조류들에 그 자신의 방식으로 각각 그 표현과 목소리를 부여해주었다. 그 외에도 밀이 당시의 사회적 궁핍이나 노동자들과 그 밖의 소외 계층의 운명을 결코 외면하지 않았다는 사실은 특히 그의 『정치경제학 원리』(4권 및 5권)와 그 밖에 이 주제와 관련된 몇몇 저작들(『논문과 토론』에 취합하여 수록됨)에서 명백하게 밝혀진다.

Ⅱ

앞서 언급한 이유에서 『대의제 정부에 대한 고찰』과 『여성의 종속』은 오늘날의 정치적 자기 이해에 홉스나 로크나 루소나 칸트의 정치 저서들이 지닌 것과 동등한 철학적 위상을 갖지 못한다. 이 말이 옳다면, 왜 이런 사정이 밀의 또 다른 저서인 『자유론』에도 마찬가지로 적용되지 않는가라는 물음이 자연히 제기된다. 왜 이 저서는 다른 두 저서들보다 말하자면 시간의 시험을 훨씬 더 잘 견뎌낼 수 있었던 것일까?

밀 스스로가 그의 『자서전』(7장)에서 에세이 『자유론』이 (그가 말하듯이 어쩌면 그의 철학적·인식론적 주저인 『논리학 체계』를 제외하고는) 그의 전 저작들 중에서 가장 무난하게 오래 갈 수 있을 것이라고 확신하고 있음을 내비친다. 『자유론』은 근대 사회의 발전 궤도 속에서 그 중요성이 점점 더 명료하게 드러날 한 가지 "단순한 진리"를 포함하고 있다는 것이다. 그 단순한 진리란 바로 민주정에서 인간의 자유가 실로 위험에 처하게 되는 것은 국가가 아니라 사회 자체로부터 비롯된다는 것이다. 『자유론』(1장)에 의하면 "사회 자체가 폭군이 되었을" 경우에, "정부 관청의 전횡에 대한 방어"만으로는 충분하지 않다.

그뿐만 아니라 널리 통용되는 의견이나 감정이 부리는 전횡, 그리고 사회가 자신이 가진 이념과 관행을 그와 다른 생각을 가지고 있는 사람들에게 행위 규칙으로 받아들이도록 공적 제재 이외의 방법으로 강요하는 경향에 대한 방어도 필요하다. 사회는 이런 방법으로 자신의 방식과 일치하지 않는 그 어떤 개별성도 발전하지 못하도록 가로막고, 가급적이면 그런 개별성이 아예 형성되지 못하게 방해하고서는 모든 성격을 사회의 전형에 맞추도록 강제한다.

그러니까 밀이 『자유론』에서 다루는 문제는 더 이상 순수하게 정치적인 의미에서의 자유(즉 국가 권력으로부터의 독립성 내지 국가 권력에 대한 방어)가 아니다. 이런 정치적 의미에서의 자유는 로크와 몽테스키외로부터 루소, 칸트, 미국 헌법의 아버지들, 시에예스에게 이르기까지 중심 주제였고, 밀 자신도 『대의제 정부에 대한 고찰』에서 민주정을 "가장 뛰어난 정부 형태"라고 변호하면서 논했던 문제였다. 그런데 이제 그가 『자유론』에서 다루는 문제는 오히려 모든 (국가적 및 사회적) 유혹과 강제에 대한 개인의 독립성이라는 의미에서의 자유이다. 이런 유혹과 강제는 근대적 내지 민주적 문화 조건 아래에서 특히 이른바 여론의 힘, 다수의 전횡, 대중화 경향, 유행의 테러, 집단적 통속화의 경향 등을 통해 나타난다. 이에 대비하는 제방을 쌓고 개성을 자유롭게 펼치는 것—즉 "복지의 한 요소인 개별성"(3장)—이 개인의 행복을 위해서나 사회의 행복을 위해서 갖는 중요한 의미를 강조하는 것이 밀의 본래 관심사이다.

이렇게 볼 때에 이 저서가 갖는 시의성에 대해서는 전혀 의심할 여지가 없다. 『자유론』은 개인의 자유와 (국가 법률이라는 형식으로건 아니면 도덕적 강제의 형식으로건) 사회적 통제를 부과하는 사회의 권리 사이의 경계선이 어디에 그어져야 하는가라는 물음에 대한 답변을 줄 수 있다는 결코 간단치 않은 요구 주장을 내세운다. 그런데 이 저서가 이런 요구를 정말로 충족시킬 수 있는가?

바로 이 『자유론』에 관한 2차 서적들의 수가 무척 많다는 사실은 이 저서가 각별한 중요성을 지니고 있다는 점을 반영할 뿐만 아니라 이 저서를 올바로 이해하기가 어렵다는 점을 반영하는 것이기도 하다. 여기에는 두 가지 해석상의 문제가 중심에 서 있다. 첫째로 밀이 개인적 자유와 사회적 통제에 대한 권리 사이에 그은 경계의 기준이 얼마나 큰 역량을 지니고 있는가라는 물음이 제기된다. 둘째로 이 기준의 근거가 얼마나 잘 뒷받침되었다고 볼 수 있는가, 즉 그 기준이 공리주의의 입장에서 실제로 정당화되는가라는 물음도 논쟁거리이다.

밀의 자유 원리는 "그렇게 하는 것이 그 사람을 위해서 더 좋다거나 그를 더 행복하게 만들 것이라거나 다른 사람들이 생각하기에 그렇게 할 때 그가 현명하게 또는 심지어 올바르게 행위하는 것이라는 이유에서 어느 한 사람을 법적으로 강제할 수는 없고", 오로지 "타인에게 피해를 주는 것을 방지"하기 위해서만 강제할 수 있다는 것을 말한다.(1장) 그렇다면 그가 이렇게 경계를 설정하는 원리는 피해 원리로 귀결되며, 온정적 간섭주의 원리에 대한 항변을 뜻한다. 하지만 허용되는 행위와 허용되지 않는 행위를 아주 명확하게 경계 짓는 것이 항상 가능할 만큼 과연 그 자신에게만 해당하는 행위와 타인에게 피해를 줄 수 있는 행위를 구분할 수 있는지는 의문거리이다. 사람들이 타인들과 공동체 속에서 살아갈 때에는 누구나 늘 타인들이 하거나 하지 않는 일에 많든 적든 상당한 영향을 받기 마련이다. 그러므로 밀의 자유 원리 내지 피해 원리는 타인에게 피해를 준다는 사실이 아주 명백하거나 타인의 이익을 침해하는 행위가 허용되지 않는다는 점이 오직 일정한 이익들은 "법령을 통해 명시적으로 또는 암묵적인 합의에 의해 권리로 인정되어야 한다"(4장)는 사실로부터 도출되는 경우에만 유효하다. 하지만 바로 그런 경우에 사람들이 민주적 다수의 전횡이나 여론의 힘으로부터 자유로운 상태에 있다고 누가 확신할 수 있겠는가?

이 문제의 해결은 밀이 "사상과 토론의 자유"(2장)에 부여하는 중요성을 올바로 평가하는 데에 놓여 있을 것이다. 어느 누구도 오류가 없을 수 없으므로—무엇이 옳거나 그른가라는 문제는 항상 해명을 필요로 한다—, 사상과 언론의 자유 및 학문과 예술의 자유는 생각의 자유로운 교환 속에서 입증되는 좋은 근거들이 없는 한 어떤 특정한 신념이나 학설도 우월한 지위를 차지하지 못하도록 만드는 말하자면 일종의 보증서이다. 이는 이렇게 볼 때에 논란의 여지가 있는 행위는 적어도 법적으로 금지되어서는 안 되고, 다만 경우에 따라 도덕적 비난이라는 항변에 직면하게 된다는 것을 말한다. 그러나 자유 원리의 적용 가능성의 문제를 이런 식으로 해결하려고 할 때에 밀이 이익 피해의 금지를 (법률적인 또는 도덕적인) 옳음의 범주들로 파악하기 때문에, 그가 도대체 자신이 주장하는 자유 원리의 타당성을 근거짓는 데에 여전히 공리주의적으로 논증할 수 있는가라는 의문이 제기된다. 하지만 밀이 공리주의의 입장을 명시적으로 고수하기 때문에, 어쨌든 『자유론』에서 그가 유용성의 원리를 "모든 윤리적 문제의 최종 심급"(1장)으로 소환하는 것을 한낱 입에 발린 고백으로 보아야 한다고 함부로 가정해서는 안 되겠다.

밀에게 자유가—인간은 특정한 이익들과 관련해서 개인적 독립성에 대한 권리를 갖는다는 이유에서—그 자체로 하나의 가치인지 아니면 그것이 ("발전하는 존재로서 인류가 가진 영원한 이익에 근거하여", 1장) "가장 넓은 의미에서의 유용성"의 조건을 충족시키기 때문에 비로소 그 가치를 부여받는 사태에 불과한 것인지는 논란이 되고 있는 문제이다. 그런데 이 문제는 바로 『자유론』에서조차 밀의 공리주의적 입장이 매우 미묘한 행복 개념을 내포하고 있기 때문에 결론을 내리기가 상당히 어렵다. 제레미 벤담과는 달리 밀에게 행복은 단지 즐거움과 고통의 결산 내지 쾌락의 극대화와 불쾌의 최소화를 통해 산출되는 안락함의 상태가 아니라 그 자체로도 모두 추구할 만한 가치가 있는 여러 가지 일과 사물들 내지 좋은 것들이 함께 모여 이루는 상태이다. 그리고 이런 좋은 것들에는 건강과 물질적 안락 이외에도 진리와 윤리(덕) 그리고 또한 자유, 즉 다른 사람에게 피해를 주지 않는 범위 안에서의 개인적 독립성도 포함된다. 『공리주의』(4장)와 『자서전』(5장)에서 밀은 이를 다음과 같은 말로 표현한다. 행복을 직접 추구하기보다는 그것이 "목적을 위한 수단"만이 아니라 "목적의 일부"이기도 하기 때문에 그 자체로 사람들에게 무엇인가 의미를 지니는 그런 좋은 것들을 경유하여 행복을 추구할 때, 오직 그때에만 사람들은 인간으로서 행복해질 수 있다.

Ⅲ

왜 지난 50년 사이에 일어난 이른바 밀 르네상스가 지금까지 주로 영어권 지역에 한정되어 왔는가라는 도입부에서 제기했던 물음에 대해 이제 다시 한 번 요약하여 다음과 같이 답변할 수 있겠다. 비록 밀이 물론 앵글로-색슨계 이외의 지역에서도 정치사상의 대가라는 지위를 갖고 있기는 하지만, 그의 경우에 17세기와 18세기의 정치사상가들과 같은 방식으로 자유민주주의의 정신적 아버지 가운데 한 사람으로 등극하기에는 두 가지 전제 조건이 결여되어 있다는 점이 아주 분명하다. 첫째로 19세기의 자유주의적 정치사상가로서 밀은 계몽주의 사상가들이 정치적 자유주의의 건립자로서 누릴 수 있었던 독창성을 더 이상 주장할 수 없었다. 그리고 둘째로 공리주의자라고 스스로 선언한 밀은 특히 칸트의 영향 아래 있는 독일의 정신 세계에서 결코 제대로 발을 붙일 수 없었을 뿐만 아니라 그가 벤담 식의 공리주의를 변형시켰음에도 불구하고 여전히 좋음(유용함)이 옳음(정당함)에 우선한다는 잘못된 원리에서 출발한다는 혐의에 쉽게 노출되는 그런 사상 전통을 지지했다. 『정부론』은 이런 혐의에서 가장 빨리 벗어나고 밀에게 대가라는 명성을 가장 먼저 두드러지게 부여해준 정치 저서이다. 그리고 이 저서는 분명 영어권 이외의 지역에서도 관심을 받고 필수불가결한 중요성도 인정받았다. 그렇지만 이런 『정부론』조차 영어권에서의 밀에 대한 수용에 특징적으로 나타나는 광범위하고 세분화된 해석 문화에 버금가는 수용을 불러일으킬 수 있을만한 정신사적 전제 조건을 영어권 이외의 지역에서는 결여하고 있다.

마지막으로 19세기에 있었던 밀에 대한 수용의 시초를 잠시 돌이켜보면, 이와 상당히 유사한 모습이 나타난다. 밀의 정치 저서들에 대한 수많은 번역서들이 이미 그의 생전에 독일과 그 밖의 여러 나라에서 여러 차례 판을 거듭하며 출판되었다.(그런 번역서들 중에는 『자유론』의 러시아어판과 중국어판도 찾아볼 수 있다.) 이를 통해 볼 수 있듯이 밀이 19세기에 일어난 민주주의와 여성 권리를 위한 개혁 시도와 운동에 미친 영향은 영국 밖에서도 결코 적지 않은 것이었다. 그러나 무엇보다도 제임스 피츠제임스 스티븐James Fitzjames Stephen의 책 『자유, 평등, 박애』***Liberty*, *Equality*, *Fraternity***가 보여주는 정도로 밀의 정치사상을 집중적으로 분석하는 작업은 다른 곳과 마찬가지로 19세기의 독일에서도 유례를 찾기 어렵다. 공리주의적으로 논변을 전개하는 철학자로서 밀은 이미 그 당시에 그의 자유주의적이고 민주주의적인 사상적 성과물에도 불구하고, 아니 오히려 바로 그 때문에 당연히 유럽 대륙에서 결코 쉽지 않은 처지에 놓여 있었다.

–로타 R. 바스 Lothar R. Waas

칼 마르크스
Karl Marx(1818~1883)

– 연대표 –

1818년	5월 5일에 독일 트리어Trier에서 출생.
1835년	트리어에서 대학 입학 자격 시험 통과. 본 대학교에서 법학을 전공하기 시작함.
1836년	예니 폰 베스트팔렌Jenny von Westphalen과 약혼. 베를린 대학교에서 수학. 헤겔 좌파와 교류.
1838년	아버지 하인리히 마르크스Heinrich Marx 사망. 가족과 불화.
1841년	예나 대학교에서 궐석으로 박사학위 취득.
1842년	『라인 신문』*Rheinische Zeitung*의 편집장. 아르놀트 루게를 만남.
1843년	크로이츠나흐Kreuznach에서 결혼. 10월 말부터 파리에 체류.
1844년	『독 · 불 연보』*Deutsch-französische Jahrbücher* 출간. 루게와 불화. 『경제학 · 철학 초고』*Ökonomisch-philosophische Manuskripte* 집필. 장녀인 예니Jenny 출생. 프리드리히 엥겔스와의 공동 작업 및 교우 관계가 시작됨.
1845년	『신성 가족』*Die Heilige Familie* 출판. 프랑스에서 추방당하여 브뤼셀에 머무름. 엥겔스와 함께 영국으로 연구 여행을 떠남. 『독일 이데올로기』*Deutsche Ideologie*의 공동 집필 작업.

1847년	프루동P.-J. Proudhon에 맞서 『철학의 빈곤』*Misère de la Philosophie* 출판. '공산주의자 동맹'의 회원. 아들 에드가Edgar 출생.
1848년	『공산당 선언』*Manifest der Kommunistischen Partei* 발표. 벨기에에서 추방당함. 독일 쾰른에서 『신新 라인 신문』*Neue Rheinische Zeitung*의 편집장으로 활동.
1849년	런던 망명 생활의 시작. 아들 구이도Guido 출생.
1852년	『루이 보나파르트의 브뤼메르 18일』*Der 18. Brumaire des Louis Bonaparte* 출판. '쾰른 공산주의자 재판'이 열림. '공산주의자 동맹'의 해체.
1853년	『쾰른 공산주의자 재판에 대한 폭로』*Enthüllung über den Kommunistenprozeß zu Köln* 발표.
1855년	딸 엘레아노어Eleanor 출생.
1859년	『정치경제학 비판』*Zur Kritik der politischen Ökonomie* 출판.
1861년	베를린에 있는 라살레F. Lassalle를 방문.
1863년	어머니 헨리에테 마르크스Henriette Marx 사망.
1864년	'국제 노동자 협회' Internationale Arbeiter-Assoziation 창립. 이를 위해 『창립 선언문과 임시 규약』*Address and Provisional Rules* 발표.
1865년	'전全 독일 노동자 동맹'과 단절. 『임금, 가격, 이윤』*Lohn*, *Preis*, *Profit* 출판.
1867년	『자본론』*Das Kapital* 제1권 출판.
1868년	제1인터내셔널에서 바쿠닌M. A. Bakunin과 대립.
1871년	파리 코뮌 수립. 『프랑스에서의 시민전쟁』*Der Bürgerkrieg in Frankreich* 발표.

1875년	고타Gotha에서 여러 독일 노동당들이 통합됨. 『고타 강령 비판』*Kritik des Gothaer Programms* 발표.
1877년	엥겔스의 『반反듀링론』*Anti-Dühring*에 공동으로 작업.
1881년	장녀 예니 사망.
1882년	알제리, 스위스, 프랑스를 여행.
1883년	사망.
1885/94년	『자본론』 제2권 및 제3권 출판.
1895년	프리드리히 엥겔스 사망.
1905~10년	『잉여 가치 학설사』*Theorien über den Mehrwert* 출판.
1913년	『프리드리히 엥겔스와 칼 마르크스의 교환 서신』*Der Briefwechsel zwischen Friedrich Engels und Karl Marx* 출판.
1927년	『마르크스 · 엥겔스 전집』*Marx-Engels-Gesammtausgabe*(*MEGA*) 출간되기 시작함.
1932년	『역사적 유물론』*Der Historische Materialismus* 및 『초기 저작들』*Die Frühschriften* 출판.
1939년	『정치경제학 비판 요강』*Grundrisse der Kritik der Politischen Ökonomie* 출판.

I

칼 마르크스가 1818년에 트리어에서 태어났을 당시는 독일 민족이 나폴레옹에 맞서서 해방 전쟁에 거족적으로 봉기한 지 불과 수년이 지난 후였다. 러시아와 오스트리아와 프로이센, 이 세 보수 강대국들은 빈 회의에서 혁명 이전의 군주제가 가진 정통성이라는 원리에 기반을 두고 1789년 프랑스혁명의 이념을 탄압하는 유럽의 정세 질서를 복고시키는 데에 다시 한 번 성공을 거두었다. 독일 연방은 메테르니히K. W. N. L. von Metternich의 치하에서 시민적 자유주의 세력과 독일 민족주의 세력 그리고 특히 학생 청년층이 품고 있었던 민족 국가의 통일에 대한 희망을 좌절시킨 왕정복고의 시기로 들어섰다. 바로 이런 "진보 운동과 왕정 복고적 수구 사이의 힘겨루기"가 벌어지던 시대에 소년 마르크스가 성장한다.(F. Schnabel)

1836년에 마르크스가 베를린에 왔을 때에는 헤겔이 사망한 지 벌써 거의 5년이 지난 후였다. 그렇지만 헤겔의 철학은 여전히 베를린 대학교를 지배하고 있었다. 다만 그가 남긴 유산을 둘러싸고 소위 헤겔 우파와 헤겔 좌파 간에 분쟁이 일고 있었다. 정치적으로 자유주의 이념을 지지하던 헤겔 우파는 철학이 단지 대변자의 기능을 담당하는 것만으로도 만족했던 반면, 헤겔 좌파들은 헤겔이 말한 '철학의 완성'에서 철학의 '실현'을 이끌어내는 데에 전념했다. 그들은 종교와 철학과 정치에 대한 비판, 간단히 말해서 그 시대의 모든 정신적 및 정치적 기반에 대한 비판을 그런 철학의 실현으로 나아가는 첫 단계로 이해했다. 마르크스는 헤겔 좌파들의 '박사 클럽'에서 벌어진 철학 토론에 참여하면서 처음으로 헤겔 철학을 집중적으로 접하게 되는데, 그는 헤겔 철학에 매료되면서도 동시에 거부감을 가졌다. 이런 양가적인 관련은 헤겔에 대한 마르크스의 관계를 지속적으로 규정하게 되고 그의 이론적 발전에도 중대한 영향을 미치게 된다. 이런 점은 우선 완성된 철학에서 실천적 귀결들을 이끌어내려는 노력에서도 엿보인다. 마르크스에게 "내적으로 자유로워진 이론적 정신이 실천적 에너지가 되고, 아멘테스 Amenthes(이집트 신화에서 명부의 여신)의 저승으로부터 의지가 되어 솟아올라, 정신이 부재한 채로 현존하는 현세적 현실에 대항하는 것은 하나의 심리 법칙"이다.(I, 71)

그런 연유로 그가 프로이센에서 벌어지는 정치 상황 속에서는 제도권 대학 내에서의 성공을 기대할 수 없었기 때문에 방향을 바꿔 1842년부터 쾰른에서 『라인 신문』의 편집자를 맡아 언론인으로서 활동한다. 이런 활동은 철학을 실현하는 과정의 첫 단계로 이해될 수 있다. 프로이센 정부에 대해 반대 입장을 가지고 있는 시민·자유주의적 신문인 이 『라인 신문』에서 마르크스는 처음으로 자신의 주변 세계에서 진행되고 있는 실제 사회적 및 경제적 정세와 비판적으로 대결하는 기회를 얻게 되었다. 그러나 그가 『라인 신문』에서 활동한 기간은 그리 길지 못했다. 이 신문이 프로이센의 검열 당국에 의해 금지되기 직전인 1843년 3월에 이미 마르크스는 압박해오는 검열 상황 때문에 편집 업무에서 물러난다. 이때 그는 아르놀트 루게에게 다음과 같은 내용의 편지를 쓴다.

자유를 위해 노예 노릇을 하는 것은 고약한 일이다. [⋯] 우악스러운 당국의 위선과 어리석음에 그리고 굽실거리고 배신하고 자구에 얽매이는 우리의 태도에 나는 신물이 났다. [···] 나는 독일에서는 더 이상 아무것도 시작할 수가 없다.(*MEW 27*, 415)

1843년에서 1845년에 이르는 생애의 시기는 마르크스의 정신적 및 정치적 발전을 결정적으로 주조하게 된다. 아르놀트 루게와 함께 편집하고 제1권이 유일한 간행물이 되는 『독·불 연보』(1844)에 그가 게재한 기고문들, 즉 「유대인 문제」*Zur Judenfrage*나 「헤겔 법철학 비판 서설」*Zur Kritik der Hegelschen Rechtsphilosophie — Einleitung* 등의 논문들이 이를 증명한다. 여기서 마르크스는 그가 추구하던 가차 없는 비판을 위한, 즉 "비판이 그 결과도 두려워하지 않고 또 기존 권력과의 갈등도 두려워하지 않는다는 의미에서 가차 없이" 현존하는 것을 비판하기 위한 언론인으로서의 활동 발판을 마련했다.(I, 447)

특히 「헤겔 법철학 비판」에서 이런 비판 방식은 극도의 예리함과 집중력을 보이며 수행된다. 그 출발점을 이루는 것은 브루노 바우어Bruno Bauer와 루드비히 포이어바흐의 종교 비판이다. 마르크스는 이 선행자들이 도달한 결론을 요약하고, 이를 전혀 다른 분야에 전용한다. 포이어바흐에게는 종교가 하나의 개인적·인간학적 현상에 불과했다면, 마르크스에게서 종교는 사회병리학적 문제가 된다. 종교는 바로 인간이 살고 있는 전도된 세계의 표현이다.

종교는 궁지에 몰린 피조물의 신음, 마음 없는 세계의 심성이자 정신 빠진 상태의 정신이다. 그것은 민중의 아편이다.(I, 488)

마르크스에게 이와 같이 종교의 정체를 '폭로'하는 것으로 종교 비판의 과제는 마무리되었고, 이제 시선을 종교가 야기한 허위 문제들에서 벗어나 현실적인 문제들로 돌릴 수 있게 된다.

이로써 천상에 대한 비판은 지상에 대한 비판으로, 종교에 대한 비판은 법에 대한 비판으로, 신학에 대한 비판은 정치에 대한 비판으로 전환된다.(I, 489)

이런 정치 비판은 「헤겔의 국가법 비판」***Kritik des Hegelschen Staatsrechts***이라는 단편에서 이미 시작되었는데, 이 단편은 헤겔의 『법철학』 중 §§ 261~313을 예리하게 분석하고 있다. 헤겔이 국가의 이념에서 출발한다면, 마르크스는 그 관계를 급진 민주주의적 입장의 의미에서 전도시킨다. 가족과 (특히) 근대 시민 사회는 "스스로를 국가로 만든다. 그것들이 추동하는 것이고 […] 국가의 전제 조건이 되는 것이다. 그것들이야말로 실로 활동하는 것"이자 역사의 "현실적 주체들"이고, 그로부터 민주주의 국가가 비로소 구성된다.

그러므로 민주주의는 모든 국가 헌정의 본질이고, 특수한 국가 헌정으로서는 사회화된 인간을 말한다.(I, 262 이하)

헤겔의 국가철학에 대한 비판이 지니는 중요성은 마르크스에게 헤겔이 프로이센 국가의 철학적 대변자로 간주되고 헤겔의 국가철학에 대한 비판이 실은 프로이센 국가에 대한 비판이자 그것의 해체를 뜻한다는 데에 있다. 헤겔의 국가법에 대한 비판은 곧바로 정치적 실천, 즉 "독일을 단지 근대 민족들의 공식적인 수준 정도가 아니라 바로 근대 민족들의 미래가 될 인간다운 높이로 고양시킬 혁명"으로 나아간다.(I, 497)

여기에서 마르크스는—프리드리히 엥겔스와 프랑스 사회주의자들의 저서를 통해 영국과 프랑스에 산업 프롤레타리아트가 실제로 존재한다는 사실을 인지하기도 전에 이미—철학적으로 프롤레타리아트 개념을 다가오는 혁명의 "적합한 요소" 또는 "자연적 기반"으로 연역하면서 그의 정치적 인간학에서 큰 파장을 가져올 걸음을 내딛는다. 이렇게 해서 마르크스는 그의 변증법적·철학적 방법을 통해 프롤레타리아트를 "급진적 사슬을 가진 계급, [⋯] 모든 계층의 해체인 계층, [⋯] 특수한 부당함이 아니라 전적인 부당함이 가해지기 때문에 아무런 특수한 권리도 요구하지 않는 영역, [⋯] 한마디로 말해 인간의 완전한 상실이기 때문에 오직 인간의 완전한 회복을 통해서만 자기 자신을 얻을 수 있는 영역"으로 발견한다.(I, 503) 이는 오로지 포괄적인 혁명을 통해서만 완수될 수 있으며, 이런 혁명의 성공을 위해 프롤레타리아트와 철학은 서로 협력해야 한다. 왜냐하면 "철학은 프롤레타리아트를 지양하지 않고는 자신을 실현할 수 없고, 프롤레타리아트는 철학의 실현 없이는 자신을 지양할 수 없기" 때문이다.(I, 505)

Ⅱ

마르크스는 이런 혁명적 철학의 인간학적 토대를 파리 시기에 『경제학·철학 초고』 내지 『파리 초고』*Pariser Manuskripte*에서 발전시켰다. 그런데 이 초고는 거의 90년 가까이 알려지지 않은 채로 남아 있다가 1932년에 비로소 편집되어 출판되었다. 그 후로 이 초고는 "그 안에 마르크스의 정신이 지닌 모든 차원을 망라하는 유일한 문건"으로서 현재에 이르기까지 20세기 이후의 마르크스 해석을 결정적으로 규정하게 된다.(S. Landshut) 이 단편적 성격의 원고에서 마르크스는 역사 속에서 프롤레타리아트가 나타나게 되는 현실적 조건을 알아보고, 어떻게 프롤레타리아트가 혁명 행위를 통해 집단적 소외에서 해방될 수 있는지를 파악하려는 목적에 이바지하는 것을 제공한다. 그러므로 그의 사유는 두 가지 방향으로 움직인다. 첫째로 그는 시민 사회의 조건 아래에서 일어나는 인간 소외 Entfremdung의 문제를 최대한 포괄적으로 서술하려고 노력한다. 둘째로 그는 이런 소외의 지양과 계급 없는 사회에서 인간의 자기 실현으로 나아가는 길을 제시하고자 한다. 이 원고에 등장하는 '철학적' 개념들이 항상 동시에 '사회학적'이고 '경제학적'인 의미를 담고 있고, 또 '사회학적' 개념이나 '경제학적' 개념들도 항상 동시에 '철학적' 의미를 담고 있으면서, 경험할 수 있는 구체적인 현재에 분석적으로 연관된다는 점이 특이하다.

이런 점은 특히 인간 노동에 대한 핵심적인 분석에도 해당된다. 여기서 그가 다루는 것은 "오늘날의 노동의 본질 자체에서 발생하는 빈곤을 파악하는 것"이다.(I, 518) 이런 인식 관심은 인간 소외의 네 가지 다양한 양상에 대한 포괄적인 현상학적 파악으로 이어진다. 그 첫 번째 현상 형태는 다음과 같이 파악된다.

노동이 생산하는 대상, 즉 노동의 산물이 낯선 존재로, 생산자와는 독립적인 힘으로 맞서 등장한다.(I, 561)

그렇게 되는 까닭은 노동자가 자본주의적인 노동 분업적 생산 형식의 과정 속에서는 더 이상 자신의 노동의 산물을 자기 것으로 획득하지 못하고 양도해야 하기 때문이다. 이렇게 자신의 노동의 산물로부터 노동자가 소외되는 것에서 필연적으로 노동자가 본질적인 인간적 활동 형식인 자신의 노동으로부터 소외된다는 두 번째 소외 형태가 발생한다. 자본주의적 노동 조직 속에서는 활동으로서의 노동이 노동자에게 외적이고 더 이상 그의 본질에 속하지 않게 되어서, 노동자가 자신의 노동 속에서 더 이상 자신을 파악하고 긍정하는 것이 아니라 부정하게 되며, 편안하게 느끼지 못하고 불행하게 느끼게 된다. 그는 노동하지 않을 때에 자기가 자신 곁에 있다고 느끼고, 노동하는 동안에는 자기가 자기 밖에 있다고 느낀다.

그러므로 노동은 더 이상 욕구를 충족시켜주지 않는다. 오히려 노동은 노동 외부에 있는 욕구를 충족시키기 위한 수단에 불과하다. […] 노동은 타인에게 속하며, 노동은 자기 자신의 상실이다.(I, 564 이하)

이로부터 불가피하게 인간이 자신의 본질로부터 자기 소외된다는 인간 소외의 세 번째 형태가 뒤따른다. 노동의 산물이 노동자로부터 박탈되고 본질적인 인간 활동인 노동이 외적 강제가 됨으로써 이렇게 시민적 자본주의 사회와 생산의 조건 아래에서 노동해야만 하는 인간이 자기 자신과 맺는 관계도 결정적으로 훼손된다. 자신의 고유한 본질이 그에게 어떤 외적인 것이 되고, 더 이상 그의 삶의 목표와 내용이 아니라 한낱 수단에 불과한 것이 된다.

소외된 노동은 인간이 바로 의식적 존재이기 때문에 자신의 본질인 삶의 활동(즉 노동—T. 슈탐멘 삽입)을 생존을 위한 한낱 수단으로 만들게끔 그 관계를 전도시킨다.(I, 567)

인간 소외의 마지막 네 번째 형태는 인간이 자신의 동료 인간들로부터 소외되는 것이다. 바로 이런 소외된 노동에 의해 파괴된 타인과의 인간 관계에서 시민 사회의 진정한 비인간적 특성이 드러난다. 인간에게 자신의 본질적 활동인 노동이 고통이 되었다면, 그 노동이 다른 사람에게는 즐거움과 삶의 기쁨이 될 수밖에 없다.

신이나 자연이 아니라 오직 인간 자신만이 인간에 대해 이렇게 낯선 힘이 될 수 있다.(I, 570)

이렇게 해서 시민적 자본주의 사회의 조건 아래에서는 인간이 활동으로서의 노동 속에서 더 이상 자신의 진정한 인간적 본질을 획득하지 못하고 오히려 상실할 수밖에 없다는 점이 입증되었다.

마르크스에게 이런 네 단계의 인간 소외는 일차적으로 생산 수단에 대한 사유 재산(사적 소유) 제도와 결부되어 있다. "사유 재산"은 "외화(소외)된 노동의 산물이자 결과이고 그 필연적 귀결이다."(I, 571) 동시에 사유 재산은 인간 노동이 더욱 소외되는 데에 일조한다. 그래서 사유 재산은 "이런 외화**Entäußerung**의 실현"이다.(I, 572) 따라서 외화된 노동과 사유 재산 사이에는 교호 작용이 존재하며, 이런 교호 작용은 왜 생산 수단에 대한 사적 소유의 지양이 인간 소외의 지양을 위한 필수불가결한 조건인지를 설명해 준다.

그러므로 사유 재산의 긍정적 지양은 인간다운 삶의 획득으로서 모든 소외의 긍정적 지양이며, 따라서 종교나 가족이나 국가 등으로부터 인간이 자신의 인간적 현존재, 즉 사회적 현존재로 복귀하는 것이다.(I, 595)

이와 같은 사적 소유의 지양을 일컫는 적극적 표현이 공산주의이다. 공산주의는 "조야한 공산주의"의 단계와 아직 사적 소유, 다시 말해 "인간의 소외에 감염되어" 있기 때문에 여전히 불완전한 정치적(민주적 또는 전제적) 공산주의의 단계를 넘어서면서 전개된다.(I, 593) 이런 공산주의는 "인간의 자기 소외인 사적 소유의 긍정적 지양이고, 인간을 통한 그리고 인간에 의한 인간 본질의 현실적 획득이며, 사회적 인간으로서, 다시 말해 인간다운 인간으로서 인간 스스로의 완전한 복귀이다."(I, 593 이하) 『파리 초고』에서 인간의 자기 소외를 실마리로 삼아 시민 사회를 분석하는 작업은 사회적 예언과 유토피아로 확장된다. 이를 통해 마르크스는 「헤겔의 국가법 비판」에서 "진정한 민주주의"라고 일컬었던 지점에 더 높은 차원에서 재차 도달한다. 「헤겔의 국가법 비판」에서 말했던 '진정한 민주주의'에 상응하는 것이 바로 『경제학 · 철학 초고』에서는 '공산주의'이다.

마르크스는 파리에서 반反프로이센 선전 활동을 격렬하게 펼쳤는데, 이런 정치 활동은 1845년에 그가 프로이센 정부의 개입으로 프랑스에서 추방당하게 되는 결과를 가져왔다. 그는 처자식과 함께 브뤼셀로 향했는데, 그곳에서 "황제 폐하의 아주 겸손하고 매우 순종적인 종"으로서 정치적 망명을 허락받는 데에 성공한다.(*MEW* 27, 601, 벨기에 국왕에 보낸 편지) 프로이센 정부의 집요한 추격에서 벗어나기 위해 그는 같은 해에 "북아메리카 합중국으로 이주하기 위해 프로이센 왕국의 신민 집단으로부터 석방"시켜줄 것을 신청한다.(*MEW* 27, 604) 그가 이 신청을 결코 진지하게 고려했던 것은 아니다. 그러나 국적 포기 신청은 즉각 수리되었고, 그 이후로 마르크스는 생을 마칠 때까지 무국적자로 남게 된다.

Ⅲ

그 시기에 새로운 혁명의 먹구름이 유럽 전역에 몰려들기 시작한다. 아직까지 파리에 머물던 마르크스는 1844년에 슐레지엔

Schlesien 지방에서 일어난 방직공들의 봉기를 그가 예언했던 전면적 혁명의 전조라고 반긴다. 브뤼셀에서 마르크스와 엥겔스는 두 가지 방면에서 서로 긴밀하게 협력하면서 작업을 한다. 우선 그들은 『신성 가족』(1845)과 『독일 이데올로기』라는 두 저작에서 이전에 그들의 헤겔 좌파 동지들이었던 L. 포이어바흐와 Br. 바우어와 M. 슈티르너에 대한 비판을 발판으로 삼아 역사적 유물론의 기초를 체계적인 형태로 가다듬는다. 이를 위한 전제는 "인간이 '역사 만들기'를 할 수 있기 위해서는 살 수 있어야 한다"는 가정이다. 인간 스스로가 이런 삶을 생산하고, 이런 삶 속에서 생존 수단들을 생산한다. 삶의 물질적 조건의 생산에 다른 모든 것들이 달려 있다. 특히 인간의 표상과 이념들은 생존의 물질적 기초와 조건에 의존한다. 그런 것들은 그때그때의 생산성과 생산 관계의 발전 수위에 의해 조건지어진다. 이런 주장은 "의식은 오직 의식된 존재일 따름이며, 인간의 존재는 인간의 현실적인 삶의 과정이다"라는 고전적인 문장에서 그 정점에 다다른다.

역사적 유물론에서는 현실적 인간이 그 출발점이며, 현실적 인간의 현실적 삶의 과정으로부터 이런 삶의 과정의 이데올로기적 반영물들의 발전도 서술된다. […] 이를 통해 도덕이나 종교나 형이상학이나 그 밖의 다른 이데올로기와 그에 상응하는 의식 형식들은 더 이상 자립성이라는 허상을 유지하지 못한다. […] 의식이 삶을 규정하는 것이 아니라, 삶이 의식을 규정한다.(II, 23)

그 밖에도 마르크스와 엥겔스는 브뤼셀에 머물면서 당시에 결성되기 시작한 국제적 사회주의 노동 운동 조직에 적극 참여한다. 여기서 두 사람은 다양한 변주 형태의 유토피아적 및 종교적 사회주의에 대항하여 그들의 이른바 '과학적 사회주의'를 관철시키고 대중화하려고 시도한다. 1847년 가을에 그들은 '의인義人 동맹'이 발전하여 결성된 런던의 '공산주의자 동맹'이 그들에게 역사적 유물론을 토대로 하여 확정된 운동 강령을 마련하여 제시해줄 것을 위촉하자 그 기회를 얻는다. 엥겔스가 작성한 「공산주의의 근본 명제」*Grundsätze des Kommunismus*(1847)를 기초로 하여 마르크스는 1848년 2월에 파리 2월혁명이 발발하기 불과 수일 전 『공산당 선언』을 완성한다. 이 저작은 마르크스가 앞서 발전시켰던 혁명적 철학의 기본 사상을 수사학적으로 인상 깊게 대중들에게 전달하려는 것이다. "만국의 노동자여, 단결하라!"라는 이 저작의 표어는 처음에는 거의 호응을 얻지 못했다. 그렇지만 그것이 나중에는 매우 큰 정치적 폭발력을 갖게 되었다. 그렇게 된 데에는 이 저작이 일체의 도덕적 호소를 자제하고, 그 대신에 엄격한 학문성을 자임하는 분석을 통해 크게는 세계사의 근본 법칙을 그리고 작게는 시민 사회의 근본 법칙을 제시해주고, 그런 근본 법칙들로부터 불가피하게 뒤따르는 경제적 · 사회적 · 정치적 관계의 혁명적 변혁과 프롤레타리아트에 의한 인간의 자기 해방이라는 귀결을 이끌어내고 있다는 것에 기인하는 바가 적지 않다.

파리를 필두로 하여 (예컨대 베를린이나 빈 같은) 유럽의 다른 여러 주요 도시에서 발발한 1848년 혁명이 처음에는 마르크스의 기대와 예언을 입증해주는 듯이 보였다. 시민적 자본주의 사회가 지배하는 시대의 종말이 임박한 듯이 보였던 것이다. 마르크스와 엥겔스는 즉시 독일로 귀국하여 쾰른을 거점으로 삼아 『신 라인 신문』을 통해 독일 연맹, 그 중에서도 특히 베를린과 빈에서 일어나는 혁명적 사건에 언론의 영향력을 확보하려고 시도했다. 그러나 이 시도는 무산되었다. 이미 1849년에 혁명은 도처에서 좌절되었다. 프로이센과 오스트리아에 자리 잡고 있는 구세력이 다시금 우세를 점하게 되었다. 프랑크푸르트의 파울스키르헤 회의에 대표자들을 소집한 시민 계급은 독일을 자유주의적이고 민족적인 입헌 국가로 개혁하려는 정치적 희망을 관철시킬 수가 없었다. 산업 후진국인 독일에는 아직 거의 존재하지 않았던 프롤레타리아트는 혁명의 사건에서 그 어떤 의미 있는 역할도 도무지 하지 못했다.

Ⅳ

1848년 혁명의 이런 결말에 독일의 자유주의적 시민 계급이 크게 낙담했다면, 칼 마르크스와 그의 동료들은 더더욱 그러했다. 소위 과학적 사회주의의 인식을 통해 굳건한 확신으로 굳어진 그들의 희망이 무너진 것이다. 그 모든 헌신과—혁명이 일어난 기간 동안에 마르크스는 베를린과 빈으로 갔었다—언론 활동을 통해 혁명을 격화시키려는 집중적인 노력에도 불구하고, 독일에만 국한된 현상은 아니었지만 특히 독일에서 시민 혁명을 프롤레타리아트 혁명으로 전화시키기에는 프롤레타리아트가 가진 힘이 너무도 허약하다는 사실이 밝혀졌다. 무국적자인 마르크스는 독일에서 추방되어 가족과 함께 파리를 거쳐 런던으로 갔는데, 그곳은 마르크스가 사망할 때까지 그의 거주지가 되었다. 1852년에는 '공산주의자 동맹'이 해체되었다. 이로써 사회주의 노동 운동에서 힘겹게 쌓아올린 조직의 받침대가 허물어졌으며, 마르크스와 엥겔스는 "맨 처음부터 다

시 시작"할 수밖에 없게 되었다.(VI, 841)

그 다음 시기에 두 사람은 무엇보다도 두 가지 문제에 몰두한다. 왜 1848년 혁명이 희망차게 시작하고서는 그토록 빨리 도처에서 붕괴되었는가? 그리고 현재 상황을 정치적, 사회적, 경제적으로 변혁시키는 데에 성공할 수 있는 조건들이 자본주의의 발전 법칙에 상응하여 언제 다시 새롭게 조성될 것인가? 첫 번째 질문에 대한 답변은 다음과 같다. 1849년부터 유럽 전역에 다시 찾아온 경제적 호황이 혁명을 좌초시켰다. 마르크스에게는 자본주의적 경제 체제의 위기가 정치적 및 사회적 혁명이 성공을 기약할 수 있기 위해서 없어서는 안 될 전제 조건임이 분명하다.

두 번째 질문에 관해서는 그는 다음과 같이 답변한다. 1848년 혁명의 실패를 통해 프롤레타리아트의 지배가 단기적 목표에서 장기적 목표로 변했다. 자본주의 체제를 다시 뒤흔들기 위해서는 새로운 경제 위기, 보다 더 정확히 말하자면 연속되는 위기들의 연쇄와 '영구 혁명'이라는 새로운 전략이 필요하다. 사회주의자들의 임무는 "모든 크고 작은 유산 계급들이 지배권에서 축출될 때까지 영구적으로 혁명을 하는 것"이다.(*MEW* 7, 248) 이런 새로운 전략이 이후 몇 년간 마르크스의 언론 활동과 정치 작업을 규정하게 된다. '국제 노동자 협회' IAA의 「창립 선언문」*Inauguraladresse*(1864)에서 마르크스는 "1848년에서 1864년에 이르는 기간 동안 전대미문의 산업 발전과 상업의 성장이 이루어졌음에도 노동자 계급의 빈곤은 완화되지 않았다"고 말한다. 그리고는 그는 "노동자 계급의 해방"을 위한 전면 투쟁을 촉구하면서, 그 투쟁의 성공 여부는 한편으로는 노동자 조직에, 다른 한편으로는 노동자들의 국제 연대에 달려 있다고 말한다.(III/2, 866 이하) 이 '제1인터내셔널'이 좌초되자 마르크스는 그로부터 민족 국가의 시대에는 노동 운동이 그 힘의 국제적 통합을 생각하기에 앞서서 우선 민족적 차원에서 조직되고 선동되어야 한다는 결론을 이끌어낸다. 그리하여 그는 다시 독일에서 노동 운동의 전개에 투신한다. 하지만 그는 1875년에 고타 전당대회에서 결성된 '독일 사회주의 노동당'의 수립에 대해서는 자신의 '혁명적 사회주의'의 관점에서 비판적 입장을 취할 수밖에 없었다. 그의 『고타 강령 비판』(1891년에 엥겔스에 의해 유작으로 출판됨)이 이를 증언해준다.

V

그렇지만 마르크스가 '혁명적 사회주의'의 진정한 학문적 기초를 놓은 것은 그의 광범위한 정치경제학 비판에서였다. 그는 정치경제학 비판을 완성하는 작업에 1850년부터 그의 임종시(1883년)까지 줄곧 힘썼지만 끝내 마무리를 짓지 못했다. 일부는 출판되고 일부는 출판되지 못한 이와 관련된 저서와 단편과 초록 등등의 전체적인 범위는 새로운 역사적 · 비판적 판본인 『마르크스 · 엥겔스 전집』 *Neue MEGA*의 틀 내에서 비로소 규명되고 해석될 수 있을 것이다. 이 문단에서는 다만 이러한 정치경제학 비판의 형성 과정 중에서 가장 중요한 단계들을 스케치하고, 각 단계의 결정적으로 중요한 내용적인 면들을 소개한 후에, 끝으로 이를 마르크스의 역사이론 및 사회이론과 연관된 핵심적인 원문 구절들에 의거하여 해석하려고 한다.

1849년에 마르크스는 『공산당 선언』을 기초로 삼아 작성하여 『신 라인 신문』에 「임금 노동과 자본」*Lohnarbeit und Kapital*이라는 제목으로 게재한 일련의 논설문들을 통해 경제학 연구에 다시 착수한다. 이에 뒤따라 1857년에는 『정치경제학 비판 서문』 *Einleitung zu einer Kritik der politischen Ökonomie*이 나온다. 이 저작은 헤겔 『논리학』의 맥락 안에서 방법론적 문제를 다루고 또 내용적으로는 생산과 분배와 교환과 소비 사이의 변증법적 연관을 다루었지만, 그 당시에는 출판되지 못했다.(VI, 802 이하 참조) 후속작인 『정치경제학 비판 요강』(1857/58년에 집필된 구상 단계의 초고, 1939/41년에 비로소 출판됨) 역시 넘쳐나는 자료들을 체계적인 목차로 편성하는 일에 마르크스가 어려움을 겪고 있음을 보여준다. 이 초고를 대신해서 1859년에 『정치경제학 비판 — 제1부』 *Zur Kritik der Politischen Ökonomie — Erstes Heft*가 출판되는데, 이 저서에서 마르크스는 처음으로 잉여가치론을 완성한다. 이 주제와 관련된 방대한 후속 연구들은 마르크스의 생전에는 더 이상 출판되지 못한다. 그러다가 1910년에야 비로소 칼 카우츠키Karl Kautsky가 이 연구들을 유고에서 편집하여 『잉여 가치 학설사』라는 제목으로 된 총 4권의 저서로 완간한다. 반면에 『정치경제학 비판』의 제2부는 1861년에 주저인 『자본론』의 제1권으로 출판된다. 이 제1권에 뒤이어 3권이 더 나올 예정이었다. 제1권에서 제3권까지는 시민적 정치경제학의 체계적이고 방법론적인 비판에 할애될 예정이었다. 그 중에서 제2권과 제3권은 엥겔스가 작고한 친구의 유고를 편집하여 유저로 각각 1885년과 1894년에 출판했다. 마지막 제4권은 그 주제로 볼 때 『잉여 가치 학설사』가 대신한다고 간주할 수 있다.

그러므로 『자본론』으로 그 최종적인 형태를 갖추었어야 할 주저 『정치경제학 비판』은 미완의 작품으로 남는다. 바로 이 점이 내용상 중요한 점들을 서로 연관시켜 고찰하는 데에 어려움을 준다. 하지만 자본 내지 화폐가 시민적 자본주의 시대의 인격화 그리고 이 시대와 불가분으로 결합되어 있는 인간의 자기 소외 및 사물화의 진정한 체현으로 간주된다는 점은 확실하다. 자본의 보편적 지배 아래에서 모든 인간적 관계는 상품 관계와 교환 관계로 변한다. "화폐에서 인간 존재의 소외는 그 궁극적인 표현을 획득한다."(S. Landshut)

시민 사회, 그 중에서도 특히 노동계는 점점 더 자본이 발휘하는 이런 전도顚倒의 영향 아래 놓이게 된다. 마르크스의 의도는 근대 사회의 경제적 운동 법칙을 폭로하는 것이다. 이를 위해 그는 자본에 대한 노동의 관계를 집중적으로 분석하면서 자본이 노동에 미치는 도착적倒錯的 영향을 연구한다. 그는 모든 생산 상품의 가치가 그 상품에 투여된 노동에 따라 측정되는데, 자본가들은 시장에서 통상 그보다 더 높은 가격을 얻어내어 지속적으로 잉여 가치를 획득하고 축적한다는 사실을 인식했다. 자본의 결정적인 운동 과정은 이러한 자본과 잉여 가치의 축적에 있다. 그 다음으로 그것은 내적 필연성을 가지고 자본이 소수의 손에 집중되게끔 야기하는 방향으로 진행된다. 경쟁의 이전투구 속에서 상대적으로 약한 동료들은 차츰차츰 도태되고 자본은 점점 더 소수의 자본가들에게 집중된다. 반면에 그 나머지 사회 전체는 끊임없는 하락의 과정, 즉 프롤레타리아화와 종국에는 빈곤화의 과정 속으로 휩쓸려 들어간다.

마르크스는 이런 빈곤화의 진행을 변증법적으로 해석한다. 자본이 점점 더 소수의 자본가들에게 귀속되고 점점 더 큰 규모의 프롤레타리아들을 산출함으로써, 그것은 동시에 프롤레타리아트를 자본의 무덤을 파는 사람들로 만들어낸다는 것이다. 왜냐 하면 프롤레타리아트 중에서 산업 예비군이 생성되고, 자본의 집중과 더불어 동시에 일어나는 대중의 빈곤화가 진척됨에 따라 이 산업 예비군이 자본주의 체제의 위기와 최종적으로는 혁명을 유발시키게 되기 때문이다. 이를 통해 다수에 대한 소수의 지배가 종식될 것이고, 그 대신에 소수에 대한 다수의 지배, 즉 프롤레타리아트 독재가 들어서게 될 것이다. 이제 사회는 사회적 소유가 된 생산 수단을 손수 장악하고 생산을 사회적 생산으로 새롭게 조직할 것이다. 이로써 사회는 자기 소외로부터 완전히 해방될 것이다.

마르크스는 이런 복잡한 정치경제학적 연구를—그 이론적 추상성에도 불구하고—국제적 노동 운동과 그 혁명적 실천 강령의 기초로 이해했다. 그러나 노동 운동의 편에서는 이를 파악하기가 쉽지 않았으며 오해로 이끌리곤 했다. 그렇지만 이런 연구들이—시간적 간격에도 불구하고—초기 저서들의 결정적인 근본 사상, 즉 인간이 근대의 시민적 자본주의 세계의 생활 조건 아래에서는 소외되어 있고 이런 인간의 다중 소외가 이론적 및 정치적 노동을 통해 '지양'되어야 한다는 근본 사상을 고수하고 있다는 점이 중요하다. 이런 철학적 · 인간학적 연관성은 『정치경제학 비판 — 제1부』의 서문에 나오는 다음과 같은 구절이 문서로 증명해준다. 마르크스 스스로가 이 구절을 그의 철학적 · 경제학적 연구의 "일반적인 결론"이자 동시에 그 "실마리"라고 일컬었다. 실제로 그 구절은 마르크스의 사회이론과 역사이론에 담겨 있는 모든 본질적인 근본 사상을 극히 간략한 문장으로 집약하고 있다. 그렇기 때문에 여기에서 그 원문을 그대로 인용하겠다.

인간은 그들이 영위하는 삶의 사회적 생산에서 필연적이고 그들의 의지와는 독립적인 특정한 관계 속으로 들어간다. 즉 그들의 물질적 생산력의 특정한 발전 단계에 상응하는 생산 관계 속으로 들어간다. 이러한 생산 관계의 총체가 그 사회의 경제 구조를 형성한다. 그것이 그 위로 법률적 및 정치적 상부 구조가 세워지고 그것에 특정한 사회적 의식 형태가 조응하게 되는 실제적 토대이다. 물질적 삶의 생산 양식이 사회적, 정치적, 정신적 삶의 과정 일반을 제약한다. 인간의 의식이 그들의 존재를 규정하는 것이 아니라, 반대로 그들의 사회적 존재가 그들의 의식을 규정한다. 사회의 물질적 생산력이 일정한 발전 단계에 이르면 기존의 생산 관계 또는 그것의 법률적 표현에 불과한 소유 관계, 즉 그 내부에서 지금까지 물질적 생산력이 운동해 왔던 소유 관계와 모순에 빠지게 된다. 이 생산 관계 내지 소유 관계는 생산력의 발전 형태에서 그에 대한 질곡으로 전도된다. 그러면 이제 사회 혁명의 시기가 도래한다. 경제적 기반의 변화와 더불어 거대한 상부 구조 전체가 서서히 또는 급격하게 변혁된다. 그런 변혁들을 고찰할 때에 우리는 늘 경제적 생산 조건에서 일어나고 자연과학적으로 정확하게 확인할 수 있는 물질적 변혁들과 법적, 정치적, 종교적, 예술적, 철학적 형태들, 한마디로 말해 사람들이 이런 대립을 의식하게 되고 투쟁을 통해 해결해가는 이데올로기적 형태들을 구별해야 한다. 어느 한 개인을 그 스스로가 자신을 어떻게 생각하는지에 따라 판단할 수 없듯이,

그런 변혁의 시기를 사람들의 의식에 의거하여 판단할 수는 없다. 오히려 이 의식이 물질적 삶의 모순들, 즉 사회적 생산력과 생산 관계 사이의 현존하는 갈등에서 설명되어야 한다. 어느 한 사회 구성체는 그것이 감당할 수 있는 모든 생산력이 다 발전하기 전까지는 결코 붕괴되지 않는다. 또한 더 고차원의 새로운 생산 관계는 그것의 물질적 실존 조건들이 기존 사회 자체의 태내에서 부화되기 전까지는 결코 등장하지 않는다. 그러므로 인류는 항상 그들이 해결할 수 있는 과제만을 스스로에게 제기한다. 왜냐하면 좀 더 자세히 고찰해보면 우리는 항상 과제 자체가 그 해결의 물질적 조건이 이미 현존하거나 적어도 생성 과정 중에 있는 곳에서만 출현한다는 사실을 발견하게 될 것이기 때문이다. 개괄적으로 말해 경제적 사회 구성체의 진보에 따른 시기들로 아시아적, 고대적, 봉건적, 근대 시민적 생산 양식들이 거론될 수 있다. 시민적 생산 관계는 사회적 생산 과정의 최종적인 적대적 형태이다. 여기서 적대적이라 함은 개인적 적대를 의미하는 것이 아니라 개인의 사회적 생활 조건에서 발생하는 적대를 의미한다. 그러나 시민 사회의 태내에서 발전하는 생산력은 동시에 이런 적대 관계를 해결하기 위한 물질적 조건들도 창출해낸다. 그러므로 바로 이러한 사회 구성체와 더불어 인간 사회의 전사前史는 종결된다.(VI, 838~840)

이 함축적인 문구를 이해하기 용이하게 개별적인 논변항들로 나누어보자. 그 첫 번째 항은 보편사적 관점을 문장으로 표현하는데, 그 중심에는 삶을 영위하면서 역사적으로 구체적인 상황 속에서 각각의 특정한 생산력에 상응하는 생산 관계를 발전시키는 사회적으로 생산하는(노동하는) 존재로서의 인간이라는 철학적 규정이 놓여 있다. 이러한 생산력과 생산 관계가 함께 그 사회의 경제적 전체 구조 또는 사회 구성체를 형성하는데, 이것이 또한—삶의 실제적 토대로서—사회적 의식 형태를 규정한다. 그러한 한에서 사회적 존재가 의식을 규정한다.

이에 기초하여 두 번째 논변항은 '역사의 운동 법칙'을 발전시킨다. 상대적으로 동적인 생산력과 상대적으로 정적인 생산 관계 및 소유 관계 사이의 긴장 내지 모순에서 경제적 및 사회적 위기가 발생하고, 이 위기는 뒤떨어진 생산 관계를 극복하는 "사회 혁명의 시기"를 유도한다. 세 번째 논변항은 이 혁명이 (정신적) 상부 구조가 아닌 (물질적) 토대, 즉 사회정치적 차원에서는 계급 투쟁으로 나타나는 생산력과 생산 관계의 실제적 모순에서 비롯된다는 점을 강조한다.

네 번째 논변항은 역사 과정을 전체적으로 기술한다. 마르크스는 일체의 혁명적 주관주의나 주의주의主意主義를 거부한다. 다섯 번째이자 마지막 논변항은 첫 번째 항으로 다시 되돌아간다. 초기에서 현재에까지 이르는 전체 세계사가 그 경제적 기반에 따라 아시아적, 고대적, 봉건적, 근대 시민적 생산 양식이라고 일컬어지는 네 가지 시기로 크게 구분된다. 이 생산 양식들 각각은 처음에는 역사 과정에서 진보적인 역할을 하지만, 그것이 진행되면서 발생하는 경제적 및 사회적 모순들에 의해 그 다음의 더 발전된 생산 양식으로 진척된다. 이런 도식에서 시민적 생산 양식의 시기는 계급 투쟁에 의해 지배되는 "최종적인 적대적" 시기인 바, 이 시기는 자신의 극복자인 프롤레타리아트를 자신 속에서 생산해낸다. 따라서 마르크스에게 프롤레타리아트는 인류의 '해방 계층'이다. 마르크스에 따르면 프롤레타리아트에 의한 시민 사회의 '지양'과 더불어 "인간 사회의 전사"가 끝나고, 그 다음에 소외의 제형태로부터 해방된 인간의 역사인 인류의 진정한 역사가 시작될 수 있게 된다.

VI

마르크스는 자신의 저작에서 완결되고 체계적인 국가론을 남겨 놓지 않았다. 『정치경제학 비판』의 전체 계획에서는 '국가'를 다루는 한 권의 독자적인 책이 예정되어 있었으나 실행되지 못했다. 그 대신에 마르크스의 초기 저서에서 후기 저작들에 이르는 전체 저작에 국가와 정치에 관한 언급과 발언들이 산재한다. 그런 자료들은 마르크스의 비판적 사회이론 및 역사이론의 맥락 속에서 그 체계적 위치를 가지며, 1848년 혁명이나 1870/71년의 프랑스 코뮌 같은 역사적 사건들의 분석을 통해 재차 구체화된다. 이때 일차적인 '현실 사회학적' 인식 목표가 되는 것은 시민·자본주의적 생산 관계의 조건 아래에서 일어나는 인간 소외의 전개와 유지라는 맥락 속에서 정치 내지 국가가 담당하는 지위와 기능을 규정하는 일이다. 마르크스의 정치이론에서는 국가가 이런 사회적 삶을 규정하는 계급 투쟁에서 무슨 역할을 하는가라는 물음이 중요하다. 그는 이미 『공산당 선언』에서 시민 사회가 부상하면서 국가를 자신의 지배 도구로 만들었다는 점을 다음과 같이 지적했다.

부르주아지의 각 발전 단계는 그에 상응하는 정치적 진보를 동반했다. 봉건 영주의 지배 아래에서는 억압받는 신분이었고, 어떤 곳에서는 독립한 도시 공화국, 다른 곳에서는 군주정 하의 납세 의무를 지닌 제3신분, 그리고 공장제 수공업 시기에는 신분제 군주정이나 절대 군주정의 귀족에 대항하는 균형추이자 대규모 군주 국가들 일반의 주된 기반이었던 부르주아지는 대공업과 세계 시장이 형성된 이래로 현대의 대의제 국가에서 마침내 독점적인 정치적 지배권을 쟁취했다. 현대의 국가 권력은 부르주아지 계급 전체의 공동 업무를 관장하는 위원회에 지나지 않는다.(II, 819~820)

지배적 시민 계급의 수중에 있는 위원회나 도구로서의 국가라는 명제는 오래도록 마르크스의 국가론의 기반으로 남게 되며, 정치체제에 대한 프롤레타리아트의 관계도 이에 의해 규정된다. 이 명제는 바로 이런 형태로 나중에 레닌V. I. Lenin과 스탈린I. V. Stalin의 마르크스주의적 국가론으로 수용되고 더 발전된다.

이미 마르크스도 계급으로서의 프롤레타리아트를 해방시키기 위해서는 모든 관계를 전복시키는 포괄적인 혁명이 요구된다는 결론을 이런 국가 개념으로부터 도출했다. 그렇기 때문에 혁명 개념은 전략적 기능을 획득하게 되는데, 그 중심에는 궁극적으로는 프롤레타리아트에 의한 정치권력의 장악이 있다. 마르크스가 주지주의적 혁명 개념의 지지자가 아니라는 점이 중요하다. 사회주의 혁명의 성공은 오히려 경제적 기본 조건들에 결정적으로 달려 있다. 경제적 기본 조건들이 혁명을 위해 '성숙' 되어 있어야만 한다는 것이다.

이런 전제 조건 아래에서는 혁명이 통상 필연적으로 폭력적 특성을 띨 수밖에 없다. 혁명의 폭력적 특성은 지배적 시민 계급이 그들의 지위를 자발적으로 내놓지는 않을 것이라는 사실에서 비롯된다. 그렇지만 마르크스와 (특히) 엥겔스는 평화로운 이행의 가능성도 고려한다. 혁명의 일차적인 목표는 프롤레타리아트가 국가 권력과 정치 제도들을 '정복'하고 점거하는 것 그리고 그것들을 프롤레타리아적 변혁의 목적에 맞게 기능 전환을 하는 것인데, 이는 프롤레타리아트 독재를 통해 관철될 수밖에 없다. 이에 따라 『고타 강령 비판』에서 마르크스는 다음과 같이 강조한다.

자본주의 사회와 공산주의 사회 사이에는 그 하나로부터 다른 하나로의 혁명적 변혁의 시기가 있다. 정치적 이행기 역시 이에 상응하는데, 이런 이행기의 국가는 프롤레타리아트의 혁명적 독재가 될 수밖에 없다.(***MEW*** **19, 28**)

이런 구절들에서 마르크스가 프롤레타리아트 독재를 공산주의 사회로 가는 도상에서 나타나는 정치적 권력 조직의 필연적인 이행 형태로 간주했음을 알 수 있다.

그냥 공산주의라고도 일컬어지는 이런 공산주의 사회는 다만 그 윤곽이 암시적으로 묘사되어 있을 뿐이다. 이런 언급들은 한편으로는 공산주의를 특징적으로 부각시키는 것이 시민적 소유 관계의 철폐라는 점을 강조한다. 다른 한편으로는 "궁핍과 외적 합목적성에 의해 규정되는 노동이 중지되는 곳"에서부터 시작되는 "자유의 왕국"이 거론된다.(***MEW*** **25, 828**) 그런데 '자유의 왕국'은 생필품들을 마련하기 위해 들여야 하는 노동 시간의 단축을 통해 획득될 수 있는 '자유 시간'을 전제로 한다. 더 나아가 '자유의 왕국'인 완성된 공산주의 사회에서는 사회와 대립한 질서 권력으로서의 국가가 그 필수적인 기능을 상실하게 된다. 국가는 지양, 즉 '소멸'될 수 있다. 자주 인용되는 다음의 구절은 엥겔스에게서 유래한다. "인간에 대한 통치를 대신하여 사물의 관리와 생산 과정의 지도가 들어

선다."(*MEW* 20, 262) 여기에서 마르크스와 엥겔스의 예언은 유토피아적인 것을 언뜻 내비친다. 통치자와 피통치자의 가능한 동일성이라는 루소적 이념이 이들을 그 방향으로 유인했음에 틀림없다.

Ⅶ

(1989년 이후로) 이데올로기와 체제로서의 사회주의가 붕괴됨으로써 마르크스의 사회이론과 역사이론의 영향 및 수용사는 현저한 하락세에 접어들었다. 그러나 그 이전까지는 그것의 영향사가 여러 마르크스주의의 조류들이라는 형태로 19세기 말과 20세기 전체가 나타나는 모습 가운데 하나를 이루었었다. 여기에서는 우리가 다만 이런 이념사적 소묘의 맥락 속에서 그 영향사를 매우 간략하게 윤곽으로만 살펴볼 수 있겠다.

마르크스의 학설이 마르크스주의의 여러 형태로 유럽의 노동 운동과 노동당, 그 다음에는 (러시아의 1917년 10월혁명 이후로) 소비에트 공산주의 그리고 그로부터 파생된 (예컨대 중국 같은 곳에서의) 세계 공산주의의 조류들이 내세우는 이데올로기와 강령의 권위적 기초였다는 실제 역사의 사실이 오랫동안 마르크스 이론의 영향사에서 중요한 역할을 했다.

칼 마르크스의 본래 철학이 거쳐 갔던 변형 과정이 그것의 광범위한 정치적 영향력을 이해하는 데에 근본적으로 중요하다. 페처I. Fetscher는 이 과정을 '프롤레타리아트의 철학에서 프롤레타리아적 세계관으로'라는 제목으로 분석하면서, 어떻게 "칼 마르크스의 비판이론이 […] 공산주의 국가의 당원들과 국민들을 주입식으로 교화하고 규율화하는 도구로 되기까지 알아보기 어려울 정도로 변화했는지"를 추적하여 묘사했다. 소비에트 이데올로기의 교조에서 효율적인 정당화와 통합의 수단을 얻으려는 목적에 따라서 본래의 마르크스주의가 마르크스 · 레닌주의와 스탈린주의로 변형된 것이다. 지배 이데올로기로의 개조는 사회주의가 붕괴되기 전까지 마르크스주의가 지배 체제와 지배 이데올로기로서 세계사적 영향력을 발휘할 수 있었던 결정적인 전제 조건을 이루었다.

그렇지만 이는 마르크스의 영향사가 지닌 단지 한 쪽 측면에 지나지 않는다. 이런 측면 이외에도 그것과 나란히 그리고 때로는 그것과의 갈등 속에서 특히 철학적 초기 저서들에 표현되어 있는 본래의 인본주의적인 또는 철학적인 관심사를 새롭게 활력을 불어넣어 활성화시키려는 시도가 늘 재차 이루어지곤 했었다는 사실을 잊어서는 안 된다. 그 중에서도 가장 심도 있으면서도 동시에 이론적으로 가장 수준이 높고 파장이 큰 시도들은 1920년대와 30년대 초에 마르크스의 초기 저서들이 최초로 출판된 것과 맞물려서 이루어졌다. 이런 시도와 관련된 이름들로 게오르크 루카치, 칼 코르쉬 Karl Korsch, 에른스트 블로흐, 헤르베르트 마르쿠제, 막스 호르크하이머Max Horkheimer 등을 들 수 있다. 그리고 그런 시도는 1950년대 이래로 프랑크푸르트 사회 연구소Frankfurter Institut für Sozialforschung에서 아도르노Th. W. Adorno, 호르크하이머, 하버마스J. Habermas 등이 이끄는 '프랑크푸르트 학파'의 '비판이론'으로 계승된다.

1989년 이후의 붕괴와 더불어 마르크스주의는 그 교조적 양태에서건 네오마르크스주의적 변주들에서건 가장 큰 위기에 봉착하게 되었다. 이로써 마르크스주의의 영향 및 수용사는 20세기 말엽에 최종적인 종말을 맞이한 듯이 보인다. 그렇다고 '정치사상의 거장'으로서 마르크스가 정치 이념사의 범위 안에서 고루해지고 모든 중요성을 상실하게 된 것일까? 분명 그렇지는 않을 것이다. 그런 평가는 정치 이념사에서 이론과 실천을 잘못 편입시키는 것에서 비롯된다. 아마도 두 번째 『마르크스 · 엥겔스 전집』*Neue MEGA*이 10년간의 중단 끝에 1999년부터 다시 속간된다는 사실이 이에 대한 간접 증거가 될 것이다.

따라서 1989년 이후에 교조적 지배 이데올로기로서의 마르크스주의가 종말을 고한 것은 또한 칼 마르크스의 저작들을 새롭게 이념사적으로 연구하는 기회를 열어줄 수도 있을 것이다. 마르크스의 저작들은 아직까지 그 전모가 공개되지 않았으며, 이제야 비로소 19세기와 20세기의 정치 이념사라는 맥락 속에서 그 성과와 의미를—목전의 정치적 함의와 선택에서 자유롭게 되어—왜곡 없이 접하고 해석할 수 있게 되었다.

-테오 슈탐멘 Theo Stammen

프리드리히 니체
Friedrich Nietzsche(1844~1900)

– 연대표 –

1844년	10월 15일 독일 뤼첸Lützen 근교의 뢰켄Röcken에 있는 목사 가정에서 출생.
1850~64년	나움부르크Naumburg에서 수학. 1858~64년 슐포르타Schulpforta에 통학생으로 재학.
1864~67년	본 대학교에서 신학과 문헌학을 전공. 2학기를 마친 후에 라이프치히 대학교에서 문헌학을 전공.
1868~69년	나움부르크에서 군복무. 낙마 사고로 퇴역. 라이프치히 대학교에서 사강사로 활동.
1869~78년	스위스 바젤Basel 대학교에서 고전 문헌학 교수로 재직. 라이프치히 대학교에서 공개 토론 없이 박사학위 취득. 잦은 병고로 휴직과 여행을 반복함.
1869~76년	리하르트 바그너Richard Wagner와 친교. 바이로이트Bayreuth의 오페라 극장 설립을 위한 설립 취지서들을 작성하지만, 1876년에 극장이 개장되면서 바그너와의 관계가 깨짐. 『음악의 정신으로부터 비극의 탄생』*Die Geburt der Tragödie aus dem Geist der Musik*(1827, GT로 표기) 출판. 『다섯 편의 쓰이지 않은 책을 위한 다섯 서문』*Fünf Vorreden zu fünf ungeschriebenen Büchern* 중에서 「『그리스 국가』 서문」*Vorrede "Der griechische Staat"* (1872, GS로 표기) 집필. 『그리스 비극 시대

	의 철학』*Philosophie im tragischen Zeitalter der Griechen*(1873) 집필. 「비도덕적 의미에서의 진실과 거짓에 관하여」*Über Wahrheit und Lüge im außermoralischen Sinne*(1873) 발표.
1874~79년	총 4권으로 된 『반反시대적 고찰』*Unzeitgemäße Betrachtungen*(*UB*로 표기) 출판. 악화된 건강을 이유로 대학 근무에 대한 사표를 제출. (어쩌다 독일에 머물 뿐 이탈리아, 프랑스, 스위스 등지에서) 불안정한 유랑 생활을 시작. 『인간적인, 너무나 인간적인』*Menschliches, Allzumenschliches*(1878, *MA I*로 표기), 『인간적인, 너무나 인간적인. 여러 견해와 발언』*Menschliches, Allzumenschliches. Vermischte Meinungen und Sprüche*(1879, *MA II*로 표기), 『방랑자와 그의 그림자』*Der Wanderer und sein Schatten*(1880, 후에 *MA II*에도 수록됨, WS로 표기), 『서광』*Morgenröthe*(1881, *M*으로 표기), 『즐거운 학문』*Die Fröhliche Wissenschaft*(1882, FW로 표기) 출판.
1882년	영겁 회귀 사상의 '엄습'(차라투스트라). 『차라투스트라는 이렇게 말했다』*Also sprach Zarathustra*(1883~85, Z로 표기) 출판.
1886~88년	『선악의 피안』*Jenseits von Gut und Böse*(1886, *J*로 표기), 『도덕의 계보학』*Zur Genealogie der Moral*(1887, *GM*으로 표기), 『바그너의 경우』*Der Fall Wagner*(1888) 출판. 『우상의 황혼』*Götzen-Dämmerung*(1889), 『반反그리스도』*Der Antichrist*(1895), 『니체 대 바그너』*Nietzsche contra Wagner*(1895), 『이 사람을 보라』*Ecce homo*(1908)도 같은 시기에 집필되었으나 정신병 발작 이후에 출판됨.

	이탈리아의 토리노Torino에서 쓰러짐. 치매 증세가 발병하여 점점 더 악화되기 시작함. 바젤과 예나에 있는 요양소에 머물다가 나움부르크에서 어머니의 간호를 받음. 1897년부터는 바이마르에서 누이동생 엘리자베트 푀르스터-니체Elisabeth Förster-Nietzsche의 간호를 받음.
1900년	8월 25일 바이마르에서 사망.

I

프리드리히 니체가 정치적인 것의 '이론'에 대해서 일말의 관심이라도 보여준 곳은 그 어디에도 없다. 그렇지만 그는 기존의 고전적 상태를 넘어서는 정치이론의 발전이라는 관점에서 그리고 그가 미친 현저한 영향 때문에 정치사상의 역사에서 마땅히 한 자리를 차지한다.

니체에게서 정치는 늘 부수적인 일로 나타나며, 단지 자연 및 문화와 관련해서 생리학이나 예술이라는 조건 아래에서만 비로소 중요성을 띤다. 그는 궁극적으로 정치가 문화에 어떤 기회를 열어주는가 하는 시각에서만 정치에 관심을 두는 예술가의 관점을 취한다. 니체는 (코지마 바그너Cosima Wagner를 위해 쓴) 「『그리스 국가』 서문」에서 자연과 인간의 현존재와 사회적 '지형' Konfiguration이 국가의 목적 규정과 갖는 관계에 대해 근본적인 각성에 이르게 된다. 국가란 바로 "천재의 도구"이고, 따라서 문화적 생산성의 기본 조건으로 간주될 수 있어야 한다. "국가의 거대한 필연성"은 사회를 "천재의 거울 속에서" 구원해내는 데에 있다는 것이다.(GS; 1, 770 이하) 국가는 "사회 과정을 강제하는 쇠고리에 불과하다."(772)

니체는 법과 정의와 평화와 상호 승인에 기초를 둔 그 시대의 여러 경향들과 논쟁적으로 거리를 두고, '인간의 존엄성'이라든지 '노동의 존엄성'이라는 말을 비웃는다.(764) 그는 다수를 지배하는 배타적 소수의 입장을 추구한다. 이런 식으로 그는 애초부터 합의를 기대할 수 있는 정치적 견해와는 동떨어진 곳에 선다. "정의를 향한 충동"(768)은 그 어디에서나 오직 개별자들 간의 "끔찍한 생존 경쟁"을 명령하는 자연을 무시한다.(765) "공산주의자들"과 "사회주의자들"과 "자유주의자들"은—당연히 그들 자신의 권력을 위한 계산에서—"인간이라는 것Menschending이 수치스럽고 가련한 아무것도 아니라는 사실"을 간과한다.(765) 현존재는 오직 창조적 힘을 증대시킬 때에만 가치를 지닌다. 그런데 천재가 있을 수 있기 위해서는 노예 제도가 필요하다. 니체는 자신이 살고 있는 시대가 조만간 종말을 맞이할 것이라고 예측한다. 왜 그런가? 그 이유는 노예 제도가 철폐되었기 때문이다.

동시대에 대한 비판과 더불어 강인함과 현실주의와 창조적 힘에서 우월한 고대가 그에 대립된 상으로 곧장 호출된다. 고대는 국가를 "인간종을 집어삼키는 횃불"(771)로 인식했으며, 모든 권리는 폭력으로부터 나온다는 사실을 알고 있었다.(770) 그렇지만 고대는 폭력을 심미적으로 채색하고 "군사적 천재"에게 정치적 희망을 걸 줄 알았다. 니체는 이 '군사적 천재'를 "본래의 국가 설립자"로 이해한다.(775)

다음과 같은 그의 발언은 의도된 도발이다.

나는 현재의 주도적인 민족 운동 그리고 그와 동시에 일어나는 보통 선거권의 확대를 무엇보다도 전쟁에 대한 공포의 결과로밖에는 볼 수 없다.(774)

"사회에는 노예가 필수적이듯이, 국가에는 전쟁이 그만큼 필수적이다"(774)라고 말할 때에 그 적이 되는 것은 민족주의, 민주주의 운동, 자유주의, 경제주의, 유대인의 금융 자본이다. 이렇게 니체는 직접 헤라클레이토스Herakleitos를 계승하여 재차 전쟁을 "만물의 아버지"로 추켜올린다.

우리는 정치를 이런 식으로 정당화하는 것을 '심미적'이라고 부를 수 있을 터인데, 그렇지만 니체의 미학은 그 정당성을 다시금 오직 (비범하게 영위된) 인간 삶에 두고 있다는 점을 덧붙여야만 한다. 플라톤이 그의 가장 중요한 보증인이다. 그는 플라톤의 『국가』*Politeia*를 그것이 신들의 도움 없이 어떤 신적인 것을 추구한다는 이유에서 인간 정신의 가장 대담한 창조물이라고 추천했다. 니체의 심미적 전쟁주의에서 표출되는 투쟁의 낭만화는 정치이론의 출발점으로 삼기에는 지극히 부적합하다고 생각된다. 왜냐 하면 정치적인 것을 사회적 행위의 다른 형태들과 구분짓는 것이 이미 명백하게 전제되고 있기 때문이다. 니체가 그렇게 하듯이 국가를 예술 작품이라고 일컬을 때에는 그 국가가 무엇인지를 미리 알고 있어야만 한다.

Ⅱ

니체의 사유를 추동하는 근본 동인은 인간의 자기 인식에 대한 요구이다. 이 점에서도 그는 소크라테스와 플라톤의 모범을 뒤따르면서, 사회적 삶과 관련해서는 심리학자를 자처하듯이 여기서는 철학자를 자처한다. 일체의 인식에서 인간은 항상 자기 자신과 부딪치고, 자기 자신의 조건에 맞추어 모든 사물의 '인간화'를 추진한다. 니체는 자신의 「비도덕적 의미에서의 진실과 거짓에 관하여」라는 소고에서 주장한 명제와 일치하게 특히 1880년대 초에 작성된 잠언들에서 극복될 수 없는 인간의 자기 편견을 환기시킨다. "우리에게 사물을 은폐시키는 것은 인간이다." "왜 인간은 사물을 보지 못하는가? 그 스스로가 자신에게 방해가 된다. 그는 사물을 감춘다."(『유고』 1880, 6[432]; 9, 309; *M*, 438; 3, 268) "우리는 특정한 변화의 가능성 속에서 언제나 우리 자신을 인식할 뿐이다." (『유고』 1880, 6[419]; 9, 305) 세계는 "인간의 경험의 재고 물품"이다.(『유고』 1883/84, 24[27]; 10, 656)

자기 인식은 필연적으로 사회적 연관을 지시한다. 니체가 사회성이라는 사실을 부인할 생각은 전혀 없었을 것이다. 인간은 항상 타인과의 교제 속에서 비로소 인간이 된다. 문화의 진화는 사회적 대립 속에서 수행되는 인간의 자기 교육이다. '위인'이나 '비범한 인물'도 이로부터 조금도 벗어날 수 없다. 왜냐하면 그들이야말로 인류의 "최고 범례"로 작용하기 때문이다.(2. UB, 9; 1, 317) 인간의 기본적인 사회성은 감각의 발생에서도 구성적인 역할을 한다. 세계는 두 사람 사이의 관계 속에서 맨 처음 생겨난다는 것이다. "우리가 처한 상태에 대한 해석"은 우리가 자기 것으로 만든 "타인의 작품"이다.(『유고』 1880, 6[350]; 9, 286) 그리고 "진실성에 대한 욕구"도 당초에 "사회성"과 더불어 비로소 나타난다.(『유고』 1872/73, 19[177]; 7, 473; *FW*, 354; 3, 590 이하 역시 참조) 인간은 이미 항상 사회적인 활동적 감각 확립의 행위 속에서 생성되며, 이런 행위 속에서 동시에 자신의 사회를 수립한다. 각자의 가치 평가의 척도에 따른 차이와 공통성을 통해 인간은 상호 행위를 위한 공간을 따로 마련하고, 우리에게 오래 전부터 제2의 자연이 된 제도들도 바로 이 공간 속에서 생성된다. 특히 법과 국가의 일률성은 바로 여기에서 연원한다.

니체는 이런 방식으로 발생하는 일체의 것을 문화로 친다. 인간이 수행하는 모든 일은 하나의 문화 속에서 함께 자라며 합쳐진다. 문화는 단지 생각 속에서 감각 생산의 적분積分일 뿐만 아니라 실제로도 인간에게 미래를 향해 효과적이고 창조적으로 내딛는 데에 필요한 안정성을 제공해준다. 문화는 "인류가 존속을 위해 필요로 하는 모든 것의 체계"이다.(*MA II*, 186; 2, 461) 그리고 이런 기능을 하는 문화는 인간에게 너무도 중요해서, 때때로 인간은 인간과 신에 대한 우상 숭배를 저지하기 위해 심지어 "문화에 대한 숭배"도 허용될 수 있다고 여긴다. "모든 인간적인 것의 화음과 지속적인 울림"이 인간의 손에 달려 있는 한, 인간은 문화의 존립을 위해 발벗고 나서야 한다.—필요한 경우에는 심지어 문화의 "전사"戰士로서.(*MA II*, 183; 2, 459)

Ⅲ

이상과 같이 문화라는 형태로 자신을 주장하는 인간과 사회 사이의 연관이 해명되었다면, 이제 정치의 가장 중요한 전제 조건, 즉 정치 행위의 구속성이 가능해질 수 있는 조건을 이해할 수 있게 된다. 왜냐하면 정치적 연합이 물리적 힘들의 단순한 역학의 결과로 이루어지는 것이 아니라면, 개인들로 하여금 그들이 지각하고 자신과 세계를 해석할 때에 서로를 참조하도록 만드는 개별 참여자들의 융합이 있어야만 한다. 니체의 근본 생각은 어느 한 위대한 개인의 형성력을 통해 주도적인 구속력이 생겨난다는 것이다. 천재가 발휘하는 마력 속에서 개인들은 마치 저절로 그렇게 되는 듯이 하나의 전체로 형성된다. 비범한 인물은 포섭력 있는 목적을 도입하고, 그것이 다른 이들의 협조를 받아 정치적 형태를 갖추게 된다. 정치 지도자의 근본 형태인 '군사적 천재'는 자신의 주도적 이념이 지닌 설득력을 통해 정치체를 형성한다.

이와 같은 구상에서 니체는 개별 부분들의 자립성을 하찮게 평가하고, 인권과 인격적 존엄성을 경멸한다. 그렇지만 1880년경에는 니체가 정치적 구속력의 상호성이라는 생각에 다다르게 된다. 법(권리)은 폭력으로부터 발생한다는 소피스트적 학설에서 출발했던 그는 1870년대 말에 순전히 폭력만으로는 법의 상태를 정초하는 데에 불충분하다는 점을 명백하게 깨닫는다. 왜냐 하면 법은 당사자들 간의 상호 승인 없이는 사유될 수 없기 때문이다. 최소한 주고받는 상호성의 허구라도 필요하다. 이를 위해 니체는 "균형의 원리"Prinzip des Gleichgewichts라는 공식을 사용한다.

따라서 균형은 가장 오래된 법론과 도덕론에서 매우 중요한 개념이다. 균형은 정의의 토대이다.(*MA II*, *WS*, 22; 2, 555)

그 시초에 공동체는 위협을 가하는 강한 힘들과 균형을 이루기 위한 약자들의 조직체이다. 적대 세력을 일거에 절멸시킬 수 있을 만큼 강한 경우라면 불균등한 우월함을 위한 조직체가 권장할 만할 것이다.(557)

그렇지만 후자는 개별적인 '가해자'의 경우에만 적절하다고 니체는 말한다. 전망하기 어려운 사회 상황에서는 예상되는 적대 세력의 수준에 대략 자신을 맞추는 것이 유리하다. 왜냐 하면 그렇게 하면 적을 섬멸하는 데에 모든 힘을 집중시킬 필요가 없어서 다른 이해 관심을 추구할 수 있는 충분한 여력이 남아 있게 될 것이기 때문이다.

이처럼 정치적 연합 속에서는 자기 자신의 힘을 다루는 데에 경제적 계산이 지배한다. 사람들은 타인들과 함께 또 다른 타인들에 대항하여 연합함으로써 더욱 영리해진다. 니체가 "해적의 도덕"에서 "상인의 도덕"으로 이행할 때에 관찰된다고 생각하는 "영리해짐"(557)은 '공동체' 들이 연합하면서 더욱 진척된다. 자신의 작품 중기에 그는 정치적 연합들이 담당하는 기능을 강조한다. 이 시기에 그는 정치적 시대 경향에 대해서도 온화하고 이해심 깊게 판단한다. 여기서는 그리스인들이 "낡은 역사의 국가 얼간이"로 나타나는 반면(*WS*, 232; 2, 658), 현대인들은 명백하게 더 나은 상태에 놓인다. "민주주의의 목표와 수단"은 칭송을 받고(*WS*, 292 이하; 2, 683 이하), "노동자의 착취"는 "미래를 대가로 한 불법 건축"으로 단죄되며(*WS*, 286; 2, 682), "진정한 평화"의 실현을 위해서 힘이 최고조에 이르렀을 때 그냥 모든 무기를 폐기하라는 급진적인 권고가 제안된다.(*WS*, 284; 2, 678) 이 시기에 니체는 "선한 유럽인"에게 정치적 희망을 건다.(*MA I*, 475; 2, 309)

비록 니체가 이와 연관해서도 여전히 권태에 빠진 민족에게는 전쟁이 가장 좋은 "치료제"라고 추천하지만(*WS*, 187; 2, 634), "문화의 전사"(*MA II*, 183; 2, 459)라는 역할을 하는 데에는 이제 조금 지친 듯이 보인다. 그는 긴장을 풀고 잡담을 하는 어투로 일상적인 일들에 대해 털어 놓고, "유럽의 민주화"를 멈출 수 없는 것으로 간주하며(*WS*, 275; 2, 671), 또 '보통 선거권' 의 공로를 인정하고(*WS*, 276; 2, 672 이하), "전체로서의 인류"가 "천재성"으로 나아가는 도상에 있다고 본다. 자기 자신을 출발점으로 삼는 개별 존재들이 응집력 있는 정치체를 형성할 수 있는 원인은 자기 자신의 이익을 위해서 타인들과 결합하는 개인들의 "자기 보존의 이성적 톱니바퀴 장치"에 놓여 있으며, 이 "톱니바퀴 장치"는 조직체의 차원에서도 작동될 수 있다.(*MA II*, *WS*, 33; 2, 565 이하) '공동체'의 응집력은 개별자들을 결속시키는 "삶을 향한 의지", 그들의 "행복을 향한 의지" 또는 "이기주의"에서 나온다.

물론 니체는 개인적 이해 관심이 명확하게 드러나기 훨씬 이전에 생성되었던 사회적 삶의 옛 형식들도 거론한다. 하지만 이런 조건 아래에서는 개인적 도덕에 대한 이해가 아직 생성되지 않았기 때문에, 니체는 그런 구성체에는 정치적이라는 속성을 부여하지 않는다. 개인의 자립성과 진정한 정치의식의 형성은 서로 병행하는 것 같다. 인간이 자기의식적으로 고유한 권리 주장을 들고 등장하는 곳에서 비로소 정치적인 것이라는 문제가 발생한다. 따라서 개별자들의 이익을 명시적으로 주장함으로써 사회단체들이 스스로 위험에 처하게 되었을 때에 비로소 우리가 정치 조직체를 언급할 수 있게 된다. 그런데 이와 함께 정치 단체의 내부 응집력에 대한 물음이 각별한 문제가 된다. 어떻게 독자적인 개인들이 마치 그들이 상위의 정치적 목적을 위한 수단에 불과한 양 그들을 마음대로 처분할 수 있는 조직체의 일부로 자신을 이해할 수 있는가? 이 물음은 니체에게 개인의 '자기 보존'이라는 구상에서 '권력에의 의지'로 이행하면서 더욱 첨예화된다. 왜냐 하면 여기에서 그는 전적으로 자기 자신으로부터 자신을 규정할 수 있는 역동적인 통일을 상정하기 때문이다.

Ⅳ

이에 대한 해결책은 후기 니체에게서 비로소 발견된다. 즉『도덕의 계보학』이라는 논고에서 "약속해도 될 만한 동물"**Tier, das versprechen darf**이라는 어구를 가지고 덕론을 정초할 때에 발견된다.(*GM 2*, 1; 5, 291) 그 전에도 니체는 이미 인간을 망각하지 못하는 동물이라고 일컬었다. 인간은 기억해야만 한다. 기억 그리고 그것과 동시에 열리는 미래를 향한 시각이 없다면, 그리고 비교와 사색과 숙고가 없다면, 인간은 행위하지 못한다. 그러나 역으로 행동을 향한 결단, 진정한 결심과 행동 자체는 부분적인 망각이 없이는 이루어지지 않는다. 역사적 동물은 기억 속에서 확장되었던 지평 자체를 다시 제한해야만 하고, 실제로 행위할 수 있기 위해서는 자신을 "비역사적 동물"로 만들어야만 한다. 이런 "적극적 망각"을 통해 인간은 처음으로 인간이 된다. 왜냐 하면 '적극적 망각'은 "문지기"이고 "영혼의 질서와 평온과 예법의 유지자이기 때문이다. 이를 통해 망각이 없다면 행복도 쾌활함도 희망도 긍지도 현재도 있을 수 없다는 사실을 바로 알 수 있다."(*GM* 2, 1; 5, 291 이하) '적극적 망각'을 통해 인간은 시간의 차원만이 아니라 사회의 차원도 개시한다. 그것을 통해 인간은 정치에 대한 능력을 지니게 된다.

실제로 약속할 수 있는 능력을 주는 신뢰와 권력과 자기 규율을 지닌 개인들이 존재할 때에만 인간은 확신을 가지고 미래에 착수할 수 있다. 니체의 정치 이해에서 이 명제는 두 가지 귀결로 전개된다. 첫째로 약속은 이미 오랜 사회적 발전을 배경으로 가지고 있는 개인들 사이에서 이루어진다. 그의 말이 신뢰를 받을 수 있을 만큼 자기 자신과 자신이 가지고 있는 수단들을 제어할 힘을 가진 자만이 약속을 할 수 있다. 둘째로 무엇인가를 약속을 하는 자는 자기 자신에게 하나의 가치를 부여할 뿐만 아니라 자신이 스스로 의무를 지고 또 타인들로 하여금 의무를 지우도록 만드는 미래의 행위를 평가하는 것이다. 약속을 하면서 양측 모두에게 척도가 될 수 있는 의미가 확정된다. 약속된 의미는 책임이 부과된 현존재를, 다시 말해서 자기 자신에 대한 지배만이 아니라 타인과의 공동체 속에서의 질서를 만들어낸다. 이렇게 해서 법이 생겨나고 이와 더불어 정치체도 생성된다.

그러나 『도덕의 계보학』에서는 사회단체가 스스로 조장한 압력 아래에서 강력한 개인이 확립된다는 또 다른 효과가 먼저 강조된다. 니체는 멀리 미래로 뻗어나가는 감각을 통해 약속하는 주체가 스스로를 고양시키는 것에 큰 기대를 건다. 그는 이렇게 하면 외부에서 주입된 도덕이나 그가 말하는 "관습의 윤리", 즉 획일성의 "사회적 구속복"을 극복하고, 상상할 수 있는 인간 문화의 최고 단계, 즉 자립적이고 전적으로 자신의 감성과 감각을 신뢰하는 개별 인간에 도달하는 것이 가능하다고 여긴다. 그는 이런 존재를 "주권적 개인"이라고 부른다.(*GM* 2, 2; 5, 293)

Ⅴ

우리는 니체의 전혀 통일적이지 못하고 어떤 점에서는 타당하지만 여러 모로 과도한 정치에 대한 발언들에 담겨 있는 주도적인 사상을 그의 인간관과 사회관에서 규명할 수 있다. 정치는 주권적 개인들 속에서 문화의 힘이 집중되는 곳이라면 그 어디에서나 가능하다. 그리고 정치는 이런 개인들이 그들의 미래를 의식적으로 선취하면서 조직하는 곳에서는 어디에서나 행해진다. 이렇게 정치는 강한 의지를 지닌 인물들로부터 받아낸 약속에 기반을 둔다. 사람들은 이런 인물들에게 미래의 행위를 규정하는 내적 및 외적 권력 수단들을 마음대로 사용할 수 있도록 믿고 맡긴다. 이런 인물들에게서 자기 자신의 운명을 결정할 수 있는 한 사회의 자기 신뢰가 명료하게 표현된다. 정치적 약속은 권력과 형태의 증가를 내포한다. 따라서 정치는 문화의 의식적 상승이 수행되는 매개체이다.

이때 니체가 의식을, 심지어 '위인들'의 의식조차 그리 신뢰하지 않는다는 사실을 숨겨서는 안 된다. 그렇기 때문에 문화의 의식적 상승인 정치에는 협소한 한계가 설정된다. 그리하여 합리적 계산에 대한 신뢰 부족은 정치 제도를 저평가하도록 유도한다. 이렇게 니체 스스로가 설정한 한계에서 그의 정치적 성찰이 지닌 강점과 명백한 약점이 똑같이 드러난다.

니체는 이미 그의 첫 번째 철학적 비망록인 『비극의 탄생』에서 도발적이고 예리한 문체로 정치를 문화 속에 편입시켰다. 그가 최상이자 가장 강력한 문화로 여긴 그리스 문화는 "이미 선험적으로"(!) 그가 "정치적 인간 그 자체"라고 엄숙하게 부르는 한 가지 인간 유형에 의해 창조되었다.(*GS*; **1**, **771**) 그리스인들을 제외하면 역사는 "정치적 충동이 그토록 무시무시하게 분출되고 다른 모든 이해 관심을 국가의 본능에 봉사하는 데에 그처럼 무조건 희생시키는 두 번째 사례"를 알지 못한다.(*GS*; **1**, **771**) 그가 여기에서 인정할 용의를 보이는 유일한 예외인 이탈리아의 르네상스는 문화적 성취와 정치적 성취의 원초적 통일을 다시 한 번 강조할 따름이다.

이처럼 도발적으로 제기된 문화와 정치의 결합은 후기 저작에서 느슨해지기는 하지만 그 어디에서도 취소되지 않는다. 초기 그리스의 이상에 경도되어 있음에도 불구하고 니체 역시 근대 세계에서 일어나는 수행의 분화를 간과하지 않는다. 그래서 그는 이제 예술에 전념하는 예술가와 국가에 소속된 정치가를 더 날카롭게 분리시킨다. 그는 야콥 부르크하르트와 더불어 그 시대의 정치 세계가 본질을 상실했다고 한탄하고, 자유로운 정신을 위해 정치에 초연해질 수 있는 권리를 요구한다.(*MA I*, 435, 440, 469; 2, 370 이하) 이제 그는 국가를 더 이상 인간 공동체의 "전체 기관"으로 간주하지 않는다.(*MA I*, 473; 2, 307) 국가는 "새로운 우상", "모든 냉혹한 괴물들 중에서도 가장 냉혹한 괴물"로 등장한다. "너무도 많은 자들이 태어난다. 잉여 인간들을 위해 국가가 발명되었다!"(*Z*, I: 「우상들」; 4, 61 이하) 차라투스트라Zarathustra가 내리는 파문의 저주는 정치를 전체적으로 겨냥하는 것처럼 보인다.

니체가 의식을 가지고 창작 활동을 하는 마지막 4년간에 정치에 다시 접근하고 심지어는 "큰 정치"를 선언하기는 하지만, 우리는 정치적 수단에 대한 그의 평가 절하가 얼마나 시대 비판적이면서 동시에 시대에 구속되어 있는지를 알 수 있다. 그가 자신의 고대적 전망대에서 볼 때 식별된다고 여기는 정치의 타락 현상으로부터 거리를 두기는 했지만, 그렇다고 문화를 수립하는 정치의 수행 일반으로부터 거리를 두었던 것은 아니다. "더욱 대대적인 지배 구조물", 전대미문의 규모를 가진 지상의 권세가 기약되는데, 거기에서는 "민주적인 유럽"의 모든 성과물들이 오직 "우리를 예술가로서의

'인간' 자체로 형성하는" 데에 쓰인다.(『유고』 1885/86, 2[57]; 12, 87 이하) 인간과 문화는 새롭게 종합되어야 한다. 그리고 이를 위한 수단은 역시 정치이다. 그렇기 때문에 니체는 자신의 시대를 향해 다음과 같이 예고한다. "정치를 새로 배우게 될 때가 온다."(『유고』 1885/86, 2[57]; 12, 88) 이 새로운 학습은 바로 청년 니체가 그리스 국가를 통해 보여주고자 했던 것을 핵심적인 내용으로 갖는다.

정치의 실질적인 내용이 보편주의적인 환상 속에서 완전히 증발해버리는 것 같은 시대에는 정치에 관한 니체의 단편적인 발언들을 기억하는 것이 유익할 수 있다. 정치는 강제와 폭력이라는 요소를 불가피하게 내포한다. 정치는 법과 평화의 조건 아래에서도 지배를 포기할 수 없으며, 고도로 발전된 사회의 조직체에서 제기되는 분화된 실질적 요구들과 더불어 지배는 인간이 수행하는 일 사이의 위계질서에 지속적으로 의존한다. 이때에 사람들은 정치 행위의 방향 감각이 결정結晶되는 개인의 비범한 영향력에 늘 기대를 걸 수밖에 없을 것이다. 더 나아가 지금까지 진술된 개인의 지위는—위인이건 소인이건 간에—모든 인간 행위의 비극적인 지층을 기억하게끔 만드는 대단히 귀중한 철학적 장점을 가지고 있다. 정치는 이를 위한 동기를 니체가 죽은 지 100년이 지난 후에도 여전히 충분하게 제공해준다.

Ⅵ

니체의 정치적 잠언이 불가피하게 지니는 약점은 무엇보다도 정치 제도가 수행하는 일을 저평가하는 데에 기인한다. 이는 법의 이점과 정치 헌정의 가치에 대해 역사적으로 잘못된 판단을 내리는 것에서 표현될 뿐만 아니라, 니체 자신이 정치 행위에 접근할 자신만의 실천적 통로를 확보하지 못하고 있다는 것에서도 나타난다. 그렇기 때문에 그는 정치 기구에 대한 우리의 신뢰 자체가 정치적 삶의 실재라는 점을 간과할 수밖에 없었다. 이런 점에서 그는 인간학적 방법을 취하는 자신의 심리학을 충분히 멀리까지 밀고 나가지 못했다. 그는 분명 그에 앞서 살았던 그 누구보다도 개인과 사회의 자기 조직화를 위해 약속이 지니는 근본적인 중요성을 인식했다. 그러나 그는 약속할 수 있는 능력이 인간 공동체에서 얼마만큼 단지 필요할 뿐만 아니라 실제로도 가능한가 하는 점을 간과했다.

니체는 현존하는 것을 날카롭게 꿰뚫어보았으며, 이를 통해 현존하는 것이 이미 극복되었다고 여겼다. 그래서 그는 자신의 시대를 비난하고 그의 모든 기대를 오직 급진적인 전환을 통해서만 다다를 수 있는 미래에 걸 생각을 손쉽게 할 수 있었던 것이다. 그런데 이렇게 함으로써 그는 정치적으로 18세기 말에 이데올로기의 시대를 열었던 혁명가의 조증躁症에 다가선다.

윤리학보다는 미학에 의지한 가치 전도의 곡예는 니체 추종자들 중의 일부를 인종과 민족과 계급 투쟁의 광신자의 품으로 몰아넣었다. 그렇지만 니체의 저서들은 이런 광신자들을 비판하는 데에 매우 탁월한 통찰들을 담고 있다. 우리는 이에 덧붙여서 니체 자신이라면 이런 운동들 중 그 무엇도 신봉하지 않았을 것이라고 어느 정도 확신을 가지고 주장할 수 있을 것이다. 그는 동시대의 반反유대주의자들을 경멸했고, 민족주의를 조롱했으며, 그의 저작에서 대부분 간단히 무시해버리는 사회주의자와 공산주의자들에게서는 아무것도 얻어낼 수 없었다. 나치주의자들이 니체로부터 인용문 몇 줄을 자신들을 위해 끄집어내는 것 이상은 할 수 없었다는 점도 그를 추가로 변호해준다. 그렇기 때문에 나치주의자들은 니체의 저작 전체를 추천하기를 기피하기도 했다. 책을 읽으면서 함께 생각할 줄 아는 독자라면 누구나 니체의 번뜩이는 지성이 나치(국가 사회주의 독일 노동당)**NSDAP**의 둔탁한 민중 이데올로기와 양립할 수 없다는 점을 금방 알아차릴 것이다.

그렇지만 공산주의, 민족주의, 인종 차별주의 이데올로그들이 공격하는 것들 대부분을 니체 역시 비판하기 때문에, 그의 현란한 잠언은 기존의 관계에 대항한 정치 투쟁에 이용될 수 있는 많은 통찰을 제공해준다. 그 밖에도 권력과 엄격함, 고독과 냉혹함에 관한 그의 극단주의적인 수사修辭는—동정심에 대한 심리학적으로는 타당하지만 윤리·정치적으로는 치명적이고 개인적으로는 파멸적인 비판도 잊지 말아야 할 터인데—그를 실질적으로는 그와 아무 관련이 없는 결단주의와 불편한 지근거리에 놓는다. 오직 아주 멀리 떨어져서 볼 때에만 칼 슈미트**Carl Schmitt**의 비양심적인 단호함과 니체의 실존적 정신성 사이에 모종의 친화성이 발견된다고 생각할 수 있다.

니체 자신은 결코 포기하지 않았지만 전반적으로는 불신했던 이성과 계몽에 대해 그가 공공연하게 거리를 둔 것이 그를 적나라한 힘, 과도한 의욕, 한갓된 삶, 순전한 크기, 순수한 운동, 전쟁 자체를 옹호하는 선구자로 보이도록 만드는 데에 마지막 일조를 했다. 그리하여 20세기의 수많은 정치적 극단주의자들이 그의 작품을 거의 아무렇게나 마음대로 이용할 수 있게 되었다. 반면에 그에게서 균형과 정치적 중도를 지향하는 온건한 입장을 찾기란 어렵다. 드물긴 하지만 1870년대 말에 분명히 등장하는 민주주의에 대한 긍정적인 언급들은 거의 주목을 받지 못했다. 또한 '선한 유럽인'에 대한 찬사는 20세기 후반에 이르러서야 비로소 주목 받게 되었다.

니체의 저작은 일찍부터 독일의 노동자 교육 단체에서 일정한 역할을 담당했다. 또한 그것은 프랑스의 급진적 노동 조합주의자들에게 영감을 주었으며, 이탈리아의 파시스트들에게도 큰 영향을 주었다. 무솔리니B. A. A. Mussolini는 니체의 저작을 선전하는 초기의 인물들 가운데 한 사람이다. 미합중국이나 스칸디나비아에서는 니체가 낙오한 귀족주의자로 간주된다. 민주주의적이면서 사회적 성향을 지닌 실용주의의 선구자로 미국에서 높은 평가를 받는 랠프 왈도 에머슨Ralph Waldo Emerson이 니체에게 상당한 영향을 주었다는 사실은 오랫동안 간과되어왔다. 이러한 사실은 마르크스에게 실망한 미국 좌파가 한 동안 니체를 탐구한 연후에야 비로소 인지되었다.

이런 일은 1968년 이후에 벌어졌는데, 이때에는 프랑스에서도 니체가 마르크스의 자리를 대신하여 들어서게 되었다. 역사적 유물론의 과학주의적 독단론이 모든 진리와 모든 구속성을 일축해버리는 곡예사적 상대주의로 변한 것인데, 그럼에도 불구하고 이런 상대주의는 지배적인 학적 견해로 확고하게 자리를 잡게 된다. 차라투스트라의 후예들이 어떤 식으로든 자신을 좌파처럼 보이게 만드는 데에 성공한 것이다. 처음에는 스스로를 후기 구조주의라고 부르다가 나중에는 포스트모더니즘이라고 부르는 이런 운동이 주장하는 개인주의는 니체 고유의 견해에 가장 근접한다. 그러나 이 운동은 인격자 개념에 대한 그들의 비판 때문만으로도 이미 자유주의의 합법적 전통에 속한다고 명시적으로 자인할 수는 없기 때문에 머물 곳 없이 막연하게 남는다. 이런 점은 특히 푸코M. Foucault의 후기 마르크스주의적 사회 비판에서 볼 수 있다. 이 운동은 사회 관계의 폭로라는 이데올로기 비판의 요구와—그에 못지않게 모든 정치적 맥락을 벗어난—'자유로운 정신'의 열정을 통해 니체와 연결된다. 정신의학에 대한 비판을 일단 제외하고 나면 그것은 정치적 실천을 위한 아무런 거점도 제공해주지 않는다.

니체가 정치 제도들을 경시한 것도 비극적인 결과를 초래했다. 이는 그의 말솜씨 자랑이 20세기에 야기한 오해에 기인한다기보다는 무엇보다도 사회를 구축할 때에 평등의 원리와 법질서가 발생하는 기원과 담당하는 기능에 대한 그 자신의 통찰에 기인하는 바가 크다. 그는 인간의 행위와 사회성과 법률의 성문화 사이의 연관에 대해 폭넓은 통찰을 지니고 있다. 이 점에 대해서는 그의 글이 의심의 여지를 주지 않는다. 지금까지 살펴본 체계적인 개괄을 통해 우리는 이를 알 수 있었을 것이다. 그렇기에 니체가 자신의 심오한 인간학적 성찰로부터 정치학설을 위한 아무런 논리 정연한 결론도 이끌어내지 못했다는 점은 더더욱 유감스러운 일이다.

–폴커 게르하르트 Volker Gerhardt

막스 베버
Max Weber(1864~1920)

– 연대표 –

1864년	독일 에어푸르트Erfurt에서 출생.
1869년	가족과 함께 베를린으로 이주.
1882년	베를린에서 대학 입학 자격 시험을 통과하고 하이델베르크 대학교에서 법학 공부를 시작.
1883년	슈트라스부르크에서 군복무.
1884년	베를린 대학교에서 학업을 재개.
1889년	베를린 대학교에서 법학박사 학위 취득.
1892년	베를린 대학교에서 (로마법, 독일법 및 상법에 관한 연구로) 대학 교수 자격 취득.
1893년	마리안네 슈니트거Marianne Schnitger와 결혼.
1894년	프라이부르크Freiburg 대학교에서 국가경제학 담당 교수로 재직.
1897년	하이델베르크 대학교에서 국가경제학 담당 교수로 재직.
1899년	강의 의무로부터 면제됨.
1903년	대학 교수직을 포기.
1904년	「사회과학적 및 사회 정책적 인식의 '객관성'」 *Die 'Objektivität' sozialwissenschaftlicher und sozialpolitischer Erkenntnis* 발표. 미국 여행.
1905년	「프로테스탄티즘의 윤리와 자본주의 정신」*Die protestantische Ethik und der Geist des*

	Kapitalismus 발표.
1911년	『사회경제학 요강』*Grundriss der Sozialökonomik*(후에 『경제와 사회』*Wirtschaft und Gesellschaft*로 출판됨)에 대한 최초의 집필 작업.
1916년	「세계 종교의 경제 윤리」*Wirtschaftsethik der Weltreligionen*의 일부를 발표.
1917년	「직업으로서의 학문」*Wissenschaft als Beruf* 발표.
1918년	『새로운 질서하의 독일에서 의회와 정부』*Parlament und Regierung im neugeordneten Deutschland*와 「사회주의」*Der Sozialismus* 발표.
1919년	뮌헨 대학교에서 사회학, 경제사 및 국가경제학 담당 교수로 재직. 『직업으로서의 정치』*Politik als Beruf* 출판.
1920년	뮌헨에서 사망.

어느 한 저자가 거장으로 간주될 수 있는지에 대하여 평민들의 투표가 쉽게 판가름나지 않고 지속될 때에는 그 저자를 끌어들이는 사람들이 그 결정을 내리게 된다. 막스 베버는 근대 세계를 해석하는 데에 다른 어느 저자보다도 더 뚜렷한 자취를 남겼다. 그의 저서들에 대한 해설은 아주 무성하게 꽃을 피워서 베버가 다루지 않은 문제에 관해서도 그의 견해를 조회해보게 되었으며, 프로테스탄티즘과 자본주의 사이의 선택적 친화성이라든지 평가적 입장 표명으로부터 학문의 자유라든지 국가의 권력 독점 같은 그의 명제와 개념들 중 많은 것이 침전된 문화재로 관념의 일반적 살림살이에 편입되었다. 이미 이러한 반향이 베버와 그의 저작에 늘 수반되었던 논쟁들을 암시한다. 「프로테스탄티즘의 윤리와 자본주의 정신」이 어떤 이에게는 문화과학의 방법론적 독자성을 증명해주는 문서로 보였다면, 다른 이에게는 그 저서가 반反유물론을 희구하는 사유의 표현으로 간주되었다. 많은 사람들이 베버의 지배사회학을 현실주의적인 정치학의 기반으로 평가하는 반면, 다른 사람들은 이를 정치와 윤리의 통일과 결별하는 것이라고 비판한다. 또 학문의 정치적 중립성이 그 지지자들에게는 학문의 관점에서건 민주주의의 관점에서건 당연한 일처럼 보이는 반면에, 그 비판자들은 이를 학문과 정치 모두에게 해가 되는 방향으로 양자를 분리시킨 것으로 본다.

또한 베버의 위상과 정치적 성향에 대해서도 의견이 엇갈린다. 그레고어 쇨겐Gregor Schöllgen은 베버를 현재를 이해하는 데에 더 이상 아무런 기여도 하지 못하는 빌헬름Wilhelm 시대의 대변자로 보는 반면(Schöllgen, 1998 II), 빌헬름 헤니스Wilhelm Hennis는

"어찌 되었건 간에 베버의 위대함에 대해서는 의심할 여지가 없다" 고 선언한다.(Hennis, 1998) 양자는 모두 칼 야스퍼스Karl Jaspers를 자신의 증인으로 끌어들일 수 있을 터인데, 야스퍼스는 처음에는 베버를 ("우리 시대의 가장 위대한 독일인"이라고 일컬으며) 예찬하다가 나중에는 그에게 실망하는 태도로 뒤바뀐다. 베버에게 학문은 "근본적으로 어찌되건 상관없는 일"이었으며, 그의 저작 전체는 "헛수고로 끝나는 초인적인 노력"으로 보인다는 것이다.(Schöllgen, 1998 II) 그의 저서들이 하나씩하나씩 영어로 번역되자 외국에서도 상반되는 평가들이 나왔다. 이미 1965년에 어빙 루이스 호로비츠Irving Louis Horowitz는 어떻게 해서 베버가 탈코트 파슨스Talcott Parsons에게는 프로이센의 보수적 대변자로 나타나는 반면에 로버트 머튼Robert Merton에게는 자유주의적 유럽인이자 민족주의의 반대자로 나타나는지를 묘사하고서는, 베버는 "그 두 가지 해석을 쉽사리 지지할 수 있도록 해줄 만큼 대단히 다의적"이라고 소견을 피력했다.(Horowitz, 351)

실제로 베버는 개인과 정치의 자율성을 방어하려는 최후의 변호자로 묘사될 수도 있고, 모든 생활 영역이 불가피하게 관료주의적으로 합리화되는 과정의 예언자로 묘사될 수도 있다. 또한 그는 결정론적 역사관의 비판자로 묘사될 수도 있고, 그 자신이 바로 그런 역사관의 유혹에 굴복한 저자로 묘사될 수도 있다. 그렇지만 두 가지 해석 노선이 뚜렷하게 식별될 수 있다. 그중에서 지배적인 방향은 정치적 견해의 비통일성(청년기의 국수주의자에서 자유주의자로의 발전) 속에서 저작의 통일성(수미일관된 주도적 모티브로서의 합리화Rationalisierung)을 강조한다. 반면에 비판자들은 베버 저작의 완결성(그리고 베버가 그런 완결성에 관심을 가졌다는 것)에 대해 회의적이고, 결국에는 모든 것을 국가 권력의 이해 관심에 종속시키는 정치가의 개선 불가능성만이 그에게서 일정하게 유지되는 것일 뿐이라고 본다.

짧은 지면에 정치사상가로서의 베버를 소개하려는 시도는 이런 얽히고설킨 상황 탓에 그리 쉽지 않다. 그가 정치적 출세를 위해 여러 가지를 도모했고 그가 관계하는 모든 일을 정치적으로 보았던 정치적 인간*homo politicus*이었음에 틀림없지만 정치이론을 구상하지는 않았다. 그가 정치사상이나 정치 활동에 대한 이해에 기여한 바가 다루어져야 한다면, 그의 생애와 저작을 전체적으로 고찰하는 길밖에 없다. 이에 덧붙여서 그의 '문제 설정'을 둘러싼 논쟁은 개별 저서들의 중심성에 관한 논쟁이며, 그렇기 때문에 다른 어느 경우보다도 이 경우에 더 저작에 대한 묘사가 그 해석과 분리될 수 없다.

Ⅰ

막스 베버는 1864년에 에어푸르트에서 출생하여 장남으로서 아버지의 이름을 물려받았다. 법학박사인 아버지 막스 베버와 팔렌슈타인Fallenstein 가문 출신의 어머니 헬레네 베버Helene Weber는 아들 베버가 태어나기 바로 전 해에 결혼했고, 아버지 막스 베버가 에어푸르트 담당 관리로 임명되자 이 도시로 이주했다. 베버 가문은 프랑크푸르트에 거주하는 위그노파인 수셰Souchay 가문 출신의 외할머니를 거쳐서 이미 에어푸르트와 연고를 가지고 있었다. 그 지역의 정치가 중 한 사람인 로베르트 루키우스**Robert Lucius**도 수셰 가문의 친척이었던 것이다. 아버지 베버는 오스트베스트팔렌**Ostwestfalen**에서 방직 공장을 운영하던 가문 출신이지만 가업을 승계하지는 않았다. 그는 민족·자유주의적인 직업 정치인이었으며, 그의 아들이 후에 기술하게 되는 직업 정치인의 유형을 자기의식을 가지고 체현하고 있었다.

베버의 아버지가 문화 투쟁가적인 의미에서 개신교도이긴 했지만 그 밖의 면에서는 종교에 거의 관심을 두지 않았던 반면에, 그의 어머니와 두 누이동생 이다**Ida**와 에밀리에**Emilie**—이 둘은 모두 슈트라스부르크 대학교 교수들과 결혼했는데—는 칼뱅주의 종교와 사회 윤리적 동요에 연결되어 있었다. 이다의 남편인 역사학자 헤르만 바움가르텐**Hermann Baumgarten**은 게다가 여전히 좌파 자유주의적인 요소까지 지니고 있었다. 그는 아버지 베버와는 반대로 비스마르크 제국과 타협하지 않으려는 '48혁명 세대'로 남아 있었던 것이다. 바움가르텐 가족은 아들 막스 베버에게 중요한 친지가 되었으며, 군림하는 아버지에 대한 균형추의 역할을 해주었다. 그렇다고 해서 그러한 사실로부터 막스 베버가 자신의 고유한 견해를 발전시키자마자 편협하고 향락적인 아버지에 맞서서 섬세한 감수성을 지닌 어머니와 그녀가 가진 이상을 편들게 되었다는 결론이 나오는 것은 아니다. 그런 식의 서술은 베버 미망인이 집필한, 지금까지는 유일한 전기에 의해 강하게 각인된 것이라는 점만으로도 신중해질 필요가 있다.

어쨌든 막스 베버는 우선 자신의 학창 시절을 모두 베를린에서 마쳤으며, 오랫동안 아버지의 집과 그의 흔적 속에 머물렀다. 그는 대학 입학 자격 시험을 마친 후 1882년에 하이델베르크 대학교에서 법학을 전공하기 시작했는데, 이곳에서 법학 강의 이외에도 경제학자인 칼 크니에스Karl Knies나 철학자인 쿠노 피셔Kuno Fischer 같은 교수들의 강의도 들었다. 이곳에서 그는 술 마시고 싸움질하는 학생 단체의 회원이 되었고, 이는 18세 소년에게 몸무게의 현격한 증가와 나중에 수염으로 덮어 감추지 않으면 안 될 얼굴 손상을 가져 왔다. 그 다음 해에 그는 슈트라스부르크로 이주하여 1년간의 군복무를 하면서 동시에 그의 삼촌과 여타 교수들의 강의를 수강했다.

이렇게 남서부에서 2년을 보낸 후에 그는 1884년에 베를린으로 돌아와서는 1893년에 결혼할 때까지, 괴팅겐Göttingen 대학교에서 한 학기 동안의 시험 학기를 보내고 그 후 9년 동안 몇 차례 예비군 훈련을 받은 것을 제외하고는, 계속 부모님 집에 머물렀다. 그는 1886년에 1차 사법 시험을 마치고 나자 중세의 상업 조합을 대상으로 하여 법률사를 다루는 박사학위 논문의 연구에 착수했고, 베를린 재판소에서 판사 시보를 지내고 나서 변호사 자격을 얻었으며, 1889년에는 박사학위를 취득했다. 곧 이어서 그는 대학 교수 자격 취득과 대학교에서의 이력을 목표로 하여 더 진전된 법률사 연구에 착수했으나, 자신의 촉각을 다른 방향으로 뻗치기도 했다. 그는 브레멘Bremen 시의 담당 관리직을 얻으려고 시도했으나 무산되었고, 정치와 학문 사이의 다양한 접속 지점을 모색했다. 그렇게 해서 그는 사회 정책 협회Verein für Socialpolitik의 회원이 되었고, 기독교 사회 회의에 참가하여 그곳에서 프리드리히 나우만Friedrich Naumann과 친분을 맺게 되었으며, 사촌인 오토 바움가르텐Otto Baumgarten이 편집하는 잡지 『기독교 · 사회 시대 문제』 *Evangelisch-Soziale Zeitfragen*에서 공동 작업을 하고, 사회 정책 협회를 중심으로 하여 기획된 농업 종사자 조사를 엘베강 동쪽 지역에서 진행할 것을 위탁받았다.

이 모든 일들이 마치 사회윤리학적 노선으로의 방향 전환처럼 보이지만, 이는 겉모습일 따름이다. 베버는 도덕군자연하는 목사들에 대해 불평하면서 그가 늘 권력의 문제로 이해하곤 하는 현실에 대한 감각을 아쉬워한다. 그는 지칠 줄 모르고 독일 민족이 자신의 위치를 쟁취해야만 한다고 지적한다. 나우만의 무리들이 시민 계급과 노동자층의 동맹을 꿈꾸면서 나치 신문이나 심지어는 나치당의 설립을 준비했을 때, 이에 대해 베버가 (문제는 독일 민족의 권력 이익인데, 바로 이 점을 참여자들이 파악하지 못하고 있다고) 이의를 제기하리라는 것은 충분히 짐작할 수 있는 일이었고, 따라서 베버가 도대체 왜 거기에 참여했는가라는 의문이 제기된다.(Marianne Weber, 231 이하) 농업 종사자 조사에 대한 기고문에서 그는 대지주들을 시장경제적 입장이 아니라 재차 민족적 입장에서 비판한다. 그는 독일 동부 지역의 경제적 및 사회적 구조에 대해 대농장 체제가 독일 농민 계급의 형성을 가로막고 있으며, 그러기는커녕 폴란드인들을—베버는 폴란드인들에 대해서 1896년에도 여전히 "우리가" 그들을 비로소 "인간으로 만들어야" 한다고 말한다(*PS*, 28)—나라 안으로 끌어들이고 있다는 이유에서 못마땅하게 여긴다. 그는 항상 "평화와 인간의 행복"에 대한 동경이나 민족의 안위를 추구하는 정책을 논박하고, 그 대신에 "민족의 위대함"과 "민족 유형의 보존과 개량을 위한 투쟁"의 정책을 거듭 요구한다. 그리하여 그는 1893년에 전全 독일 연맹der Alldeutsche Verband에 회원으로 가입했다가 1899년에 다시 탈퇴한다. 그런데 그렇게 탈퇴하게 된 것은 어떤 소신의 변화 때문이 아니라 연맹이 독일 민족의 이해 관심을 충분히 단호하게 대변하지 않았다는 이유에서이다.(Schöllgen, 1998 I, 108 이하)

1892년과 1893년은 베버에게 직업적인 면에서나 개인적인 면에서나 분기점을 이룬다. 이때에 그는 농업 종사자 조사를 마쳤을 뿐만 아니라 로마법과 독일법 및 상법에 관한 연구로 대학 교수 자격을 취득하게 되는 저서 『국가법과 사법私法에 대해 지니는 중요성에서 본 로마의 농업사』*Die römische Agrargeschichte in ihrer Bedeutung für das Staats-und Privatrecht*를 마무리한다. 또한 그는 슈트라스부르크 시절부터 지속되어온 사촌 에미 바움가르텐 Emmy Baumgarten과의 애정 관계를 청산하고 아버지의 먼 친척인 마리안네 슈니트거와 결혼한다. 대학 교수 자격을 취득한 지 1년 후에 베를린 대학교 사강사였던 베버는 상법과 독일법 담당 원외교수로 임명되고, 그 다음 해에는 프라이부르크 대학교에서 국가경제학 담당 교수직에 초빙받는다. 1895년에 열린 취임 강연 「민족 국가와 국민 경제 정책」*Der Nationalstaat und die Volkswirtschaftspolitik*에서 베버는 전적으로 그 당시 독일에서 지배적이던 국가경제학의 역사학파Historische Schule가 따르는 노선의 연장선상에서 일종의 정치학을 구상하여 발표한다. 그렇지만 그에게는 '사회 문제'나 '사회 정책'이 그다지 중요한 논제는 아니었다. 왜냐 하면 그는 이런 논제들도 오로지 권력의 문제로만 고찰하기 때문이다. 그는 경제를 정치에 봉사하는 것으로, 그리고 정치는 다시 민족의 권력 이익에 봉사하는 것으로 본다. 그의 프라이부르크 시기는 그리 오래 가지 못했다. 1896년에 그는 하이델베르크 대학교에서 이제 퇴임하는 칼 크니에스의 후임으로 교수직을 제안받는다.

그렇지만 하이델베르크로 이사를 하고서 모든 것이 최상의 상태에 있는 것처럼 보이던 바로 그때에 그는 위기에 빠져드는데, 이에 대해서는 여러 가지 억측이 난무한다. 수년간 지속되었던 자기 혹사라든지, 부모가 하이델베르크를 방문했을 때에 벌어졌다가 아버지가 죽기 전까지도 해소되지 못한 아버지와 아들 사이의 다툼이라든지, 심지어는 성적으로 만족스럽지 못한 혼인의 특이성과 에미에 대해 아마도 가졌을 죄책감 등이 거론되곤 한다. 이미 오래전부터 불면증과 쇠약증을 호소하던 베버는 1898년 겨울학기 말에 붕괴라고 부를만한 위급한 상태에 이른다. 그 후 4년간 병가, 요양소 입원, 외국 여행, 강의 활동의 재개, 탈진의 재발 사이를 전전하다가 결국 1903년에 교수직을 포기하고, 그 이후로는 15년간 명예교수 자격으로서만 학과에 소속된다. 베버가 비록 경제법을 중점적으로 연구했고 폭넓은 관심을 가지고 있었다 하더라도 국가경제학 분야에는 법학자로서 거의 준비가 안 되어 있었다. 그런 상황에서 맡게 된 국가경제학 담당 정교수로서의 강의 의무로부터 해방되자 베버의 건강은 눈에 띄게 회복된다. 1898년에서 1903년 사이에도 그는 꾸준히 여러 편의 논문들을 발표했지만(Käsler, 1978, 46), 바야흐로 이제부터는 결심을 굳히고 나면 진정한 생산성이 추진력을 얻어 뒤따르게 된다. 그는 미국으로 여행도 하고, 그의 가장 중요한 작업들 중 두 편의 성과물도 제출한다.

베버가 베르너 좀바르트Werner Sombart 및 에드가 자페Edgar

Jaffé와 공동으로 편집한 『사회과학 논총』*Archiv für Sozialwissenschaft*에 그의 논문 「사회과학적 및 사회 정책적 인식의 '객관성'」이 편집 정책에 대한 해설문으로 1904년에 개제된다. 꽤 많은 분량의 이 논고는 (나중에 「객관성 논문」으로 인용되곤 하면서 따옴표가 눈에 띄지 않게 되는데) 이념형Idealtypus에 대한 설명을 포함하여 베버의 이른바 방법론을 담고 있다. 그리고 그는 1905년에 드디어 「프로테스탄티즘의 윤리와 자본주의 정신」을 발표하는데, 이 저작은 끝없이 이어지는 비판과 재비판을 유발하면서 그를 차츰차츰 세계적으로 유명한 인물로 만들게 된다. 1908년에는 그의 동생인 알프레드 베버Alfred Weber도 하이델베르크 대학교 교수로 초빙을 받는데, 이곳에서 막스 베버와 그의 부인은 한 무리의 사람들을 주위에 끌어 모은다. 그 무리에는 친구인 신학자 트뢸치E. Troeltsch 외에도 사회학자인 짐멜G. Simmel과 좀바르트, 철학자인 빈델반트W. Windelband와 리케르트H. Rickert 같은 인물들과 야스퍼스 같은 소장 학자들이 있었다. 출판업자인 지벡P. Siebeck이—『사회과학 논총』 역시 이미 그의 손에서 간행되었는데—베버에게 몇 권으로 기획된 『사회경제학 요강』을 편집하고 그중에서 「경제와 사회」라는 제목이 붙여진 한 편을 직접 한 권의 책으로 집필해줄 것을 설득하자 베버의 작업 계획은 현저하게 변경된다. 이 저서를 위한 투고문들이 아예 들어오지 않거나 기대에 미치지 못해서 베버는 스스로 더 많은 몫을 떠맡을 수밖에 없었기 때문에 이 출판 약속은 예상치 못했던 규모를 갖게 된다. 그리하여 1911년부터 베버가 사망하는 1920년까지 이 초고의 일부들이 계속해서 집필되었고, 이를 마리안네 베버가 나중에 "자신의 생각대로"

(Käsler, 1978, 49) 편성하여 『경제와 사회』라는 제목으로 출판했다. 그녀는 이 결과물을 베버의 주저라고 일컬었다.

그 다음 몇 해 동안에 베버는 『사회경제학 요강』의 초고를 집필하면서 동시에 세계 종교들을 비교하는 연구 작업에 착수한다. 이 연구 계획은 「프로테스탄티즘의 윤리와 자본주의 정신」을 더욱 발전시키려는 것이었으나, 전쟁이 다시금 그를 다른 방향으로 이끈다. 그는 예비군 장교로 복직되어 여러 동의 군인 병원 시설을 조직한다. 그 이후로 그는 정치적 직무에 관심을 두었으나 성과를 얻지 못하고 다시 책상머리로 돌아온다. 하지만 여기에서도 그는 전쟁과 전후 정치에 대한 희망을 연구하는 데에 몰두한다. 『프랑크푸르트 신문』*Frankfurter Zeitung*에 실렸다가 나중에 『새로운 질서하의 독일에서 의회와 정부, 관료제와 정당 제도에 대한 정치적 비판』*Parlament und Regierung im neugeordneten Deutschland. Zur politischen Kritik des Beamtentums und Parteienwesens*(PS, 306~443)으로 편찬된 기고문들에서 베버는 정치의 관료화와 명망가를 중심으로 결성된 정당들의 무능력한 지도력을 묘사한다. 그는 의회 군주제가 독일이 세계 패권국으로 남기 위한 전제 조건이라고 선전한다. "주인이 되는 민족"에게는 이 점에서 다른 선택의 여지가 없다는 것이다.(PS, 441 이하) 관료주의Bürokratie라는 주제는 사회주의자들의 통치 능력에 대한 물음과 더불어 「사회주의」(*SuS*, 481~516)라는 저작도 규정한다. 그렇지만 우선 관건이 되는 문제는 현실주의적인 전쟁 수행이다. 그렇기 때문에 그는 명확한 전쟁 목표의 부재를 비판하는 것만큼이나 미국의 전쟁 개입과 이를 통한 독일의 패배로 이어질 수밖에 없는 잠수함 전쟁도 비판한다.(*PS*,

146~154)

베버는 정치 활동과 언론 활동이 학문적 연구 계획에 부담을 주고 있으며 세계 종교들을 비교하는 데에 빠져서는 안 될 그리스도교와 이슬람교에 관한 부분들을 자신이 당분간 마무리 짓지 못할 것이라는 사실을 잘 알고 있었다. 그래서 그는 1916년부터 『사회과학 논총』에 힌두교와 불교와 유대교에 관한 연구들을 발표한다. 그러나 이 단편들은 「프로테스탄티즘의 윤리와 자본주의 정신」을 더욱 발전시키면서 비판에 대해서도 논할 수 있을 정도의 편찬서로 묶기에는 아직 불충분했다. 그래서 그는 서론을 집필하고, 종교와 사회 또는 이념과 이해 관심 사이의 교호 작용을 전철수轉轍手라는 비유로 파악한다. 세계상과 이념은 "매우 자주 전철수로서 그 위에서 이해 관심의 역학이 행위를 밀고 나아가게 되는 궤도를 규정해왔다"는 것이다.(*RS*, 252) 이미 여기에서 종교와 합리적 세계 조형이라는 주제가 그의 사색의 중심에 서 있다는 점이 명백해지며, 이런 점은 그가 1920년에 「프로테스탄티즘의 윤리와 자본주의 정신」의 원고를 『종교사회학 논문 선집』***Gesammelte Aufsätze zur Religionssoziologie***에 수록하기 위해 수정하면서 '탈주술화' Entzauberung와 '합리화'에 대해 지적함으로써 자본주의라는 주제를 훨씬 뛰어넘게 될 때에 더욱 명확해진다. 이 핵심어들은 1919년의 연설문 「직업으로서의 학문」(*WL*, 582~613)에도 등장하는데, 이 연설문에서 그는 합리화된 세계에 관한 언급을 가치들 간의 해소될 수 없는 투쟁이라는 주제와 연결시킨다.

전쟁이 끝나고 나자 막스 베버와 그의 부인 마리안네가 그때까지처럼 그들이 가지고 있는 재산으로 살아갈 수 있을지가 불확실해져 보이게 된다. 이런 이유만으로도 베버가 다시 교수직을 맡으려 할 것이라고 예상할 수 있는 일이었고, 게다가 그가 직책에 지원하면 화답이 있을 것이라고 충분히 기대할 수도 있었다. 그래서 그는 시험 삼아 빈에서 강연을 하고 또 뮌헨 대학교에서 제의가 들어오기를 기다렸다. 그렇지만 그는 아직까지도 정착할 수 없었다. 그는 다시 정치로 내몰렸던 것이다. 그는 적절한 때에 퇴위하도록 황제를 움직이고 그렇게 함으로써 군주정을 구출하려는 시도에 참여하고, 독일 대표단과 함께 고문으로 평화 협상을 위한 여행에 나서고, 베를린에서 신헌법에 관한 제1차 협의에 초대를 받고, 나우만의 독일 민주당Deutsche Demokratische Partei에 가입한다. 결국에 그는 프랑크푸르트에서 후보로 지명받으려고 애쓰지만 그 지역의 당 중진들 탓에 실패하고 만다. 1919년 1월에 있었던 국회의원 선거가 끝난 후에 그는 뮌헨 대학교의 초빙을 수락한다. 전임인 루이오 브렌타노Lujo Brentano가 가지고 있던 교수직은 이제 사회학, 경제사 및 국가경제학이라는 명칭을 얻게 되었다. 베버 가족은 뮌헨으로 이사를 하지만, 그곳에서 막스 베버는 곧 그 해 여름에 폐렴으로 사망한다.

Ⅱ

막스 베버는 어떤 체계를 입안하기보다는 그를 사로잡는 물음들을 뒤쫓아 갔다. 그렇기 때문에 그는 위탁받은 과제에 대해 작업을 할 때에도 형식적 분류를 고수했으며, 종종 장황한 문장으로 표현하곤 했다. 그러나 그가 열성적으로 관심을 가진 세 가지 정치적 물음들이 있다. 이 세 가지 물음들은 그의 모든 작업을 관통하면서 점차 서로 합류하게 되는데, 그렇게 되면서 그 물음들은 그의 정치적 견해와 의도로부터 분리될 뿐만 아니라 그의 방법론의 구성으로부터도 분리된다. 이를 통해 최종적으로 어떤 이론이 만들어지지는 않았지만 점점 더 압박해오는 하나의 큰 주제가 생성되었다. 그의 동요는 이 세 가지 물음들을 양자택일적 대안들로 공식화하는 것에 상응한다. 여기서 논제가 되는 것은 첫째로 학문이 실천적 문제들, 즉 도덕적 문제들과 정치적 문제들을 해결하기 위한 수단인가 아니면 이런 의미에서의 정치학은 (칼 마르크스가 꿈꾸듯이) 사물의 과학적 관리를 통해 정치를 대체한다는 허상을 만들어낼 뿐인가 하는 물음이다. 이렇게 보면 우리는 평가적 판단의 자유를 상실하고 그 대신에 관료주의적 합리화를 한 조각 더 얻은 셈이다. 두 번째 대안은 문화가 전체적으로 그와 같은 가치 판단, 즉 현실에 대한 특정한 해석을 위한 결단으로부터 발생하는가 아니면 역으로 문화가 이해 관심의 표현인가 하는 물음을 축으로 삼는다. 그리고 양자 사이의 관계가 관념론적으로나 유물론적으로는 기술될 수 없고 교호작용으로 기술되어야 한다면, 문화 저항가는 종교가 현대 사회를 조형하는 데에 어떤 기여를 했으며 미래에는 무엇이 종교를 대체할 것인지를 알고 싶어 한다. 마지막 세 번째로 종교가 무력해지고 학문은 인간에게 무엇을 해야 하는지를 말해주지 못한다면, 그러면 정치가 수행하는 것은 무엇인가? 정치가 가치를 정초할 수 있는가? 아니면 정치는 가치들 간의 투쟁에 대해 판정을 내리지 못한 채 다만 그 투쟁을 가장 집약적으로 표현하는 것인가? 정치는 그 목적에 의해 정의되는가 아니면 다만 그 수단에 의해 정의되는가?

베버는 1904년에 발표한 「객관성 논문」으로 학문의 역할에 대한 가장 포괄적인 분석을 제시한다. 이 논문은 베버의 방법론을 총괄한 저작으로 간주되는데, 이때에 베버가 '객관성'을 그렇게 하듯이 '방법' 역시 따옴표 안에 넣을 수 있다. 왜냐 하면 여기서는 방법 이상의 것이 문제가 되기 때문이다. 그는 역사학파가 전형적으로 그렇게 하듯이—베버는 스스로를 역사학파의 "자식"으로 여기는데(*WL*, 208)—처음에는 방법론의 문제에 별다른 관심을 보이지 않았다. 전적으로 이런 방식에 따라 그는 그의 초기 연구물들에서 자료를 현실의 직접적 모상으로, 그리고 그런 현실로부터 학문 역시 직접적으로 정치적 권고를 도출하는 것으로 제시한다. 프라이부르크 대학교 취임 강연에서도 그는 여전히 민족의 이해 관심이 척도라고 선언함으로써 방법론의 문제를 우회했다. 그러나 국가경제학을 담당하는 정교수에게는 더 이상 그것만으로 충분하지 않게 되었다. 그래서 그는 이제 오스트리아 학파의 수장인 칼 멩거Carl Menger가 구스타프 슈몰러Gustav Schmoller와 그의 역사학파에게는 이론과 개념이 부재하다고 공격하면서 1883년에 시작된 이른바 방법론 논쟁을 자세히 검토하여 숙지한다. 멩거도 사회과학은 자연과학과는 다른 방법을 필요로 한다는 점을 강조했지만(그렇기 때문에 그는 다양한 형태의 유형 구성을 구분했는데), 그럼에도 불구하고 사회적 행위의 법칙성을 기술하려는 목표를 고수했다. 반면에 역사학파에게 중요한 것은 (독일의 경제학은 독일의 문제를 해결한다는 식의) 각각의 현실의 일회성과 특수성이었으며, 또 더 선명한 개념일수록 대상으로부터 더 멀어지는 대가를 치른다는 사실이었다. 그들은 그때마다 새로운 '경제 단계'를 산출하는 역사에 대한 신뢰로부터 인식의 확실성을 이끌어냈다.

베버는 여러 가지 중첩되는 갈등들을 보았다. 우선 (사회적인 것을 마치 계산하고 측정할 수 있는 자연 대상처럼 고찰하고, 그래서 오직 하나의 통일된 방법이 있을 뿐이라는) 자연주의적이면서 일원론적인 견해와 (역사적 특성과 일회성을 강조하는) 역사주의 사이의 대립이 있었다. 멩거와 슈몰러 사이에서 논란이 벌어졌던 이 문제에 관해서 베버의 입장은 확고했다. 그는 "독일 관념론의 철학과 독일의 역사 법학파의 성과 그리고 독일 국가경제학의 역사학파의 작업이 자연주의적 교설의 침입에 맞서 세운" 거대한 "방파제"를 예찬한다.(**WL**, 187) 그러나 역사학파의 인식론적 단순함 그리고 이와 결합된 정치적 판단의 경솔함은 더 이상 지지하려 들지 않는다. 학문이 현실의 정확한 모상을 제공해주지도 않으며, 또 실천이 이론에서 바로 뒤따르지도 않는다는 것이다. "역사학파의 전문 연구자 무리의 피 속에 여전히 깊숙이" 담겨 있는 그런 견해에 맞서서 우리는 "칸트에게로 소급되는 인식론의 기본 사상", 즉 "개념은 오히려 경험적 소여물을 정신적으로 지배하려는 목적을 위한 사유 수단이며 또한 그러한 것만이 될 수 있다는 점"을 기억해야 한다.(**WL**, 208 이하)

가치 개념을 둘러싼 논쟁이 등장하는 것은 바로 이 지점이다. (베버는 이를 우리의 학문 분야의 "문제아"Schmerzenskind라고 말한다.(**WL**, 209)) 한편으로 오스트리아 학파는 모든 가치 개념의 주관성을 강조함으로써 개인의 선택 행위를 경제이론의 중심에 놓는다. 다른 한편으로 신 칸트 학파는 가치를 철학적으로 입증함으로써 문화과학을 객관적 기반 위에 세우려고 시도한다. 베버는 가치의 주관성을 강력하게 지지하는데, 다만 이때에 그는 오스트리아 인들보다는 니체를 추종한다. 그에게 중요한 것은 결단과 투쟁이라는 측면이기 때문이다. 문화과학이 다루는 대상은 무릇 우리가 그 대상을 중요하다고 선언하고 그것에 특정한 가치를 귀속시킴으로써 비로소 구성된다. 역으로 우리가 문화인인 까닭은 우리가 "의식적으로 세계에 대해 입장을 취하고 세계에 의미를 부여하는" 그런 "능력과 의지"를 갖추고 있기 때문이다.(***WL***, **180**) "문화는 하나의 가치 개념이다."(***WL***, **175**) 그리고 문화가 그때그때 갖는 내용은 "인간의 관점에서 세계 사건의 무의미한 무한 가운데에 의미와 중요성을 지니고 있다고 사료된 유한한 단면"이다.(***WL***, **180**)

가치의 주관성을 확립한 것에서 이제 그 밖의 모든 것이 뒤따라 나온다. 가치의 주관성은 개인을 위해서는 확실성이란 없고 다만 결단만이 있을 뿐이라는 것(과단성에 대한 베버의 열정)을 의미하며, 학문을 위해서는 현실을 발생시키는 가치 결단 **Wertentscheidung**들을 재구성해야 한다는 과제('이해' 사회학의 구상)가 도출된다. 이때에 평균적인 것이 아니라 전형적인 것만이 중요하기 때문에 통계학은 별 도움이 되지 않고 다음과 같은 사고실험이 이에 유용하다. 특정한 행동 양식 또는 특정한 사회 제도가 발생할 수 있으려면 참여자들이 어떤 가치 결단을 의식적으로 또는 무의식적으로 내려야만 하는지를 자문하고, 사회적 소여태를 의도가 수반된 결단이 낳은 의도하지 않은 결과로 해석한다.(방법으로서의 이념형)

이제 베버는 ('법칙'의 공식화가 아직 "현실에 대한 역사적 인식"을 제공해주는 것은 아니라는) 오스트리아의 스킬라**Skylla**(호메

로스의 『오디세이아』에 등장하는 여섯 개의 머리를 가진 괴물)와 (“역사적 관찰 사실들의 열거”가 아직 ‘법칙’으로 인도해주지는 않는다는) 독일의 카리브디스**Charybdis**(그리스 신화에 나오는 소용돌이를 일으키는 괴물) 사이의 중간 항로로 항해하려고 시도한다.(***WL***, **187**) 비록 그가 제안하는 이념형이 그가 자인하는 것보다 더 강하게 멩거로부터 영감을 받은 것이지만 말이다.(**Cubeddu**, **77** 이하) 이념형은 “한 가지 또는 몇 가지 관점을 […] 내적으로 통일된 사념 구조물로 일면적으로 부각시킴으로써” 얻어진다.(***WL***, **191**) 따라서 이념형은 법칙성을 주장하지 않으면서도 명확한 개념을 형성할 수 있는 가능성을 제공해준다. 여기서 논하고 있는 것은 구성물에 관한 것이며, 그렇기 때문에 베버는 “이념형과 현실이 서로에게 전가되는 위험”에 대해 경고한다.(***WL***, **203**)

우리는 「객관성 논문」을 여러 차례 읽고 나서도 여전히 균열을 발견할 수 있다. 베버는 보다 더 엄격한 학문적 척도를 요구한다. 그리고 그가 “방법론적으로 타당한 논증은 […] 중국인들로부터도 옳다고 인정받을 수 있어야 한다”고 강조할 때라든지(***WL***, **155**), “국가경제학은 경제적 세계관으로부터 가치 판단을 산출해낸다”는 견해를 반박할 때에(***WL***, **149**), 또는 그가 “사실에 대한 학문적 상론과 평가적 추론의 혼동”에 대해 경고할 때에는(***WL***, **157**) 역사학파를 논박하고 있는 것처럼 보인다. 그러나 이에 병행하여 “자연주의적 일원론의 쉽게 믿는 기질”이나 가치의 “우상의 황혼”에 대한 두려움에서 마치 학문을 가치 판단으로부터 보호하기보다는 거꾸로 가치 판단을 학문으로부터 보호하는 것이 관건이 되는 듯이 표현된 구절들도 있다.(***WL***, **186** 이하) 따라서 학문의 합리성이 논의되는 바로 이 지점에서 합리성이 세계 지배의 도구에서 세계의 지배자로 변모할지도 모른다는 혐의가 벌써 고개를 든다.

그렇지만 우선 중요한 것은 베버가 이념형의 확립과 더불어 자신의 고유한 관점을 획득하게 되었으며, 그리하여 이제 「프로테스탄티즘의 윤리와 자본주의 정신」이 그 전형적인 예로 뒤따라 나올 수 있었다는 점이다. 자본주의와 종교 간의 연관성은 그에 앞서 이미 좀바르트 같은 이에게서 볼 수 있듯이 학문에서도 일정한 역할을 했을 뿐만 아니라 문화 투쟁에 관한 논쟁에서도 나름대로의 역할을 했다. 베버는 이 주제를 '객관적' 구조가 세계관이나 윤리 규범 같은 문화 개념들로 환원될 수 있다는 것을 보여주는 범례로 다룬다. 경제적 합리성의 총괄 개념인 자본주의야말로 이런 결과를 의도하여, 즉 합리적으로 계획하여 발생한 것이 아니라는 것이다. 다시 말해서 만약 자본주의가 다만 효용의 극대화라는 동기의 산물이라면, 자본주의는 도처에서 발전해야 했을 것이고 개인의 이해 관심과도 조화를 이루어야 했을 것이다.

하지만 자본주의는 (이를 베버는 자본의 계획적 증식에 정향된 경제 행위로 정의할 수 있었을 터인데) 오직 "서양"에서만 발전했으며(***RS***, 6 이하), 그것은 그 성과물을 향유하지 않고 노고만 들이는 방향으로 나아간다. 따라서 당사자들에게 "지속적인 노동을 수반하는 업무가 '삶에 필수불가결하게' 되는" 동기가 자본주의에 관한 논의에서 문제가 된다. 오직 이런 동기만이 "개인적인 행복이라는 관점에서 보면 이런 식으로 생활을 영위하는 것이 지닌 아주 불합리한 점", 즉 "업무가 인간을 위해 있는 것이 아니라 인간이 자신의 업무를 위해 있는" 생활 태도가 지닌 불합리를 이해할 수 있도록 만들어준다.(*RS*, 54) 그렇다면 “그와 같은 ‘직업’(소명)Beruf 개념에 담겨 있는 […] 불합리한 요소의 기원”을 해명하는 일이 남게 된다.(*RS*, 202) 그리고 이에 대한 탐구는 피안을 지향하는 금욕이 합리적 자기 지배 및 세계 지배라는 세계 내적 금욕으로 단계적으로 전환되는 역사로 이끈다. 이때에 중심점을 이루는 것이 칼뱅주의인데, 칼뱅주의는 통제된 생활 태도에 대한 요구를 여전히 종교적으로 근거지으면서도 행위를 이미 세속적인 궤도로 유도하기 때문이다.

문화과학의 기획은 대략 다음과 같이 기술될 수 있을 것이다. 모든 사회적 행위의 개념은—그것이 경제학적 언어나 정치적 언어나 또는 그 밖의 다른 어떤 언어로 진술되건 간에—문화적 개념이다. 즉 그것은 우리가 이념형적 사고 실험을 통해 그 동기를 물어볼 때에 그 의미와 대개 종교적인 그 근원이 우리에게 규명되는 가치 결단이다. 그렇지만 베버는 이런 기획을 공식화하지도 않았을 뿐더러 그것을 따르지도 않았다. 그는 이와 다른 방향으로 움직이는데, 그 이유는 프로테스탄티즘의 윤리가 문화사에 대한 그의 시각에서만이 아니라 그 자신의 작업에서도 정점을 이루기 때문이다. 이런 점은, 프리드리히 텐브루크Friedrich Tenbruck가 발견했듯이, 「프로테스탄티즘의 윤리와 자본주의 정신」이 『종교사회학 논문 선집』에 재인쇄될 때인 1920년에서야 비로소 이 저작에 첨가된 다음과 같은 회고적 언급에서 명백해진다. 이 저작으로 “세계를 탈주술화하는 거대한 종교사적 과정이 종결”된다.(Tenbruck, 667) 이것이 의미하는 바는 이후로는 “승승장구하는 자본주의가 이러한 받침대를 더 이상 필요로 하지 않는다”는 것만이 아니라 합리화의 원리가 그 근원으로부터 독립하는 것만큼이나 또한 우리로부터도 독립한다는 것이다. “청교도는 직업인이 되고자 했다. 우리는 직업인이 되어야만 한다.”(***RS***, 203) 이리하여 합리화가 치러야 하는 부대비용에 관한 물음이 다시 떠오른다. 그 물음은 한동안 ‘지성화’ 라든지 ‘관료화’ 같은 여러 가지 이름으로 바뀌면서 다루어지다가, 1919년과 1920년에 각각 「직업으로서의 학문」과 종교사회학적 저서들에 대한 보충과 해설에서 탈주술화와 합리화라는 개념쌍으로 확립된다. 그런데 이때에 인간의 의사와 무관하게 집행되는 피할 수 없는 운명이라는 상이 떠오르게 되고, 베버가 경고했던 바로 그 의미에서 “이념형과 현실이 서로에게 전가된다.”

우리는 이렇게 『경제와 사회』에서도, 그 중에서도 특히 정치와 지배가 논해지는 곳에서, 겉으로 드러나는 개념들 뒤에서 전혀 다른 주제를 발견할 수 있다. 정치사회학을 다루는 부분들이 제1장과 제2장, 제8장, 제9장에 산재하여 발견되는데, 그것은 (타인의 행동과 관련된) 사회적 행위에서 출발하여 (인간 무리로서의) 단체(***WG***, I, 12)와 (행위 규칙을 가진 단체인) 기관(***WG***, I, 15)을 거쳐 (“자신의 의지를 저항에 맞서서도 관철시킬 수 있는 기회”로서의) 권력(***WG***, I, 16 및 IX, 1)과 지배로 이어진다. 지배란 특정한 단체와 관련될 때의 그와 같은 기회를 뜻하며(***WG***, I, 16), 따라서 “권력의 특수한 경우”이다.(***WG***, IX, 1) 지배는 어느 한 영역에서 “관리 지휘부가 동원하는 물리적 강제의 사용과 위협을 통해” 지속적으로 관철될 때에 마침내 ‘정치적’ 인 것이 된다. 이런 정치적 지배 단체로 국가를 만드는 데에 아직 부족한 것은 (규칙의 명시성이라는) 기관의 특성과 그것이 “정당한 강제의 독점에 대해 성공적으

로 권리 주장을 하는 것"이다.(*WG*, I, 17)

이렇게 해서 우리는 완전히 토머스 홉스로 되돌아가게 되었다. 그리고 어느 한 행위에 정치적인 것이라는 자격을 부여하는 것은 오직 수단과 관련해서이기 때문에, 목적에 관해서는 그것이 가치의 영역에 그리고 가치들 사이의 영원한 다툼의 영역에 속한다는 것 외에는 더 이상 아무 말도 할 수 없게 되었다. 의견은 '순종'의 동기로 등장할 따름이다. 지배 자체는 아무런 전제 없이 정의되는 반면에, 지배의 구체적인 형태들은 복종의 다양한 동기들에 따라 그리고 그에 상응하는 정당성 주장들에 따라 구분될 수 있다. 전승된 것이 존중받는 한에서 충성을 얻어내는 것은 "전통적 지배"이고, 합법성의 원리에 의거하는 것은 "합리적 지배"이며, 한 개인의 특질에 의존하는 것은 "카리스마적 지배"이다.(*WG*, III, 2) 그 밖의 모든 것은 베버가 자신의 정치사회학을 그 방향으로 첨예화하는 다음과 같은 치명적인 양자택일을 축으로 삼는다. 카리스마야말로 관료주의로 표현되는 합법적 지배에 대한 견고한 대안인가?(그래서 베버가 바이마르 헌법의 강력한 대통령으로부터 카리스마적 지도력을 기대했다는 견해가 보다 잘 이해될 수 있는가?) 아니면 모든 것이 결국 관료주의적 지배로 귀결되고 마는가? 그렇다면 카리스마가—베버는 카리스마를 "전통의 구속을 받는 시대"에 귀속시키는데(*WG*, III, 10)—전통적 체제를 가속적으로 현대화하고 관료화하는 데에 기여하고 그렇게 함으로써 그 기능을 완수하는 혁명적인 요소가 될 것이다. 이때에 지배사회학의 이념형적 개념들도 그와 마찬가지로 숙명적인 진화 발전의 단계들로 변할 것이다. 이와 유사한 사태가 이미 종교사회학적 개념들에서 벌어졌는데, 이 개념들은 탈주술화의 소용돌이 속에서 모두 사라지고 말았던 것이다.

실제로 관료화는 또 하나의 극히 중요한 형태의 합리화로 밝혀진다. "형식적으로 가장 합리적인 유형의 지배력 행사"로서 관료화는 결코 공공 행정에 국한되지 않고 우리의 '일상생활' 전체를 규정한다. 베버는 그 이유로 세 가지를 든다. 첫째로 관리 지휘부의 고유한 이해 관심은 다른 모든 지배 형태를 다시 자신에게 적합한 지배 형태로 전환시킨다. 둘째로 참여자들은 모두 상황의 계산 가능성에 관심을 가진다. 그리고 마지막으로 관료주의는 절차의 합리성만이 아니라 하나의 고유한 실체적 합리성을 재현한다. "지식에 의거한 지배"로서 관료주의는 다른 어떠한 사회적 협력의 조직체보다도 우월하다. 오직 "자본주의적 기업"만이 "전문 지식과 사실에 대한 지식"에서 관료주의를 능가한다. 그렇기 때문에 자본주의적 기업은 "관료주의적인 합리적 지식 지배의 불가피성에 맞서는 유일하게 현실적인 (최소한 상대적으로) 불가침적인 심급"이지만, 그마저도 다만 "기업이 가진 이해 관심의 영역 내에서" 그러할 뿐이다.(*WG*, III, 5)

그러니까 베버는 여기에서 "관료주의의 숙명성"을 결정적으로 정초하여 공식화하고 있는 것인데, 이는 20세기에 능률 국가를 다음과 같이 정당화하는 데에도 쓰인다. 복잡성은 지식의 중앙 집중화를 강요하는 것처럼 보이며, 따라서 탈중심적 조직 형태는 전혀 고려될 수 없다. 물론 이런 정치사회학도 그 조직체들이 중앙 집중화의 강제를 구현했던 시대에 얽매여 있는 것으로 남는다. 그리고 그 시대는 사람들이 학문의 '객관성'을 더 이상 신뢰하지 않았지만, 관료주의적 지식의 객관성과 관료주의적 행위의 합리성은 아직 따옴표 안에 넣지 않았던 시대였다. 여하튼 베버는 마르크스가 과소평가했던 관료주의를 과대평가한다. 그렇게 된 까닭은 그가 관료주의를 통제된 생활 태도로부터 합리적 세계 지배로 나아가는 보편사적 도정의 종착역으로 만들었기 때문이다. 그렇기 때문에 그는 학문에 대한 그의 숙고가 얼마나 정치 및 관료주의와 결합되어 있는지를 간과했다. 객관적 가치 개념들과의 결별은 (모든 인식을 주관화하는 것의 일부로서) 지식의 중앙 집중화를 통해 자신을 정당화하는 체제들로부터 그 기반을 박탈하게 된다.

그리하여 베버는 한편으로는 개인과 정치의 자율성이 살아남을 수 있는 틈새의 강구와 다른 한편으로는 불가피한 것에 대한 인식에서 영웅적 태도를 이끌어내는 (국가 권력과 관료주의적 합리성에 대한 경탄이 뒤섞여 있는) 열정 사이에서 이리저리 동요한다. 학문과 종교와 정치라는 문화 권력에 대한 그의 세 가지 물음들 중에서 학문 역시 학문적으로 고찰해야 한다는 제안을 제외하고 나면 결국은 역사적으로 정향된 사회과학이라는 기획이 남게 된다. 이런 사회과학은 사회를 문화로 그리고 문화를 다시 종교로 해독하는 것이고, 따라서 문화과학 내지 베버적 시각이라고 불릴 수 있다.

–미하엘 쵤러 Michael Zöller

참고 문헌

존 로크

A. 1차 문헌

1. 원문

The Works of John Locke, A New Edition, Corrected. In Ten Volumes, London, 1823, 재인쇄: Scientia Verlag, Aalen.(아직까지 가장 널리 유포되어 있는 판본)

The Clarendon Edition of the Works of John Locke, General Editor: John W. Yolton, Oxford, 1975 ff.(새로운 역사적·비판적 전집. 아직 미완간)

Two Treatises of Government, A Critical Edition with an Introduction and Apparatus Criticus by Peter Laslett, Cambridge, 1960 u.ö.(로크의 정치철학에 대한 심도 있는 연구에 필수 불가결함)

Two Tracts of Government, Edited with an Introduction, Notes and Translation by Philip Abrams, Cambridge, 1967.(정부 당국의 권한에 관한 자유주의적 특성이 아직 드러나지 않는 초기의 논문)

Essays on the Law of Nature, The Latin Text with a Translation, Introduction and Notes, together with Transcripts of Locke's Shorthand in his Journal for 1676. Edited by W. von Leyden, Oxford, 1954 u.ö.(자연법에 관한 저서이자 로크의 인식비판론의 효시)

Ein Brief über Toleranz, Englisch-deutsch, übers., eingel. u. in Anmerkungen erl. v. Julius Ebbinghaus, Hamburg, 1957.(탁월한 주석이 덧붙여진 고전적 문헌의 판본)

2. 독일어 번역서

Zwei Abhandlungen über die Regierung, übers. v. Hans Jörn Hoffmann, hg. u. eingel. v. Walter Euchner, Frankfurt/M., 1977.

Bürgerliche Gesellschaft und Staatsgewalt, hg. v. Hermann Klenner, Leipzig, 1986.(『통치론』 제2권과 *Two Tracts* 및 *Essays on the*

*Law of Nature*의 일부가 수록되어 있음)

B. 2차 문헌

1. 문헌 목록

John C. Attig, *The Works of John Locke. A Comprehensive Bibliography from the Seventeenth Century to the Present*, Westpoint, Conn., 1985.

Roland Hall/Roger Woodhouse, *80 Years of Locke Scholarship. A Bibliographical Guide*, Edinburgh, 1983.

John Harrison/Peter Laslett, *The Library of John Locke*, Oxford, 1965 u.ö.

2. 전기

Maurice Cranston, *John Locke. A Biography*, London–New York–Toronto, 1957. Paperback Oxford, 1985.(근래 들어 가장 상세한 전기)

Udo Thiel, *John Locke. Mit Selbstzeugnissen und Bilddokumenten*, Reinbek/Hamburg, 1990.

3. 개설서 및 총론

Reinhard Brandt, "John Locke. Anhänger und Gegner von Locke", *Grundrißder Geschichte der Philosophie*, hg. v. Jean Pierre Schobinger, Bd. 3: Die Philosophie des 17. Jhs., 2. Halbbd.: England, Basel–Stuttgart, 1988, 607～713.(당시대와 연관을 지은 탁월한 서술. 연구 현황에 대한 보고도 곁들어져 있음)

Walter Euchner, *John Locke zur Einführung*, Hamburg, 1996.(로크 저서의 다른 분야들과 연관지어서 고찰한 정치철학)

4. 정치철학

(1) 개론

Richard Ashcraft (Ed.), *John Locke. Critical Assessments*, 4 vol., London–New York, 1991.(로크의 사상, 역사적 상황, 영향사와 관련된 모든 주요 문제에 대한 중요한 논문집)

John Dunn, *The Political Thought of John Locke. An Historical Account of the "Two Treatises of Government"*, Cambridge, 1969.(로크의

정치이론을 점유 개인주의적 자유주의의 선구자로 보는—주로 마르크스주의적인—해석에 대해 방어하는 엄격한 역사적 해석)

C. B. Macpherson, *The Political Theory of Possessive Individualism*, Oxford, 1962 u.ö. 독일어 번역: *Die politische Theorie des Besitzindividualismus*, Frankfurt/M., 1967 u.ö.(홉스와 해링턴과 더불어 로크를 시민적 '점유 개인주의'의 최초 옹호자로 서술)

Martin Seliger, *The Liberal Politics of John Locke*, London, 1968.(헌법에 의한 자유권의 보장을 위해 싸운 최초의 옹호자들 가운데 한 사람으로서의 로크)

Martyn P. Thompson (Hg.), *John Locke und Immanuel Kant. Historische Rezeption und gegenwärtige Relevanz*, Berlin, 1991.(최근의 연구 문제들에 관한 로크 심포지엄의 논문집)

(2) 자연 상태와 사회 계약

Wolfgang Kersting, *Die politische Philosophie des Gesellschaftsvertrags*, Darmstadt, 1994.(계약주의의 역사 속에서 로크의 계약론이 차지하는 위치)

Hans Medick, *Naturzustand und Naturgeschichte der bürgerlichen Gesellschaft. Die Ursprünge der bürgerlichen Sozialtheorie als Geschichtsphilosophie und Sozialwissenschaft bei Samuel Pufendorf, John Locke und Adam Smith*, Göttingen, 1973.(18세기 사회과학의 발생에서 로크의 이론이 지니는 의미)

Christopher W. Morris (Ed.), *The Social Contract Theorists. Critical Essays on Hobbes*, Locke, *and Rousseau*, Lanham-Boulder-New York-Oxford, 1999.(홉스 및 루소와 비교할 때 로크의 자연 상태 개념이 지닌 독특성)

(3) 자연법

Walter Euchner, *Naturrecht und Politik bei John Locke*, Frankfurt/M., 1969 u.ö.(전통적 세계관에서 시민적 세계관으로의 이행을 표현한 것으로서 로크의 도덕철학 사상과 정치사상)

Leo Strauss, *Natural Right and History*, Chicago, 1953. 독일어 번역: *Naturrecht und Geschichte*, Stuttgart, 1956 u.ö.(전통과의 철저한 단절로서 로크의 자연법론과 정치철학)

(4) 소유권과 정치경제학

Manfred Brocker, *Arbeit und Eigentum. Der Paradigmenwechsel in der neuzeitlichen Eigentumstheorie*, Darmstadt, 1992.(생산과 기술에

정향된 근대적 세계관을 선취한 것으로서 소유의 발생에 대한 근거지음)

Matthew H. Kramer, *John Locke and the origins of private property. Philosophical explorations of individualism, community, and equality*, Cambridge, 1997.(노동이론의 정초를 비판하고 로크의 개인주의가 실은 공동체주의적이었음을 입증하려는 시도)

Birger P. Priddat, *Theologie, Ökonomie, Macht. Eine Rekonstruktion der Ökonomie John Lockes*, Marburg, 1998.(자연법적으로 근거지어진 경제학은 화폐경제를 정당화함)

James Tully, *A Discourse on Property. John Locke and his adversaries*, *Cambridge*, 1980.(로크의 소유론이 개인주의적이지 않다고 해석함)

(5) 관용

John Horton/Susan Mendus (Ed.), *John Locke. A Letter Concerning Toleration*, London-New York, 1991.(논문집)

(6) 시대적 맥락과 영향사

Stephen M. Dworetz, *The Unvarnished Doctrine. Locke, Liberalism, and the American Revolution*, Durham-London, 1990.(Dunn과 Pocock의 해석에 대한 비판)

Mark Goldy (Ed.), *The Reception of Locke's Politics. From the 1690 to the 1830s*, 6 vol., London-Brookfield, Im Erscheinen.(새로운 연구 동인을 제공해주리라고 기대되는 수용사의 기록)

Frank Hugelmann, *Die Anfänge des englischen Liberalismus. John Locke und der first Earl of Shaftesbury,* Frankfurt/M.-Bern-New York, 1992.(역사적 배경을 세심하게 재구성)

J. G. A. Pocock/Richard Ashcraft, *John Locke. Papers read at a Clark Library Seminar 10 December 1977*, Los Angeles, 1980.

J. G. A. Pocock, *Virtue, Commerce and History. Essays on Political Thought and History, chiefly in the Eighteenth Century,* Cambridge, 1985.(로크를 경제학적으로 정향된 자유주의의 영향력 있는 창시자로 해석하는 것에 대한 비판)

사무엘 푸펜도르프

A. 1차 문헌

(번역서들을 포함하여) 푸펜도르프의 저서에 대한 완전한 문헌 목록은 아직 존재하지 않는다. 가장 유용한 문헌 목록:

Horst Denzer(아래의 참고 문헌 항 참조), 359~373.

앞으로의 연구에 표준이 될 판본은 총 10권으로 기획되어 아직 간행 중에 있는 역사적 · 비판적 판본:

Samuel Pufendorf, *Gesammelte Werke*, hg. v. Wilhelm Schmidt-Biggemann, Berlin, 1996 ff.

그중에서 출간된 것:

Bd. 1: *Briefwechsel*, hg. v. Detlef Döring, 1996.

Bd. 2: De *officio hominis et civis*, hg. v. Gerald Hartung, 1997.(1691년에 나온 Immanuel Weber의 독일어 번역도 포함되어 있음)

Bd. 3: *Elementa jurisprudentiae universalis*, hg. v. Thomas Behme, 1999.

Bd. 4. 1 u. 4. 2: *De jure naturae et gentium*, hg. v. Frank Böhling, 1998.(주석서 4. 3은 아직 미출간)

이용 가능한 『독일 제국의 상황』의 판본:

Samuel Pufendorf, *Die Verfassung des Deutschen Reiches*, hg. u. übers. v. Horst Denzer, Frankfurt/M. u. Leipzig, 1994.(두 가지 언어로 편집. 초판 라틴어 원문 및 2판의 중요 수정 포함. Reclam사(Stuttgart, 1976 u.ö.)에서 나온 경제적인 독일어 번역본도 있음)

아직 알려지지 않았거나 주목받지 못한 일련의 저작들의 편집서:

Samuel von Pufendorf, *Kleine Vorträge und Schriften. Texte zu Geschichte, Pädagogik, Philosophie, Kirche und Völkerrecht*, hg. v. Detlef Döring, Frankfurt/M.

푸펜도르프의 다른 저작물들은 17세기와 18세기의 판본을 이용해야 한다.

『인간과 시민의 의무』의 최근 번역:

Samuel von Pufendorf, *Über die Pflicht des Menschen und des Bürgers nach dem Gesetz der Natur*, hg. u. übers. v. Klaus Luig, Frankfurt/M. u. Leipzig, 1994.

『자연법과 국제법』에 관해서는 1711년에 나온 Immanel Weber의 독일어 번역본이 있다.

B. 참고 문헌

아래의 목록은 최근 수십 년 내, 특히 1990년대에 나온 서명으로 제한한다.

1991~92년까지 출판된 참고 문헌의 포괄적이지만 아직 누락된 부분이 있는 문헌 목록:

Detlef Döring, *Pufendorf-Studien. Beiträge zur Biographie Samuel von Pufendorfs und zu seiner Entwicklung als Historiker und theologischer Schriftsteller*, Berlin, 1992, 214~266.

다음 3권의 편집서는 더욱 강도 있게 진행되고 있는 푸펜도르프 연구의 현재 상황을 대표적으로 일목요연하게 보여줌:

B. Geyer/H. Goerlich (Hg.), *Samuel Pufendorf und seine Wirkungen bis auf die heutige Zeit*, Baden Baden, 1996.

Fiammetta Palladini/Gerald Hartung (Hg.), *Samuel Pufendorf und die europäische Frühaufklärung*, Berlin, 1996.

Vanda Fiorillo (Hg.), *Samuel Pufendorf filosofo del diritto e della politica. Atti del Convegno Internazionale Milano*, Neapel, 1996.

폭넓게 기획된 전기는 아직 없다. 여전히 가장 풍부한 정보를 제공해주는 저서:

Leonhard Krieger, *The Politics of Discretion. Pufendorf and the Acceptance of Natural Law*, Chicago-London, 1965.(푸펜도르프가 남긴 영향 전체를 고려하는 저서로서 저작의 해석에도 중요함)

가장 최근의 연구 상황:

Detlef Döring, "Biographisches zu Samuel Pufendorf", *Samuel Pufendorf und seine Wirkungen bis auf die heutige Zeit*, hg. v. B. Geyer/H. Goerlich, 23~37.

푸펜도르프가 이용한 출전을 밝히는 데에 중요한 저서:

Fiammetta Palladini, *La Biblioteca di Samuel Pufendorf*, Catalogo dell'asta di Berlin del settembre 1697, Wiesbaden, 1999.

푸펜도르프의 자연법 체계를 전반적으로 서술한 여러 저서들 중 강조할

만한 것:

Horst Denzer, *Moralphilosophie und Naturrecht bei Samuel Pufendorf*, München, 1972.

Thomas Behme, *Samuel von Pufendorf. Naturrecht und Staat, Göttingen*, 1995.

Kari Saastamoinen, *The Morality of the Fallen Man: Samuel Pufendorf on Natural Law*, Helsinki, 1995.(푸펜도르프의 자연법론을 루터교 전통과 강하게 관련지음)

『독일 제국의 상황』에 관한 문헌도 광범위하다. 특히 새로운 시각을 제공해주는 문헌들:

Bernd Roeck, *Reichssystem und Reichsherkommen*, Stuttgart, 1984.

Detlef Döring, "Untersuchungen zur Entstehungsgeschichte der Reichsverfassungsschrift Samuel Pufendorfs", *Der Staat* 33, 1994, 185~206.

역사학자로서의 푸펜도르프에 관한 비교적 드문 문헌 중에서:

Leonhard Krieger, "Samuel Pufendorf", *Deutsche Historiker*, Bd. IX, Göttingen, 1982, 7~22.

지금까지 전적으로 등한시해왔던 일상 정치와 관련된 저작들에 관하여:

Detlef Döring, "Samuel von Pufendorf als Verfasser politischer Gutachten und Streitschriften", *Zeitschrift für historische Forschung* 19, 1992, 189~232.

종교 및 이와 긴밀한 연관성을 지닌 관용의 원칙에 대한 푸펜도르프의 입장에 관하여:

Simone Zurbuchen, *Naturrecht und natürliche Religion. Zur Geschichte des Toleranzbegriffs von Samuel Pufendorf bis Jean-Jacques Rousseau*, Würzburg, 1991.

D. Döring, *Pufendorf-Studien*, 55 ff.

여전히 연구가 상당히 미흡한 영향사에 관하여:

Fiammetta Palladini, *Discussioni seicentesche su Samuel Pufendorf. Scritti latini: 1663~1700*, o.O., Bologna, 1978.

Samuel von Pufendorf 1632~1982, Ett rättshistoriskt symposium i Lund 15~16. 1. 1982, Stockholm, 1986.

몽테스키외

A. 1차 문헌

Œuvres complètes de Montesquieu, hg. v. André Masson, 3 Bde., Paris (Nagel), 1950~1955.

Œuvres complètes de Montesquieu, hg. v. Roger Caillois, 2 Bde., Paris (Bibliothéque de la Pléiade), 1949~1951.(*Pl*로 표기)

Société Montesquieu는 *Œuvres complètes*을 수정한 총 22권으로 구성된 역사적 · 비판적 판본을 기획하고 있는데, 그 중에서 제2권, 제8권, 제13권, 제18권이 1998~2003년에 출판됨.

Lettres persanes, hg. v. Paul Vernière, Paris (Garnier), 1975.

De l'Esprit des lois, hg. v. Robert Derathé, 2 Bde., Paris (Garnier), 1973.

독일어 번역서:

Perserbriefe, übers. v. Jürgen von Stackelberg, Frankfurt/M., 1988.(*Lp*로 표기)

Größe und Niedergang Roms. Mit den Randbemerkungen Friedrichs des Großen, hg. v. Lothar Schuckert, Frankfurt/M. (Fischer Taschenbuch), 1980.(C로 표기)

Vom Geist der Gesetze, übers. v. Ernst Forsthoff, 2 Bde., Tübingen (UTB 1710/1711), 1992.(*Edl*로 표기)

Meine Gedanken. Mes pensées, München, 2000.

B. 참고 문헌

1. 문헌 목록, 도서 목록, 정기 간행물

David C. Cabeen, *Montesquieu, A Bibliography, New York*, 1947.

Louis Desgraves, *Répertoire des ouvrages et des articles sur Montesquieu*, Genf, 1988.

Otto Klapp, *Bibliographie der französischen Literaturwissenschaft*, Frankfurt/M., 1960 ff.

Louis Desgraves/Catherine Volpilhac-Auger (Hg.), *Catalogue de la bibliothéque de Montesquieu á La Bréde* (= *Cahiers Montesquieu*,

4), Neapel-Paris-Oxford, 1999.

Société Montesquieu (Hg.), *Revue Montesquieu 1* (1997) ff. Revue annuelle, Grenoble.(비평과 신간 서명 포함. 노예 제도, 로마, 형벌, 마키아벨리, 카타리나 2세Katharina II, 한나 아렌트Hannah Arendt에 관한 논문들 포함)

2. 서술과 연구

Louis Althusser, *Machiavelli*, *Montesquieu*, *Rousseau*, Hamburg, 1987.

Raymond Aron, *Les étapes de la pensée sociologique*, Paris, 1967. 독일어 번역: *Hauptströmungen des klassischen soziologischen Denkens*, Hamburg (Rowohlt), 1979.

Georges Benrekassa, *Montesquieu, la liberté et l'histoire*, Paris (Livre de poche), 1987.(*B*로 표기. 매우 훌륭한 개괄서)

Betrand Binoche, *Introduction à De l'esprit des lois de Montesquieu*, Paris (PUF), 1998.(몽테스키외의 『법의 정신』을 동시대인들과 대비)

Thomas Chaimowicz, *Freiheit und Gleichgewicht im Denken Montesquieus und Burkes*, Wien-New York, 1985.(보수적인 해석)

Claus-Peter Clostermeyer, *Zwei Gesichter der Aufklärung. Spannungslagen in Montesquieus* "Esprit des lois", Berlin, 1983.(다수의 참고 문헌)

Jean Dalat, *Montesquieu magistrat*, 2 Bde., Paris, 1971~72.

Louis Desgraves, *Montesquieu*, Frankfurt/M., 1992.(전기적 관점에서 R. Shackleton의 저작을 보완. 폭넓은 문헌 목록)

Louis Desgraves, *Chronologie critique de la vie et des œuvres de Montesquieu*, Paris (Champion), 1998.

Jean Ehrard, *L'Ideé de Nature en France à l'aube des Lumières*, Paris (Flammarion), 1970.

Jean Ehrard, *L'Esprit des mots. Montesquieu en lui-même et parmi les siens*, Genf (Droz), 1998.(갈리아인, 종교 재판, 프롱드Fronde, 볼테르Voltaire, 노예 제도에 관하여)

Giles Barber/C. P. Courtney (Hg.), *Enlightenment Essays in Memory of Robert Shackleton*, Oxford, 1988.

Alberto Postigliola/Maria Grazia Bottaro Palumbo (Hg.), *L'Europe de Montesquieu. Actes du Colloque de Gênes* (= *Cahiers*

Montesquieu, 2), Neapel–Paris–Oxford, 1995.(불렝빌리에 Boulainvilliers, 연맹, 이탈리아, 볼테르, 동양, 카타리나 2세에 관하여)

Frank Herdmann, *Montesquieurezeption in Deutschland im 18. und beginnenden 19. Jahrhundert*, Hildesheim–Zürich–New York, 1990.

Michael Hereth, *Montesquieu zur Einführung*, Hamburg, 1995.

Kurt Kluxen, "Die Herkunft der Lehre von der Gewaltentrennung", *Zur heutigen Problematik der Gewaltentrennung*, hg. v. Heinz Rausch, Darmstadt, 1969, 131~152.

Panajotis Kondylis, *Montesquieu und der Geist der Gesetze*, Berlin, 1996.

Walter Kuhfuß, *Mäßigung und Politik*, München, 1975.(몽테스키외의 정치 용어와 정치이론에 대한 매우 훌륭한 연구)

Edgar Mass/Alberto Postigliola (Hg.), *Lectures de Montesquieu. Actes du Colloque de Wolfenbüttel* (= *Cahiers Montesquieu,* 1), Neapel–Paris–Oxford, 1993.(영향사에 관하여)

Edgar Mass, "Die Leser des *Esprit des lois*", *Jahrbuch für internationale Germanistik* 7 (1975), 36~57.

Edgar Mass, "Die politische Kritik des Literaten Charles de Montesquieu", *Neues Handbuch der Literaturwissenschaft* 13 (= *Europäische Aufklärung III*), Wiesbaden, 1980, 107~124.

Edgar Mass, *Literatur und Zensur in der frühen Aufklärung. Produktion, Distribution und Rezeption der Lettres persanes* (= *Analecta Romanica*, 46), Frankfurt/M., 1981.

Friedrich Meinecke, *Die Entstehung des Historismus* (= *Werke*, 3), München, 1959.

Detlef Merten (Hg.), *Gewaltentrennung im Rechtsstaat. Zum 300. Geburtstag von Charles de Montesquieu*, Berlin, 1989.

Claude Morilhat, *Montesquieu. Politique et richesses*, Paris (PUF), 1996.(경제 정책에 관하여)

Corrado Rosso, *La Réception de Montesquieu ou les silences de la harpe éolienne*, Pisa, 1989.

Robert Shackleton, Montesquieu. *A Critical Biography*, London, 1961.(기본이 되는 저서)

Céline Spector, *Montesquieu. Les "Lettres persanes"*, Paris (PUF), 1997.

Jean Starobinski, *Montesquieu. Ein Essay*, München-Wien, 1991.

Helmut Stubbe-da Luz, *Montesquieu* (=Rowohlts Monographien 50609), Reinbek, 1998.

Octavian Vuia, *Montesquieu und die Philosophie der Geschichte*, Frankfurt/M., 1998.

Paul-Ludwig Weinacht, "Montesquieu und die doppelte Rechtskultur im alten Frankreich", *Der Staat* 36, 1997, 118~132.

Paul-Ludwig Weinacht (Hg.), *Montesquieu, 250 Jahre "Geist der Gesetze". Beiträge aus Politischer Wissenschaft, Jurisprudenz und Romanistik*, Baden-Baden, 1999.(권력분립, 재판관의 법률 구속, 유럽 중심주의, 프리드리히 대제, 『법의 정신』의 독일어 번역서들에 관하여)

장-자크 루소

A. 1차 문헌

완전하지는 않지만 가장 포괄적인 학술본:

Bernard Gagnebin/Marcel Raymond (Hg.), *Oeuvres complétes*, Bibliothèque de la Pléiade, Paris, 1959~1995.(*OC*로 표기)

이 판본에는 원본의 철자법과 문장 부호로 된 원문 이외에도 온갖 판독 방식과 초고 변형들, 각각은 저작에 대한 개설과 주해들(특히 루소 원전 연구에 유익함), 문헌 목록과 인명 색인이 수록되어 있다. 그 중에서 지금까지 출판된 저서는:

Les Confessions. *Autres Textes autobiographiques*, 1959.(*OC* I)

La Nouvelle Héloïse. *Theâtre – Poêsies – Essais littéraires*, 1961.(*OC* II)

Du Contrat social. *Écrits politiques*, 1964.(*OC* III)

Émile. *Éducation – Morale – Botanique*, 1969.(*OC* IV)

Écrits sur la Musique, *la Langue et le Théâtre*, 1995.(*OC* V)

(예를 들어 『사부아인 보좌 신부의 신앙 고백』*Profession de foi du Vicaire savoyard* 같은) 다른 저서들에 관해서는 그보다 더 오래된 전집을 보아야 한다:

Oeuvres complètes, Paris, 1870, 신간: Genf, 1905, 12 Bde. und 1 Reg.bd.

루소의 편지들은 주해가 첨부된 비판 전집에 편집되어 있다:

Correspondance complète de Jean-Jacques Rousseau, ed. by Ralph A. Leigh, Genf, 1965~1989.

*Pléiade*판 제3권과는 별개로 루소의 정치적 저작들로서 필수불가결한 것은:

Diskurs über die Ungleichbeit — Discours sur l' inégalité, ed. by Heinrich Meier, Paderborn, 1990[2].(『인간 불평등 기원론』의 프랑스어-독일어 판본)

C. E. Vaughan (Ed.), *The Political Writings of J. J. Rousseau*, *2 Bde*., Cambridge U.P., 1915(Oxford, 1962[2]).(그 밖의 다른 정치적 저작들)

그 외에도 Reclam이나 Meiner 등의 여러 출판사에서 나온 쉽게 구할 수 있는 독일어 번역서들이 많이 있다. 그 중에서 추천할 만한 것은:

Vom *Gesellschaftsvertrag oder Prinzipien des Staatsrechts*, hg. v. Reinhard Brandt/Karlfriedrich Herb, Berlin, 2000.

Kulturkritische und politische Schriften in 2 Bänsden, hg. v. M. Fontius, Berlin, 1989.

Sozialphilosophische und Politische Schriften, München, 1989.

B. 참고 문헌

1. 문헌 목록

David C. Cabeen, *A Critical Bibliography of French Literature IV* (The 18th Century), Syracuse (NY.), 1951, 208~251.

루소에 관한 문헌의 역사와 연구 상황에 중요한 것:

Albert Schinz, *État présent des travaux sur J. J. Rousseau*, New York, 1941.

최근의 문헌들을 수록하고 논한 것:

Annales de la Société Jean-Jacques Rousseau, Genève, 1905 ff.

그 밖에도:

M. Cranston/R. S. Peters (Ed.), *Hobbes and Rousseau. A collection of critical essays*, New York, 1972.

N. J. Dent, *A Rousseau dictionary*, Oxford, 1992.

2. 서술과 연구

루소의 『고백』을 그의 실제 전기와 대질시키는 가장 탁월하고 가장 상세한 전기:

Jean Guehenno, *Jean Jacques Rousseau*, 3 Bde., Paris, 1948~1952.

그 밖에 포괄적인 전기:

Raymond Trousson, *Jean-Jacques Rousseau*, 2 Bde., Paris, 1988/89.

철학자로서의 루소와 그의 저작 전체에 관하여:

J. H. Broome, *Rousseau, A Study of His Thought*, London, 1963.

Robert Derathé, *Le rationalisme de Jean-Jacques Rousseau*, Paris,

1948.

Pierre Burgelin, *La philosophie de l'existence de J. J. Rousseau*, Paris, 1952.

C. W. Hendel, *Jean-Jacques Rousseau, Moralist*, 2 Bde., Oxford U.P., 1934, Paperback: Library of Liberal Arts, Indianapolis-New York, 1962.

Nicholas J. Dent, *Rousseau. An introduction to his psychological, social and political theory*, Oxford, 1989.

Jean Starobinski, *J.-J. Rousseau. La transparence et l'obstacle*, Paris, 1971. 독일어 번역: *Rousseau. Eine Welt von Widerständen*, München u.a., 1988.(당시의 문화 상황에 대한 풍부한 언급을 포함하고 있는, 프랑스 문화사학파의 기본서)

Bronislaw Baczko, *Rousseau. Solitude et communauté*, Paris, 1974.

루소의 정치철학에 관하여:

Raymond Polin, *La politique de la solitude. Essai sur J. J. Rousseau*, Paris, 1971.

루소의 정치적 저작들 각각에 대한 기본적인 원전 해석:

Roger D. Masters, *The Political Philosophy of Rousseau*, Princeton U.P., 1968.

인간학적 물음을 제기하면서 루소의 정치철학에 대한 전반적 서술:

Victor Goldschmidt, *Anthropologie et politique. Les principes du système de Rousseau*, Paris, 1974.

그 밖에 근래에 나온 간략한 개설서들:

John C. Hall, *Rousseau. An Introduction to his Political Philosophy*, London (Macmillan), 1973.

Ronald Grimsley, *Jean-Jacques Rousseau*, Brighton, 1983.

Olivier Krafft, *La politique de Jean-Jacques Rousseau. Aspects méconnus*, Paris, 1989.

Robert Wokler, *Social thought of Jean-Jacques Rousseau*, New York u.a., 1987.

Robert Wokler, *Rousseau*, New York, 1995.

루소를 전체주의적 사상가로 보아야 하는가 아니면 자유주의적 사상가로 보아야 하는가라는 논쟁을 다룸:

J. L. Talmon, *The Origins of Totalitarian Democracy*, London, 1952.

독일어 번역: *Die Entstehung der totalitären Demokratie*, Köln/Opladen, 1960.

L. G. Crocker, *Rousseau's Social Contract*, Cleveland, 1968.

전체주의적 해석:

N. N. Shklar, *Men and Citizens*, Cambridge U.P., 1969.

이런 비난에 대한 루소 옹호:

John W. Chapman, *Rousseau. Totalitarian or Liberal?*, New York, 1956.

Alfred Cobban, *Rousseau and the Modern State*, London, 1964(2).

루소를 이념사에 편입시키는 데에 기본이 되는 것:

Robert Derathé, *Jean-Jacques Rousseau et la science politique de son temps*, Paris, 1950, 1988(2).

루소의 영향사가 지닌 여러 측면들을 다룸:

Jean Roussel, *Jean-Jacques Rousseau en France après la Révolution 1795~1830*, Paris, 1972.

Jean-Jacques Tatin-Gourier, *Le Contrat Social en question. Echos et interprétations du Contrat Social de 1762 à la Révolution*, Lille U.P., 1989.

Claus Süssenberger, *Rousseau im Urteil der deutschen Publizistik bis zum Ende der Französischen Revolution*, Bern, 1974.

독일어 저서들 중 언급할 만한 것:

Iring Fetscher, *Rousseaus politische Philosophie. Zur Geschichte des demokratischen Freiheitsbegriffs*, Neuwied, 1960, Frankfurt/M., 1981.

Otto Vossler, *Rousseaus Freiheitslehre*, Göttingen, 1963.

루소의 철학과 교육학을 다룸:

Hermann Röhrs, *Jean-Jacques Rousseau, Vision und Wirklichkeit, Heidelberg*, 1957, 1966(2).

Martin Rang, *Rousseaus Lehre vom Menschen, Göttingen*, 1959, 1965(2).

교육학과 정치의 관계, 특히 자연 개념에 관하여:

Robert *Spaemann*, *Rousseau – Bürger ohne Vaterland*, München, 1980.

종교 문제에 관하여:

Karl Dietrich Erdmann, *Das Verhältnis von Staat und Religion nach der*

Sozialphilosophie Rousseaus (Der Begriffe der Religion Civile), Berlin, 1935.

루소의 종교에 대한 상세한 연대기적 문헌 목록이 첨부된 기본서:

Pierre-Maurice Masson, *La religion de Jean-Jacques Rousseau*, Paris, 1916 (신판: Genéve, 1970).

루소 탄생 250주년을 기념한 근래의 편집서:

Jean-Jacques Rousseau, Yale French Studies 28, 1961/62.

Présence de Jean-Jacques Rousseau, Annales 35, 1963.

Rousseau et la philosophie politique, Annales de la philosophie politique 5, 1965.

서거 200주기를 기념하여:

Ralph A. Leigh (Hg.), *Rousseau after 200 years. Proceedings of the Cambridge bicentennial colloquium*, Cambridge U.P., 1982.

Rousseau et Voltaire en 1978, Actes du Colloque international de Nice, Genève, 1981.

S. Harvey/M. Hobson/D. Kelley/S. Taylor (Hg.), *Reappraisals of Rousseau*, Manchester U.P., 1980.(낭만주의자라는 또는 전체주의의 선구자라는 오해로부터 루소를 옹호하고자 함)

연구 상황에 대한 최근의 논문 모음집:

Rousseau und die Folgen, Beitr. von: Iring Fetscher u.a., hg. v. Rüdiger Bubner, Göttingen, 1989.

Jean-Jacques Rousseau, ed. and with an introduction by Harold Bloom, New York u.a., 1988.

'연방주의자'

A. 1차 문헌과 원전

1. 최근의 원문집

The Federalist, hg. v. Jacob E. Cooke, Middletown, 1961.(1차 문헌의 역사를 밝힌 비판적 판본)

The Federalist Papers, hg. v. Isaak Kramnik, Harmondsworth, 1987.(훌륭한 서문)

The Federalist Papers, hg. v. Bernard Bailyn, Washington, 1998.(훌륭한 서문)

The Federalist Papers, hg. v. Charles R. Resler, New York, 1999.(1961년 Clinton Rossiter의 판본에 새로운 서문과 주석을 덧붙여 새롭게 펴낸 판본)

2. 독일어 번역서

상세한 서문과 상이한 강조점을 가진 2편의 번역서가 있음:

Die Federalist Papers, hg. v. Barbara Zehnpfennig, Darmstadt, 1993.(문헌 목록과 훌륭한 색인)

Die Federalist-Artikel, hg. v. Angela Adams/Paul W. Adams, Paderborn, 1994.(UTB, 문헌 목록과 색인. 본 논문은 이 판본에 따라 인용되었으며, 인용문은 J. Gebhardt가 수정함)

3. 용어 색인

The Federalist Concordance, hg. v. Thomas S. Engeman u.a., Chicago, 1988.

4. 헌법 논쟁에 관한 원전집

The Records of the Federal Convention of 1787, hg. v. Max Farrand, 2 Bde., New Haven, 1966.

The Complete Anti-Federalist, hg. v. Herbert J. Storing, 7 Bde., Chicago, 1981.(훌륭한 서문)

The Founders' Constitution, hg. v. Philip K. Kurland/R. Klerner, 4 Bde., Chicago, 1987.(헌법의 생성에 관한 광범위한 원전집)

The Debate on the Constitution, hg. v. Bernard Bailyn, 2 Bde., New York, 1993.(1787~88년의 비준 논쟁에 관한 연설, 기사, 서간을 연대순에 따라 정리한 판본. 광범위한 전기표, 주석 및 색인이 첨부됨)

B. 2차 문헌

1. 역사적 · 정치적 맥락에 관하여

Hannah Arendt, *Über die Revolution*, München, 1994.

William W. Crosskey/William Jeffrey, *Politics and the Constitution in the History of the United States*, Bd. III: The Political Background of the Federal Convention, Chicago, 1981.

Louis Hartz, *The Liberal Tradition in America*, New York, 1955.

Michael A. Gillespie/Michael Lienesch (Hg.), *Ratifying the Constitution*, Lawrence, 1989.

Forrest McDonald, *E Pluribus Unum — The Formation of the American Republic 1776~1790*, Indianapolis, 1979.

Thomas L. Pangle, *The Spirit of Modern Republicanism*, Chicago, 1988.

Carl J. Richard, *The Founders and the Classics*, Cambridge/Mass., 1994.

Gordon S. Wood, *The Radicalism of the American Revolution*, New York, 1993.

2. 총론

B. Allen, *The Federalist Papers — A Commentary*, New York, 2000.("References to the Federalist in Supreme Court Cases"가 부록으로 수록되어 있음)

Harald von Bose, *Republik und Mischverfassung — Zur Staatsformenlehre der Federalist Papers*, Frankfurt/M., 1989.

George W. Carey, *The Federalist*, Chicago, 1989.

George W. Carey (Hg.), "Symposium: The Federalist", *The Political Science Reviewer* 9 (1990), 1~176.

Martin Diamond, "The Federalist", Leo Strauss/Joseph Cropsey (Hg.), *History of Political Philosophy*, Chicago, 1987(3), 659~679.

David F. Epstein, *The Political Theory of the Federalist*, Chicago,

1984.

Jürgen Gebhardt, "Selbstregulierung und politische Ordnung in der Politischen Wissenschaft der Federalist Papers", Gerhard Göhler u.a. (Hg.), *Politische Institutionen im gesellschaftlichen Umbruch*, Opladen, 1990, 310~334.

Alfred Furtwangler, *The Authority of Publius*, Ithaca, 1984.

Charles R. Kessler (Hg.), *Saving the Revolution: The Federalist Papers and the American Founding*, New York, 1987.

Wilson C. McWilliams/Michael T. Gibbons (Hg.), *The Federalists, The Antifederalists and the American Political Tradition*, New York, 1987.

George Mace, *Locke, Hobbes and the Federalist Papers*, Carbondale, 1979.

Morton G. White, *Philosophy, The Federalist and the Constitution*, New York, 1987.

Garry Wills, *Explaining America: The Federalist*, New York, 1981.

3. 개별적인 측면들에 관하여

Douglas Adair, "That Politics May Be Reduced to a Science: David Hume, James Madison and the Tenth Federalist", Jack P. Greene (Hg.), *The Reinterpretation of the American Revolution*, New York, 1969, 504~526.

Marc M. Arkin, "*The* 'Intractable Principle': David Hume, James Madison, Religion and the Tenth Federalist", *American Journal of Legal History* 2 (1995), 148~176.

Paul F. Bourke, "The Pluralist Reading of James Madison's Tenth Federalist", *Perspectives in American History* 9 (1975), 271~295.

James Connif, "The Enlightenment and American Political Thought: A Study in the Origins of Madison's Federalist Number Ten", *Political Theory* 8 (1980), 381~402.

Daniel W. Howe, "The Political Psychology of the Federalist", *William and Mary Quarterly* 44 (1987), 485~509.

Edmund S. Morgan, "Safety in Numbers: Madison, Hume and the Tenth Federalist", *The Huntington Library Quarterly* 49 (1986), 95~112.

Robert J. Morgan, "Madison's Analysis of the Sources of Political Authority", *American Political Science Review* 75 (1981), 613~625.

Frederick Mosteller/David L. Wallace, *Applied Bayesian and Classical Inference: The Case of the Federalist Papers*, New York, 1984.

Sheldon S. Wolin, "Montesquieu and Publius: The Crisis of Reason in the Federalist Papers", The Presence of the Past, Baltimore, 1989, 100~119.

Yean Yarbrough, "Rethinking the Federalist's View of Federalism", *Publius* 15 (1985), 31~53.

임마누엘 칸트

A. 1차 문헌

Gesammelte Schriften, hg. v. d. Akademie der Wissenschaften, Berlin, 1900 ff. (*AA* 권수, 쪽수로 인용)
이에 대해 다음을 참조:
Kant-Konkordanz, hg. v. Andreas Roser, Hildesheim, 1992~1995.
연구본:
Werke in 6 Bänden, hg. v. Wilhelm Weischedel, Darmstadt, 1983. (권수, 쪽수로 인용)
문고본:
Werke in 12 Bänden, Frankfurt/M., 1984. (현재로서는 가장 좋은 전집)
다른 전집들과의 쪽수 대조:
Kant-Seitenkonkordanz, hg. v. Wilhelm Weischedel/Norbert Hinske, Darmstadt, 1970.
Briefwechsel, Hamburg, 1986[3]. (제3판에 새로운 서간들 수록)
Felix Meiner Verlag(Hamburg)의 Philosophische Bibliothek 시리즈로 나온 낱권들.
서문, 내용 및 문제 개요, 훌륭한 색인, 일부 문헌 목록이 수록되어 있음.
Reclam 출판사의 낱권들도 훌륭함.
Eine Vorlesung über Ethik, hg. v. Gerd Gerhardt, Frankfurt/M., 1990.
참고 사전:
Rudolf Eisler, *Kant-Lexikon*, Berlin, 1930. 재인쇄: Hildesheim, 1984[9].
Carl Christian Erhard Schmid, *Wörterbuch zum leichteren Gebrauch der Kantischen Schriften*, Jena, 1788, 1798[4], 신간: hg. v. Norbert Hinske, Darmstadt, 1980[2].
Norbert Hinske, Kant-Index, Stuttgart, 1986 ff.

B. 참고 문헌

1. 문헌 목록, 전기, 특수 연구

Kant-Bibliographie 1945~1990, begr. v. Rudolf Malter, hg. v. Margit Ruffing, Frankfurt/M., 1999.(계속 출간 중)

Felix Gross (Hg.), *Immanuel Kant. Sein Leben in Darstellungen von Zeitgenossen*, Berlin, 1912, 재인쇄: Darmstadt, 1974.

Karl Vorländer, *Immanuel Kants Leben*, 신간: hg. u. eingel. v. Rudolf Malter, Hamburg, 1986[4].

Karl Vorländer, *Immanuel Kant. Der Mann und das Werk*, Hamburg, 1992[3].(저작과 서한 색인, 칸트 저작에 대한 문헌 목록, 칸트 『유고』에 대한 문헌 목록과 기고문 포함. 아직까지도 가장 포괄적인 칸트 서술)

Otfried Höffe, *Immanuel Kant,* München, 1996[4].(최근의 총론적 서술)

철학적으로 중요한 것:

Karl Jaspers, *Kant, Leben, Werk, Wirkung*, München-Zürich, 1983[2].(본래는 Karl Jaspers, *Die großen Philosophen*, Bd. 1, München-Zürich, 1981에 수록됨)

2. 서술과 연구

Kurt Borries, *Kant als Politiker*, Leipzig, 1929, 재인쇄: Aalen, 1973.(칸트를 일차적으로 정치철학자로 서술하려는 최초의 시도들 중 하나)

Lucien Goldmann, *Mensch, Gemeinschaft und Welt in der Philosophie Immanuel Kants*, Zürich-New York, 1945, 신간: Frankfurt/M. u.a., 1989.(이에 따르면 칸트는 이성과 공동체의 변증법을 주장한 최초의 인물임)

Hans Saner, *Kants Weg vom Krieg zum Frieden*, Bd. 1: Widerstreit und Einheit. Wege zu Kants politischem Denken, München, 1967.(뒤늦게 주변 저서들에서 발표된 칸트의 정치사상은 "그의 전 저작에 착근되어 있음")

최근에 법철학이 부각되고 있는데, 이에 대해:

Gerd-Walter Küsters, *Kants Rechtsphilosophie*, Darmstadt, 1988.(개괄적 시도)

최근의 논의에 대해:

Dieter Hüning/Burkhard Tuschling (Hg.), *Recht, Staat und Völkerrecht bei Immanuel Kant. Marburger Tagung zu Kants 'Metaphysischen Anfangsgründen der Rechtslehre'*, Berlin, 1998.

Otfried Höffe (Hg.), *Immanuel Kant*, *Metaphysische Anfangsgründe der Rechtslehre*, Berlin, 1999.

칸트가 사용한 주요 용어를 다룸:

Uwe Justus Wenzel, *Anthroponomie*. *Kants Archäologie der Autonomie*, Berlin, 1992.

『영구평화론』 출판 200주년을 맞이한 회고와 전망:

Otfried Höffe (Hg.), *Kant*, *Zum ewigen Frieden*, Berlin, 1995.

Volker Gerhardt, *Immanuel Kants Entwurf "Zum ewigen Frieden". Eine Theorie der Politik*, Darmstadt, 1995.

Matthias Kaufmann, "Kein ewiger Friede für Kant. Ein Rückblick auf einige Literatur zu 200 Jahren *Zum ewigen Frieden*", *Allgemeine Zeitschrift für Philosophie* 25 (2000), 271 ff.

철학과 정치학에 모두 중요함:

Karl Jaspers, "Kants Ideenlehre" / "Das radikal Böse bei Kant" / "Kants *Zum ewigen Frieden*" / "Kants Schrift *Zum ewigen Frieden*" / "Immaniel Kant. Zu seinem 150. Todestag", *Aneignung und Polemik*. *Gesammelte Reden und Aufsätze zur Geschichte der Philosophie*, hg. v. Hans Saner, München, 1968, 159~250.

미래의 정치철학을 위한 방향 제시:

Hannah Arendt, Das *Urteilen*: *Texte zu Kants politischer* Philosophie, hg. v. Ronald Beiner, München u.a., 1985.

에드먼드 버크

A. 1차 문헌

1. 전집

The works of the right honourable Edmund Burke, 12 vol., London, 1887, 재인쇄: Olms Hildesheim, 1975.(*WEB*로 표기)

Paul Langford (Ed.), *The Writings and Speeches of Edmund Burke*, Oxford, 1981 ff.(*WSEB*로 표기)

그 중에서 1999년까지 출판된 것:

Bd. 1: *The Early Writings*, 1997.

Bd. 2: *Party, Parliament and the American* Crisis 1766~1774, 1981.

Bd. 3: *Party, Parliament and the American War* 1774~1780, 1996.

Bd. 5: *India, Madras and Bengal* 1774~1785, 1981.

Bd. 6: *India: The Launching of the Hastings Impeachment* 1786~1788, 1991.

Bd. 8: *The French Revolution* 1790~1794, 1989.

Bd. 9: *The Revolutionary War* 1794~1797;Ireland, 1991.

2. 독일어 번역서

Philosophische Untersuchung über den Ursprung unserer Ideen vom Erhabenen und Schönen, hg. v. Werner Strube, Hamburg (Meiner), 1980, 1989.

Betrachtungen über die französische Revolution, übers. v. Friedrich Gentz, hg. v. Lore Iser/Dieter Henrich, Frankfurt/M. (suhrkamp), 1967.

Über die Französische Revolution, *Betrachtungen und Abhandlungen*, übers. v. Friedrich Gentz, hg. v. Hermann Klenner, Berlin (Akademie), 1991.

B. 참고 문헌

1. 문헌 목록

C. I. Gandy/P. J. Stanlis, *Edmund Burke*, *A Bibliography of*

Secondary Studies to 1982, New York, 1982.

H. G. Schumann, *Edmund Burkes Anschauungen vom Gleichgewicht in Staat und Staatensystem. Mit einer Burke-Bibliographie*, Meisenheim, 1964.

L. W. Cowie, *Edmund Burke 1729~1797. A Bibliography*, London, 1994.

W. B. Todd, *A Bibliography of Edmund Burke*, Dury St. Edmunds, 1982.

2. 서술과 연구

S. Blakemore u.a., *Burke and the Fall of Language*, Hannover, 1988.

S. Blakemore (Ed.), *Burke and the French Revolution. Bicentennial Essays*, Athens-Georgia, 1992.

F. P. Canavan, *The Political Reason of Edmund Burke*, Durham, 1960.

G. W. Chapman, *Edmund Burke. The Practical Imagination*, Cambridge, Mass., 1967.

C. B. Cone, *The Life and Thought of Edmund Burke*, 2 Bde., 1959, 1964.

C. B. Courtney, *Montesquieu and Burke*, Oxford, 1963.

J. Crowe (Hg.), *Edmund Burke. His Life and Legacy*, Dublin, 1997.

D. Doering, *Die Wiederkehr der Klugheit. Edmund Burke und das Augustan Age*, Würzburg, 1990.

F. A. Dreyer, *Burke' s Politics. A Study in Whig Orthodoxy*, Waterloo, 1979.

R. R. Fennessy, *Burke, Paine, and the Rights of Man. A Difference of Political Opinion*, The Hague, 1963.

M. Freeman, *Edmund Burke and the Critique of Political Radicalism*, Oxford, 1980.

T. Furniss, *Edmund Burke' s Aesthetic Ideology*, Cambridge, 1993.

D. Hilger, *Edmund Burke und seine Kritik der Französischen Revolution*, Stuttgart, 1960.

P. Hindson/T. Gray, *Burke' s Dramatic Theory of Politics*, Arebury, 1988.

I. Kramnick, *The Rage of Edmund Burke. Portrait of an Ambivalent*

Conservative, N.Y., 1977.

I. Kramnick, "The Left and Edmund Burke", *Political Theory*, Bd. 11, Nr. 2, Mai 1983, 189 ff.

F. P. Lock, *Burke's Reflections on the Revolution in France*, London, 1985.

C. B. MacPherson, *Burke*, Oxford, 1980.

J. Morley, *Burke: A Critical Study*, London, 1867.

J. Morley, *Burke*, London, 1882.

C. C. O'Brien, *The Great Melody. A Thematic Biography and Commented Anthology of Edmund Burke*, Chicago U.P., 1992.

F. O'Gorman, *Edmund Burke. His Political Philosophy*, London, 1973.

K. Otten, *Burke, Carlyle und die Französische Revolution*, Heidelberg, 1992.

C. W. Parkin, *The Moral Basis of Burke's Political Thought*, Cambridge, 1956.

J. G. A. Pocock, *Virtue, Commerce and History*, Cambridge U.P., 1985.

C. Reid, "Burke's Tragic Muse. Sarah Siddons and the 'Feminization' of the *Reflections*", S. Blakemore 1992, 1~27.

P. J. Stanlis, *Edmund Burke and the Natural Law*, Ann Arbor, 1959.

P. J. Stanlis, *Edmund Burke*, New Brunswick, 1991.

Leo Strauss, *Natural Right and History*, Chicago, 1953.

J. Todd (Ed.), *Mary Wollstonecraft. Political Writings*, London, 1993.

E. M. Tschurenev, *Kant und Burke*, Frankfurt/M., 1992.

R. Wecker, *Geschichte und Geschichtsverständnis bei Edmund Burke*, Bern, 1981.

B. T. Wilkins, *The Problem of Burke's Political Philosophy*, Oxford, 1967.

D. Winch, "The Burke-Smith Problem and late Eighteenth-Century Political and Economic Thought", *The Historical Journal* Bd. 28, Nr. 1, 1985, 231~247.

N. Wood, "The Aesthetic Dimension of Burke's Political Thought", *Journal of British Studies* 4, 1964, 41~64.

W. v. Wyss, *Edmund Burke*, München, 1966.

R. Zimmer, *Edmund Burke zur Einführung*, Hamburg, 1995.

엠마뉘엘 조제프 시에예스

A. 1차 문헌

시에예스의 저서들의 전집은 아직 없다. 1788년에서 1799년 사이에 나온 그의 모든 저서들의 일람표는 Th. Hafen(아래의 참고 문헌 참조), 338~341쪽에서 볼 수 있다. 본문 중의 연대표에서 언급한 처음 세 편의 에세이는 프랑스어로 여러 차례 다시 출판되었는데, 그 중에서도 가장 빈번하게 출판된 저서는 『제3신분이란 무엇인가』이다. 이 책은 최근에 모범적인 비판본으로 나왔다:

Qu' est-ce que le Tiers-État?, ed. by R. Zapperi, Genève, 1970.

그 밖에 시에예스의 저서들을 신뢰할 만하게 편찬한 선집:

Écrits politiques, ed. by R. Zapperi, Paris, 1985.

그리고 편집자가 명시되지 않은 약간 거친 판본:

Oeuvres de Sieyes, Paris, 1990.

시에예스는 세계의 다른 언어들을 모두 합친 것보다도 더 많이 독일어로 수용되었다. 당시까지 알려졌던 그의 모든 저서들을 망라한 독일어본 전집이 상당히 일찍 출판되었다:

Emmanuel Sieyes Politische Schriften. Vollständig gesammelt von dem deutschen Übersetzer, 2 Bde., übers. v J. G. Ebel, hg. v. K. E. Oelsner, o.O., 1796.(*PS*로 표기)

그 밖에 제3계층에 관한 논고가 자주 재출판되곤 했다.(독일어: Dresden, 1875; Berlin, 1924; Frankfurt/M., 1968; 러시아어: 1906; 스페인어: 1943; 영어: New York-London, 1963)

가장 중요한 논고들을 새롭게 독일어로 번역함:

Eb. Schmitt/R. Reichardt (Hg.), *Emmanuel Joseph Sieyes: Politische Schriften 1788~1790*, Neuwied, 1975, München-Wien, 1981[2].(*S/R*로 표기)

20세기의 60년대에 필자의 주도로 프랑스 국가 문서실에 입수된 유고는 아직까지 그 일부만 목록으로 만들어져 편집되었다. 아직까지도 참조할 만한 것:

R. Marquant, *Les Archives Sieyes*, Paris, 1970.

B. 참고 문헌

시에예스에 관한 학술 문헌은 수백 편에 달하며 대략적으로 살펴보기조차 어렵다. 1981년까지의 가장 중요한 저작들과 논고들이 모아져 있음:

Eb. Schmitt/R. Reichardt (Hg.), *Emmanuel Joseph Sieyes: Politische Schriften 1788~1790*.

그 외의 모든 참고 문헌들을 주의 깊게 목록으로 기록함:

Th. Hafen, *Staat, Gesellschaft und Bürger im Denken von Emmanuel Joseph Sieyes*, Bern-Stuttgart-Wien, 1994.

게오르크 빌헬름 프리드리히 헤겔

A. 1차 문헌

Jubiläumsausgabe, hg. v. H. Glockner, 20 Bde., Stuttgart, 1927 ff.(Bd. 21~22: *Monographie*, Bd. 23~26: *Hegel-Lexikon*)

Sämtliche Werke, hg. v. G. Lasson, Leipzig, 1907 ff., hg. v. J. Hoffmeister, 1932 ff.

Gesammelte Werke, Hamburg, 1968 ff.(역사적 · 비판적 판본)

Politische Schriften, hg. v. J. Habermas, Frankfurt/M., 1966.

Werke in 20 Bänden, hg. v. E. Moldenhauer/K. M. Michel, Frankfurt/M., 1970.

바트란트에 관한 저작은 W. Wieland가 편집한 복사 인쇄물(Göttingen, 1970)이 있음.

법철학과 관련해서 헤겔 자신이 출판한 저서 이외에도 다음과 같은 강의록들이 남아 있음:

K.-H. Ilting (Hg.), *Vorlesungen über Rechtsphilosophie 1818~1831*, 4 Bde., Stuttgart, 1973/74.

O. Pöggeler (Hg.), *Vorlesungen über Naturrecht und Staatswissenschaft. Heidelberg 1817/18 mit Nachträgen aus der Vorlesung 1818/19*, Hamburg, 1983.

K.-H. Ilting (Hg.), *Die Philosophie des Rechts. Die Nachschriften Wannenmann (Heidelberg 1817/18) und Homeyer (Berlin 1818/19)*, Stuttgart, 1983.

D. Henrich (Hg.), *Philosophie des Rechts. Die Vorlesung von 1819/20 in einer Nachschrift*, Frankfurt/M., 1983.

E. Schilbach (Hg.), *Philosophie des Rechts. Nachschrift der Vorlesung von 1822/23 von K. W. L. Heyse*, Frankfurt/M., 1999.

E. Angehrn/M. Bondeli/H. N. Seelmann (Hg.), *Vorlesungen über Philosophie des Rechts Berlin 1819/20*, nachgeschr. v. Johann Rudolf Ringier, Hamburg, 2000.

B. 참고 문헌

1. 문헌 목록

K. Steinhauer, *Hegel. Bibliographie*, München, 1980.(1975년까지의 2차 문헌 목록)

K. Steinhauer, *Hegel. Bibliographie*, Teil II, 2 Bde., München, 1988.(1990년까지의 2차 문한 목록)

신간 저작들에 대한 논평문들이 *Hegel-Studien*(Bonn, 1961 ff.)에 수록되어 있음.-

학회 발표문과 기록문들이 *Hegel-Jahrbuch*(1961 ff., 1993/94년 이후로는 Akademie Verlag, Berlin)에 수록되어 있음.

2. 2차 문헌

K. Marx, "Zur Kritik der Hegelschen Rechtsphilosophie. Kritik des Hegelschen Staatsrechts §§ 261~313"(1843), *Marx-Engels-Werke*, Ergänzungsband 1, Berlin, 1973, 203~333.(헤겔에게서 소위 '논리학'과 현실의 관계가 전도되어 있는 것에 대한 꼼꼼하면서도 수준 높은 비판)

R. Haym, *Hegel und seine Zeit*(1857), Darmstadt, 1962.(이른바 헤겔의 현실 '순응'에 대한 자유주의자의 뛰어난 문장으로 작성된 비판)

F. Rosenzweig, *Hegel und der Staat*, Berlin, 1920.(헤겔의 정치철학에 대한 매우 풍부한 정보를 담고 있는 발전사적 서술)

H. Heller, *Hegel und der nationale Machtstaatsgedanke*, Berlin, 1921.(헤겔을 비스마르크-헤겔주의자와 혼동하고 있음)

Th. Haering, *Hegel, sein Wollen und sein Werk*, Leipzig-Berlin, 1938.(청년 헤겔에 대한 신학 · 정치적 해석)

H. Marcuse, *Reason and Revolution*, London-New York, 1941 ff. 독일어 번역: Neuwied-Berlin, 1962.(보수주의적 또는 심지어 '파시스트적' 헤겔에 대항하여 변증법적 · 혁명적 헤겔을 구출해내려는 시도)

K. R. Popper, *Die offene Gesellschaft und ihre Feinde* (1944), 2 Bde., Bern-München, 1957 ff.(헤겔을 나치즘의 선구자로 보는, 그리 지식이 풍부하지 않은 비판)

G. Lukács, *Der junge Hegel und die Probleme der kapitalistischen Gesellschaft*, Wien, 1947.(정치경제학적 관점에서 본 청년 헤겔)

E. Weil, *Hegel et l'état*, Paris, 1950.(헤겔적 '근대' 국가에 대한 탁월

한 자유주의적 해석)

W. R. Beyer, *Zwischen Phänomenologie und Logik. Hegel als Redakteur der Bamberger Zeitung, Frankfurt*/M., 1955.

J. Ritter, *Hegel und die Französische Revolution, Köln*, 1957. 재수록: J. Ritter, Metaphysik und Politik, Frankfurt/M., 1989.(헤겔의 혁명론과 시민사회론을 그의 형이상학과 연결시킨, 하나의 학파를 구성하게 되는 연구. 리터 학파에 속하는 G. Rohrmoser, R. Maurer 등은 나중에 리터의 해석을 신학·정치적으로 수정함)

K. Löwith (Hg.), *Die Hegelsche Linke*, Stuttgart, 1962.(문헌 모음집)

H. Lübbe (Hg.), *Die Hegelsche Rechte*, Stuttgart, 1962.(문헌 모음집)

M. Riedel, *Studien zur Rechtsphilosophie*, Frankfurt/M., 1969.

M. Riedel, *Bürgerliche Gesellschaft und Staat bei Hegel*, Neuwied, 1970.(자연법 사상의 혁신에 대한 가장 뛰어난 서술)

H. Ottmann, *Individuum und Gemeinschaft bei Hegel*, Berlin-New York, 1977.(19세기와 20세기의 헤겔 학파들에 대한 개관)

S. Avineri, *Hegels Theorie des modernen Staates*, Frankfurt/M., 1976.(탁월한 자유주의적 해석)

Terry Pinkard, *Hegel. A Biography*, Cambridge U.P., 2000.(근래에 나온 전반적 서술)

법철학에 관한 논문 모음집:

M. Riedel (Hg.), *Materialien zu Hegels Rechtsphilosophie*, 2 Bde., Frankfurt/M., 1975.

D. Henrich/R. P. Horstmann (Hg.), *Hegels Philosophie des Rechts*, Stuttgart, 1982.

H. C. Lukacs/O. Pöggeler (Hg.), *Hegels Rechtsphilosophie im Zusammenhang mit der europäischen Verfassungsgeschichte*, Stuttgart, 1986.

J. Stewart (Hg.), *The Hegel Myth and Legends*, Evanston/Ill., 1996.

L. Siep (Hg.), *G. W. F. Hegel, Grundlinien der Philosophie des Rechts*, Berlin, 1997.(Klassiker Auslegen, Bd. 9)

편집본 현황

판본	일시	장소	기록자	편집자
Rph I	1817/18	Berlin	Wannenmann	Ilting/Pöggeler
Rph II	1818/19	Berlin	Homeyer	Ilting
Rph III	1819/20	Berlin	Anonymus Ringier	Herich/Angehrn/ Bondelli/Seelmann
Rph	1821	Berlin		
Rph IV	1821/22	Berlin	미발견	
Rph V	1822/23	Berlin	Hotho/Heyse	Ilting/Schilbach
Rph VI	1824/25	Berlin	Griesheim	Ilting
Rph VII	1831	Berlin	Strau ß	Ilting

알렉시스 드 토크빌

A. 1차 문헌

1. 전집

Œuvres complétes(*OC*로 표기), ed. by J. P. Mayer, Paris, 1951 ff.

Tome I, vol. 1+2: *De la démocratie en Amerique*, 1951.

Tome II, vol. 1: *L'Ancien Régime et la Révolution*, 1953.

Tome II, vol. 2: *Fragments et notes inédites sur la Révolution*, 1953.

Tomes VI~XVIII, *Correspondances*, 1954~1983.

Œuvres, Bibliothèque de la Pléiade, ed. by André Jardin, Paris, 1991 ff.

Tome I: *Voyages. Écrits politiques et académiques*, 1991.

Tome II: *De la Dèmocratie en Amerique*, 1992.

2. 독일어 번역서

Über die Demokratie in Amerika, übers. v. Hans Zbinden, Nachwort v. Theodor Eschenburg, 2 Bde., Zürich, 1987.

Der alte Staat und die Revolution, übers. v. Theodor Oelckers, durchges. v. Rüdiger Volhard, Nachwort v. Jacob P. Mayer, München, 1978.

Erinnerungen, *übers*. v. Dirk Forster, Stuttgart, 1954.

B. 참고 문헌

1. 문헌 목록

Françoise Mélonio, *Tocqueville dans la culture française*, thèse microfiche, Paris, 1991.

2. 서술과 연구

Raymond Aron, *Les Etapes de la pensée sociologique*, Paris, 1967. 독일어 번역: *Hauptströmungen des soziologischen Denkens I*, Köln, 1971.(토크빌을 미국 민주주의 제도의 사회학자로 고전적으로 해석)

Robert N. Bellah u.a., *Habits of the Heart. Individualism and Commitment in American Life*, Berkeley u.a., 1985. 독일어 번역: *Gewohnheiten des Herzens. Individualismus und Gemeinsinn in der amerikanischen Gesellschaft*, Köln, 1987.

Seymour Drescher, *Dilemmas of Democracy. Tocqueville and Modernization*, Pittsburgh, 1968.(노예 문제와 계급 문제를 중점적으로 다룬 사회학적 분석)

Theodor Eschenburg, "Tocquevilles Wirkung in Deutschland", Alexis de Tocqueville, *Über die Demokratie in Amerika*, Bd. 2, Zürich, 1959, 489~562.

François Furet, *Penser la Révolution française*, Paris, 1978. 독일어 번역: *1789. Vom Ereignis zum Gegenstand der Geschichtsschreibung*, Frankfurt/M. u.a., 1980.(토크빌의 혁명사에 관한 표준서)

Marcel Gauchet, "Tocqueville, Amerika und wir. Über die Entstehung demokratischer Gesellschaften", Ulrich Rödel (Hg.), *Autonome Gesellschaft und libertäre Demokratie*, Frankfurt/M., 1990, 123~206.(토크빌의 민주주의 이론을 전체주의라는 문제의 맥락에서 비판적으로 분석)

Michael Hereth, *Alexis de Tocqueville. Die Gefährdung der Freiheit in der Demokratie*, Stuttgart u.a., 1979.

Michael Hereth, *Tocqueville zur Einführung*, Hamburg, 1991.

André Jardin, *Alexis de Tocqueville. Leben und Werk*, Frankfurt/M. u.a., 1991.(토크빌의 삶과 저작의 역사에 관한 표준서)

George Armstrong Kelly, *The Humane Comedy: Constant, Tocqueville and French Liberalism*, Cambridge u.a., 1992.

Jean-Claude Lamberti, *Tocqueville et les deux démocraties*, Paris, 1983.

Pierre Manent, *Tocqueville et la nature de la démocratie*, Paris, 1982, 1993[2].(프랑스에서의 토크빌 연구의 표준서. 종교와 정치의 관계를 중점적으로 다룸)

Jacob P. Mayer, *Alexis de Tocqueville. Analytiker des Massenzeitalters*, Stuttgart, 1954, München, 1972[3].

Françoise Mélonio, *Tocqueville et les Français*, Paris, 1993.(토크빌의 영향사에 관한 면밀한 서술)

George Wilson Pierson, *Tocqueville and Beaumont in America*, New

York, 1938, Reprint 1997.

James T. Schleifer, *The Making of Tocqueville's Democracy*, Chapel Hill, 1980.(미국에서의 토크빌 연구의 표준서)

Larry Siedentop, *Tocqueville*, Oxford u.a., 1994.

Otto Vossler, *Alexis de Tocqueville. Freiheit und Gleichheit*, Frankfurt/M., 1973.(토크빌의 가정적 · 지적 배경에 관한 연구)

Marvin Zetterbaum, *Tocqueville and the Problem of Democracy*, Stanford, 1967.(Leo Strauss를 추종한 해석)

3. 논문 모음집

Immanuel Geiss (Hg.), *Tocqueville und das Zeitalter der Revolution*, München, 1972.

Ken Masugi (Hg.), *Interpreting Tocqueville's Democracy in America*, Savage Maryland, 1991.

Eduardo Nolla (Hg.), *Liberty*, *Equality*, *Democracy*, New York–London, 1992.(『미국의 민주주의』 출간 150주년을 맞이하여 Cl. Lefort, P. Birnbaum, J. T. Schleifer 등 저명한 연구자들의 논문이 수록된 책)

Hommage à Alexis de Tocqueville, *manuscrits*, *portraits*, *souvenirs*, Bibliothèque Nationale, Paris, 1959.

존 스튜어트 밀

A. 1차 문헌

영어 전집:

Collected Works, 33 vols, ed by J. M. Robson, Toronto, 1965~1991.

주요 단행본:

Utilitarianism, *Liberty*, *Representative Government*, ed. by H. B. Acton (Everyman' s Library), London, 1972.

Essays on Politics and Culture, ed. by Gertrude Himmelfarb, New York, 1963.

Essays on Sex Equality: J. S. Mill and Harriet Taylor, ed. by Alice S. Rossi, Chicago, 1970.

On Liberty, *Representative Government*, *The Subjection of Women*, ed. by R. Wollheim (The World' s Classic), Oxford, 1984.

독일어 번역서:

Gesammelte Werke, 12 Bde., hg. v. Th. Gomperz, Leipzig, 1869~1886, 재인쇄: Aalen, 1968.

Der Utilitarismus, hg. v. D. Birnbacher, Stuttgart, 1976.

Die Freiheit, hg. v. A. Grabowsky, Zürich, 1945.

Über Freiheit, hg. v. A. von Borris, Frankfurt/M., 1969.

Über die Freiheit, hg. v. M. Schlenke, Stuttgart, 1974.

Betrachtungen über die repräsentative Demokratie, hg. v. K. L. Shell, Paderborn, 1971.

J. S. Mill/Harriet Taylor-Mill/Helen Taylor, *Die Hörigkeit der Frau und andere Schriften zur Frauenemanzipation*, hg. v. H. Schröder, Frankfurt/M., 1976.

Die Hörigkeit der Frau, hg. v. U. Helmer, Frankfurt/M., 1991.

B. 2차 문헌

기본이 되는 전기:

M. J. Packe, *The Life of John Stuart Mill*, London, 1954.

B. Mazlish, *James and J. S. Mill: Father and Son in the Nineteenth*

Century, New York, 1975.

F. A. Hayek, *J. S. Mill und Harriet Taylor: Their Correspondence and Subsequent Marriage*, London, 1951.

H. O. Pappé, *J. S. Mill and Harriet Taylor Myth*, London, 1960.

E. Halévy, *The Growth of Philosophic Radicalism*, London, 1928.

J. Hamburger, *Intellectuals in Politics: J. S. Mill and the Philosophic Radicals*, New Haven, 1965.

W. Thomas, *The Philosophical Radicals: Nine Studies in Theory and Practice 1817~1841*, Oxford, 1979.

J. Gaulke, *John Stuart Mill*, Reinbek/Hamburg, 1996.

밀의 정치사상에 대한 개설서와 기준이 되는 전반적 서술:

P. Rinderle, *John Stuart Mill*, München, 2000.

A. Ryan, *J. S. Mill*, London, 1974.

J. M. Robson, *The Improvement of Mankind: The Social and Political Thought of J. S. Mill*, Toronto, 1968.

F. Berger, *Happiness, Justice, and Freedom: The Moral and Political Philosophy of J. S. Mill*, Berkeley, 1984.

J. Skorupski, *John Stuart Mill*, London, 1989.

『자유론』에 관한 특수 연구, 논문 모음집 및 주해:

G. Himmelfarb, *On Liberty and Liberalism: The Case of J. S. Mill*, New York, 1974.

C. L. Ten, *Mill on Liberty*, Oxford, 1980.

J. Gray, *Mill on Liberty: A Defence*, London, 1983.

J. C. Ress, *J. S. Mill's "On Liberty"*, ed. by G. L. Williams, Oxford, 1985.

P. Radcliff (Ed.), *Limits of Liberty: Studies on Mill's "On Liberty"*, Belmont/Cal., 1966.

C. J. Friedrich (Ed.), *Liberty: Nomos IV*, New York, 1972.

J. Gray/G. W. Smith (Ed.), *J. S. Mill's "On Liberty" in Focus*, New York, 1991.

G. W. Smith (Ed.), *J. S. Mill's Social and Political Thought: Critical Assessments*, London, 1998, Vol. II.

B. Gräfrath, *J. S. Mill: "Über die Freiheit": Ein einführender Kommentar*, Paderborn, 1992.

J. Riley, *Mill on Liberty,* London, 1998.

『대의정체론』과 『여성의 종속』과 그 밖의 (특히 사회적) 측면들에 관한 참고 문헌:

D. F. Thompson, *J. S. Mill and Representative Government*, Princeton, 1976.

G. W. Smith (Ed.), *J. S. Mill' s Social and Political Thought: Critical Assessments*, London, 1998, Vol III and IV.

G. Claeys (Hg.), *Der soziale Liberalismus J. S. Mills*, *Baden-Baden*, 1987.

19세기의 수용사에 관한 기록:

J. F. Stephen, *Liberty*, *Equality*, *Fraternity*, London, 1873.

J. C. Rees, *Mill and his Early Critics*, Leicester, 1956.

A. Pyle (Ed.), *Liberty: Contemporary Responses to J. S. Mill*, Bristol, 1994.

A. Pyle (Ed.), *The Subjection of Women: Contemporary Responses to J. S. Mill*, Bristol, 1995.

칼 마르크스

A. 1차 문헌

1. 전집

Karl Marx/Friedrich Engels, *Werke, Schriften, Briefe — Historisch-kritische Gesamtausgabe*(*MEGA*로 표기), Frankfurt/M.-Berlin-Moskau, 1927~1935.(1. Abt. Werke 중 총 8권, 3. Abt. Briefe 중 총 4권이 출판됨)

Karl Marx/Friedrich Engels, Werke(*MEW*로 표기), in 39 Bden. und 2 Ergänzungsbden. (Frühschriften), Berlin/Ost, 1956 ff.(저작과 서한들을 연대에 따라 정렬한 지금까지 가장 방대한 규모의 포괄적인 판본)

Karl Marx, *Werke, Schriften, Briefe*(권수와 쪽수로 인용, 일부 강조는 Th. Stammen에 의한 것임), ed. v. H. J. Lieber u.a., 7 Bde., Stuttgart-Darmstadt, 1962 ff.(매우 세심한 원문 구성)

Karl Marx/Friedrich Engels, *Gesamtausgabe*(Neue MEGA로 표기), Berlin, 1975 ff.(총 4부 100권 이상으로 기획된 역사적·비판적 전집. 지금까지 모두 30권이 출판됨. 동구 공산권의 몰락 이후 출판이 중단되었다가 1999년부터 속행됨. 미완간)

2. 선집

Karl Marx, *Die Frühschriften*, ed. v. S. Landshut, Stuttgart, 1953 u.ö.

Karl Marx, *Ausgewählte Schriften*, ed. v. B. Goldenberg, München, 1962.

Karl Marx/Friedrich Engels, *Studienausgabe*, 4 Bde., ed. v. I. Fetscher, Frankfurt/M.: Fischerbücherei, 1966.

3. 주요 단행본

Karl Marx, *Kritik des Hegelschen Staatsrechts*, ed. v. Th. Stammen, Stuttgart: Reclam, 1973.

Karl Marx, *Das Manifest der kommunistischen Partei*, ed. v. Th. Stammen, München, 1978[2].

Karl Marx/Friedrich Engels, *Über Ludwig Feuerbach*, Leipzig: Reclam, 1972.(『독일 이데올로기』*Deutsche Ideologie*의 제1부 제1장의 신간)

Karl Marx, *Grundrisse der Kritik der politischen Ökonomie* (Rohentwurf), Frankfurt o.J., Berlin/Ost, 1953.

Arnold Ruge/Karl Marx (Hg.), *Deutsch-Französische Jahrböcher* (Facsimile-Nachdruck), Darmstadt, 1967.

Karl Marx/Friedrich Engels, *Über Kunst und Literatur*, 2 Bde., Berlin/Ost, 1967.

Karl Marx/Friedrich Engels, *Staatstheorie*, hg. v. E. Hennig u.a., Frankfurt/M.-Berlin: Ullstein TB, 1974.(중요한 원전 편집본!)

H. M. Enzensberger (Hg.), *Gespräche mit Marx und Engels*, 2 Bde., Frankfurt/M., 1981.(흥미로운 동시대인들의 진술들)

B. 참고 문헌

1. 문헌 목록

Hans-Joachim Lieber/Peter Ludz, "Zur Situation der Marxforschung", *Kölner Zeitschrift für Soziologie* 10, 1958.

Erich Thier, "*Etappen der Marxinterpretation und Iring Fetscher. Der Marxismus im Spiegel der französischen Philosophie*", *Marxismusstudien*, 1. Folge, 1954.

Jürgen Habermas, "*Zur philosophischen Diskussion um Marx und den Marxismus*", *Theorie und Praxis*, Neuwied, 1963.(매우 중요함)

2. 서술과 연구

(1) 전기 및 전기적 연구

Isaah Berlin, *Karl Marx*, München, 1959.

Werner Blumenberg, *Karl Marx*, Reinbek/Hamburg, 1962 u.ö.(유익하고 읽기에 좋음)

Auguste Cornu, *Karl Marx—Friedrich Engels*, *Leben und Werk*, Berlin, 1954 ff.(현재 1846년까지 다룬 총 3권이 출판됨. 정통 마르크스주의적 관점에서 쓰인 매우 포괄적이면서도 세밀한 전기. 미완결.)

Gustav Mayer, *Friedrich Engels*, 2 Bde., Den Haag, 1934, 신간: Köln, 1971.(마르크스와 관련해서도 여전히 매우 중요함)

Franz Mehring, *Karl Marx*, *Geschichte seines Lebens*, Leipzig,

1911.(여러 신간과 판본이 있음. 여전히 읽을 가치가 있음)
David McLellan, *Karl Marx*, München, 1974.

(2) 마르크스 생애의 연대기

Marx-Engels-Lenin-Institut(Moskau), *Karl Marx — Chronik seines Lebens in Einzeldaten*, hg. v. V. Adoratskij, Moskau, 1933, 재인쇄: 1972.(생애와 작품사 전체에 매우 유익하고 중요함)
Maximilien Rubel (Hg.), *Marx-Chronik. Daten zu Leben und Werk*, München, 1968.(유감스럽게도 색인이 없음)

(3) 해석과 연구

전체 저작에 관하여:

Jean-Yves Calvez, *Karl Marx, Darstellung und Kritik seines Denkens*, Freiburg-Olten, 1964.(가톨릭 입장에서의 비판이 곁들여진 상세한 전체적 서술)
Walter Euchner, *Karl Marx*, München, 1982.(간략하지만 뛰어난 전체적 서술과 해석)
Iring Fetscher, *Von Marx zur Sowjetideologie*, Frankfurt/M., 1972(17).(유익함)
Helmut Fleischer, *Marx und Engels. Die philosophischen Grundlinien ihres Denkens*, Freiburg, 1970.(탁월한 입문 해설서. 광범위한 문헌 목록)
Klaus Hartmann, *Die Marxsche Lehre. Eine philosophische Untersuchung zu den Hauptschriften*, Berlin, 1970.(저작 전체에 대한 철저하고 포괄적인 해석. 자료가 매우 풍부함)
Karl Korsch, *Karl Marx*(1938), 재인쇄: Frankfurt/M., 1967.(네오마르크스주의적 해석으로 중요함)
Peter Stadler, *Karl Marx, Ideologie und Politik*, Göttingen, 1966.(마르크스의 전기에 따른 저작 전체에 대한 유익한 개설서)
Iring Fetscher, *Marx*, Freiburg, 1999.

초기 저작에 관하여:

Georg Lukacs, *Der junge Marx — seine philosophische Entwicklung*, 1840~1844, Pfullingen, 1965.
Heinrich Popitz, *Der entfremdete Mensch*, Frankfurt/M., 1967(2).(초기 저작에 대한 중요한 해석들)

후기 저작에 관하여:

Helmut Reichelt, *Zur logischen Struktur des Kapitalbegriffs bei Karl*

Marx, Frankfurt/M., 1970.

Roman Rosdolsky, *Zur Entstehungsgeschichte des Marxschen "Kapitals"*, 2 Bde., Frankfurt/M., 1968.

Jindrich Zeleny, *Die Wissenschaftslogik bei Marx und das "Kapital"*, Frankfurt/M., 1968.(마르크스의 방법론에 관한 매우 중요한 연구)

개별적인 측면들에 관하여:

Iring Fetscher, *Marx und der Marxismus*, 증보판: München, 1985.(마르크스 저작의 모든 시기와 측면들에 대한 중요한 논문들을 수록)

Helmut Fleischer, *Marxismus und Geschichte*, Frankfurt/M., 1969.(역사적 유물론에 대한 중요한 서술)

Helmut Gollwitzer, *Die marxistische Religionskritik und der christliche Glaube*, München, 1965.(중요한 연구)

Jürgen Habermas, "Zwischen Philosophie und Wissenschaft. Marxismus als Kritik", *Theorie und Praxis*, Neuwied, 1963, 신간: Frankfurt/M., 1973.(중요함)

Karl Korsch, *Marxismus und Philosophie*, Frankfurt/M., 1966.(중요한 연구)

Kurt Lenk, *Ideologie*, Neuwied, 1964 u.ö.(이데올로기 문제에 관한 중요한 논문 모음집)

Kurt Lenk, *Marx in der Wissenssoziologie*, Neuwied, 1973.(이데올로기 문제에 관한 중요한 연구)

Karl Löwith, *Von Hegel zu Nietzsche*, Stuttgart, 1964(5).(19세기의 정신사에 관한 고전적 서술)

Karl Löwith, *Die Hegelsche Linke*, Stuttgart, 1962.(중요한 입문서)

Hermann Lübbe, *Die Hegelsche Rechte*, Stuttgart, 1963.

Georg Lukacs, *Geschichte und Klassenbewußtsein*, Berlin, 1923, 신간: Neuwied, 1968.

Herbert Marcuse, *Vernunft und Revolution*, Neuwied, 1963 u.ö.

Alfred Schmidt, *Der Begriff der Natur in der Lehre von Marx*, Frankfurt/M., 1962, 신간: 1971.(매우 중요함)

프리드리히 니체

A. 1차 문헌

오늘날 니체의 원전으로 읽히는 것:

***Werke*, *Kritische Gesamtausgabe*(*KGW*로 표기), hg. v. Mazzino Montinari/Giorgio Colli, Berlin, 1967 ff.**

동일한 편집자들에 의해 니체에게 오고간 서한들이 출간됨:

***Briefwechsel*, *Kritische Gesamtausgabe*(*KGB*로 표기), Berlin, 1975 ff.**

본문에서는 다음의 판본에 따라 인용:

***Kritische Studienausgabe der Werke*(*KSA*로 표기), München-Berlin, 1980.**

***Kritische Studienausgabe der Briefe*(KSB로 표기), München-Berlin, 1986.**

B. 참고 문헌

1. 문헌 목록

Weimarer Nietzsche-Bibliographie in 5 Bdn., Stuttgart-Weimar, 2000 ff.

2. 서술과 연구

Steven E. Aschheim, *The Nietzsche Legacy in Germany 1890~1990*, Berkeley, 1992. 독일어 번역: *Nietzsche und die Deutschen. Karriere eines Kults*, Stuttgart, 1996.

Georg Brandes, "Aristokratischer Radikalismus", 재수록: Ute Guzzoni (Hg.), *90 Jahre Nietzsche-Rezeption*, Königstein/Ts., 1979, 1~16.

Thomas H. Brobjer, "The Absence of Political Ideals in Nietzsches Writings", *Nietzsche-Studien* 27, 1998, 300~318.

Wendy Brown, "Nietzsche for Politics", Alan D. Schrift (Ed.), *Why Nietzsche Still?*, Berkeley, 2000, 205~223.

Hubert Cancik, *Nietzsches Antike*, Stuttgart, 1995.

Giuliani Campioni, "Von der Auflösung der Gemeinschaft zur Bejahung des 'Freigeistes' ", *Nietzsche-Studien* 5, 1976, 83~113.

Bruce Detwiler, *Nietzsche and the Politics of Aristocratic Radicalism*, Chicago, 1990.

Erwin Faul, *Der moderne Machiavellismus*, Köln-Berlin, 1961.

Volker Gerhardt, "Das 'Princip des Gleichgewichts'. Zum Verhältnis von Recht und Macht bei Nietzsche", 재수록: V. Gerhardt, *Pathos und Distanz*, Stuttgart, 1988, 98~132.

Volker Gerhardt, " 'Das Thier, das versprechen darf'. Mensch, Gesellschaft und Politik bei Nietzsche", Otfried Höffe (Hg.), *Der Mensch — ein politisches Tier?*, Stuttgart, 1992, 134~156.

Volker Gerhardt, *Vom Willen zur Macht*, Berlin-New York, 1996.

J. A. L. J. J. Geijsen, *Geschichte und Gerechtigkeit*, Berlin-New York, 1997.

Karl Jaspers, *Nietzsche, Einführung in das Verständnis seines Philosophierens*, Berlin-Leipzig, 1936.

Walter Kaufmann, *Nietzsche. Philosophie — Psychologie — Antichrist*, Darmstadt, 1982.

Friedrich Kaulbach, *Nietzsches Idee einer Experimentalphilosophie*, Köln-Wien, 1980.

Fritz Krökel, *Europas Selbstbesinnung durch Nietzsche*, München, 1929.

T. Kunnas, *Politik als Prostitution des Geistes. Eine Studie Über das Politische in Nietzsches Werken*, München, 1982.

Urs Marti, *'Der grosse Pöbel — und der Sklavenaufstand'. Nietzsches Auseinandersetzung mit Revolution und Demokratie*, Stuttgart, 1993.

Ernst Nolte, *Nietzsche und der Nietzscheanismus*, Frankfurt/M.-Berlin, 1990.

Peter J. Opitz, "Eric Voegelins Nietzsche — Eine Forschungsnotiz", *Nietzsche-Studien* 25, 1996, 173~190.

Henning Ottmann, *Nietzsche und die Politik*, Berlin-New York, 1987, 증보재판: 1999.

Henning Ottmann, "Das Spiel der Masken. Nietzsche im Werk Eric Voegelins", *Nietzsche-Studien* 25, 1996, 191~199.

Henning Ottmann (Hg.), *Nietzsche-Handbuch*, Stuttgart-Weimar,

2000.

Werner Ross, Der *ängstliche Adler. Friedrich Nietzsches Leben, Stuttgart*, 1980.

Rüdiger Safranski, *Nietzsche*, München-Wien, 2000.

Ernst Sandvos, *Nietzsche und Hitler*, Göttingen, 1969.

Theodor Schieder, *Nietzsche und Bismarck*, Krefeld, 1963.

Tracy B. Strong, "Nietzsche's Political Misappropriation", B. Magnus/Kathleen M. Higgins (Ed.), *The Cambridge Companion to Nietzsche*, Cambridge U.P., 1996, 119~150.

Bernhard Taureck, *Nietzsche und der Faschismus. Eine Studien über Nietzsches politische Philosophie und ihre Folgen*, Hamburg, 1989.

Bernhard Taureck, *Nietzsche und der Faschismus*, Leipzig, 2000.

Vivetta Vivarelli, "Das Nietzschebild in der Presse der deutschen Sozialdemokratie um die Jahrhundertwende", *Nietzsche-Studien* 13, 1984, 521~570.

Gerad Visser, "Nietzsches Übermensch. Die Notwendigkeit einer Neubesinnung auf die Frage nach dem Menschen", *Nietzsche-Studien* 28, 1999, 100~124.

Karl-Heinz Volkmann-Schluck, Politische Philosophie, Frankfurt/M., 1974.

막스 베버

A. 1차 문헌

장기적으로 학문 작업의 기초가 될 전집:

Max Weber Gesamtausgabe(*MWG*로 표기), 35 Bde., Tübingen, 1984 ff.

하지만 주요 1차 문헌들은 이미 현재 *Gesammelte Aufsätze*(UTB Band 1488~1494)의 문고판과 *Wirtschaft und Gesellschaft*의 연구판으로 구할 수 있다. 본문에서는 이 판본에 따라 인용한다. 즉:

Gesammelte Aufsätze zur Wissenschaftslehre(*WL*로 표기), Tübingen, 1988(7).

Gesammelte Aufsätze zur Religionssoziologie I(*RS*로 표기), Tübingen, 1988(9).

Gesammelte Politische Schriften(*PS*로 표기), Tübingen, 1988(5).

Gesammelte Aufsätze zur Soziologie und Sozialpolitik(*SuS*로 표기), Tübingen, 1988(2).

Wirtschaft und Gesellschaft. Grundriss der verstehenden Soziologie(*WG*로 표기), Studienausgabe in 2 Bänden, Tübingen, 1980(5).

*WG*의 여러 다양한 판본들이 서로 다른 쪽수를 가지고 있기 때문에 이 저서는 본문에서 장과 절로 인용한다.(예: I, 5)

B. 2차 문헌

지금까지 출판된 광범위한 2차 문헌들 중에서 (1) 본문에서 할 수 있었던 것보다 더 포괄적인 정보를 주는 것, (2) 특정한 해석 방향을 지시해주거나 제시된 시각을 완결지은 것, (3) 중요한 개별적 측면들을 좀 더 잘 이해할 수 있도록 만들어주었거나 정정해주었거나 기존의 것과는 다른 시각을 대표하여 문장으로 표현한 것만을 여기서 거론한다.

(1) 신뢰할 만한 정보를 제공해주는 것:

Dirk Käsler, *Max Weber. Eine Einführung*, Frankfurt/M.-New York, 1998(2).

Dirk Käsler, *Max Weber*, *Klassiker des soziologischen Denkens*, Bd. 2, München, 1978. 증보판: *Klassiker der Soziologie*,

Bd. 1, München, 1999.
아직 전기가 없기 때문에 남편에 대한 베버 부인의 서술을 빠뜨릴 수 없음:
Marianne Weber, *Max Weber*. Ein Lebensbild, München, 1989.
(베버 부친의 정치 경력에 관한) 흥미로운 보충:
Günter Roth, "Max Weber in Erfurt. Vater und Sohn", *Via Regia* 12, 1994.
미국에서 베버의 영향에 관하여:
Irving Louis Horowitz, "Max Weber and the Spirit of American Sociology", *The Sociological Quarterly* 5, 1964.
(2) 베버의 저작들, 그 중에서도 특히 『프로테스탄티즘의 윤리와 자본주의 정신』에 대한 분석은 이미 그의 생존에 시작되었다. 이에 관해:
Arnold Zingerle, *Max Webers historische Soziologie*, Darmstadt, 1981.
그러나 베버의 저작들에 대한 분석이 좀 더 선명하게 윤곽을 잡게 된 것은 앞서 베버를 사회학의 국제적 거장으로 자리 잡게 만들었던 강조점들이 비판에 부딪히고 난 후인 1980년대이다. 개척적인 역할을 한 연구자로는 한편으로는 R. Bendix와 다른 한편으로는 F. H. Tenbruck을 들 수 있다:
Reinhard Bendix, *Max Weber. An Intellectual Portrait*, New York, 1960. 독일어 번역: München, 1964.
Benedix의 이 연구는 최초로 베버의 저서를 하나의 통일된 문제 제기, 즉 합리화의 관점에서 해석했으며, 이를 통해 여러 2차 문헌들이 오랫동안 뒤따르게 되는 중앙 도로를 가리켜주었다. 이런 문헌으로는:
Wolfgang Schluchter, *Die Entwicklung des okzidentalen Rationalismus*, Tübingen, 1979.
반면에 Tenbruck은 이 주제의 통용성과 『경제와 사회』의 핵심적 지위에 대해 이의를 제기한다:
Friedrich H. Tenbruck, "Das Werk Max Webers", *Kölner Zeitschrift für Soziologie und Sozialpsychologie* 27, 1975.
Tenbruck의 이 연구는 기존의 해석에서 벗어나는 다른 해석의 여지를 마련해주었다. 여러 상이성에도 불구하고 이런 점에서 공통성을 가지고 있는 문헌들:
Wilhelm Hennis, *Max Webers Werk*, Tübingen, 1987.
Wilhelm Hennis, "Er war der Lebende unter den Schatten", *FAZ* v. 6. 10. 1998.

Gregor Schöllgen, *Max Weber*, *München*, 1998 (I).

Gregor Schöllgen, "Titanisches Bemühen", *SZ* v. 22. 8. 1998 (II).

(3) 독일을 배경으로 한 해설(그 밖에는 주로 외국 저자들의 연구들이 있음):

Johannes Weiß, "Max Weber. Die Entzauberung der Welt", Josef Speck (Hg.), *Grundprobleme der großen Philosophen*, Göttingen, 1981.

19세기의 인식론적 논의를 묘사함:

Guy Oakes, "Max Weber und die Südwestdeutsche Schule", Wolfgang J. Mommsen/Wolfgang Schwentker (Hg.), *Max Weber und seine Zeitgenossen*, Göttingen, 1988.

과학주의와 역사주의 사이에서 길을 발견하려는 독일에서의 시도에 주목함:

Franco Ferrarotti, *Max Weber and the Crisis of Western Civilization*, Millwood-New York-London, 1987.

오스트리아 학파에 대한 포괄적인 서술:

Raimondo Cubeddu, *The Philosophy of the Austrian School*, London-New York, 1993.

베버에 대한 비판, 특히 『프로테스탄티즘의 윤리와 자본주의 정신』에 대한 비판의 예들:

Gabriel Kolko, "Max Weber on America: Theory and Evidence", *History and Theory* 2, 1961.(미국 역사에 대한 베버의 참조 언급이 대부분 의심스럽다는 점을 입증)

Randall Collins, *Weberian Sociological Theory*, Cambridge, 1986.(프로테스탄티즘이 등장하기에 앞서 이미 시토Citeaux 교단에서 금욕으로의 방향 전환이 시작되었다고 봄)

이 두 가지 반론은 베버의 명제가 보편사가 아닌 이념형으로 이해되는 한에서는 그런 수정으로도 반박되지 않는다는 점을 보여준다.

독일 저자들의 비판은 특히 베버가 자신이 묘사한 세계의 '탈주술화'와 합리적 정치의 불가능성을 동일시했다는 점을 겨냥한다. Arnold Bergstraesser, Eric Voegelin, Leo Strauss 같은 저자들을 대표하는 이로 H. Maier를 들 수 있는데, 그는 정치를 권력 투쟁으로 파악하는 베버의 견해가 전혀 이론의 여지가 없는 것이 아니라 "제국의 수립 이후의 독일 정치사상에 특징적"이라는 점을 강조한다.(Hans Maier, "Max Weber und die deutsche Politische Wissenschaft", *Politische Wissenschaft in Deutschland*, München, 1985, 99)

저자 소개

폴커 게르하르트 Volker Gerhardt

1944년생. 프랑크푸르트 대학교와 뮌스터 대학교에서 철학, 심리학, 법학을 전공하고 1974년에 박사학위, 1984년에 대학 교수 자격을 취득. 뮌스터 대학교(1985), 취리히 대학교(1986), 쾰른 대학교(1988), 할레 대학교(1992)에서 교수로 있다가 1992년 10월부터 베를린 소재 훔볼트 대학교에서 실천철학 담당 정교수로 재직.(중점 연구 분야: 법철학과 사회철학) 베를린-브란덴부르크 학술원 회원. 니체 비판적 전집 출판 위원회 의장. 독일 연구 단체DFG 생명윤리 위원회 의장.

주요 저서로 *Vernunft und Interesse*(1976); *Immanuel Kant*(F. Kaulbach와 공저, 1980); *Pathos und Distanz*(1989); *Friedrich Nietzsche*(1992); *Immanuel Kant: Zum ewigen Frieden*(1995); *Vom Willen zur Macht*(1996); *Selbstbestimmung. Das Prinzip der Individualität*(1999); *"Berliner Geist". Zur philosophischen Tradition der Berliner Universität*(R. Mehring 및 J. Rindert와 공저, 1999); *Individualität. Das Element der Welt*(2000) 등이 있으며, 여러 편의 철학 저작들, 특히 니체와 칸트의 저작들의 편집자로 활동.

위르겐 겝하르트 Jürgen Gebhardt

1934년생. 뮌헨 대학교, 베를린 대학교, 빈 대학교에서 사학, 독문학, 정치학을 전공. 매사추세츠 케임브리지 대학교, 오하이오 클리블랜드 대학교, 뮌헨 대학교에서 연구 및 강의 활동. 1971~1978년에 보쿰의 루어 대학교에서 정치학과 정교수로 재직. 1978년 이후로 에어랑엔-뉘른베르크 대학교 정치학과 정교수.

주요 저서로 *Politik und Eschatologie*(1963); *Die Revolution des Geistes*(1968); *James Harrington, Politische Schriften*(1973); *Die Krise des Amerikanismus*(1976); *Americanism*(1993); *Verfassung und politische Kultur*(1999) 등이 있으며, *Collected Works of Eric Voegelin*의 공동 편집자.

데틀레프 되링 Detlef Döring

신학박사 및 철학박사. 1952년생. 라이프치히 대학교에서 신학을 전공하고, 베를린 대학교에서 도서관학을 전공. 라이프치히 대학교 도서관, 동독 학술 아카데미(라이프니츠 편찬위원회), 유럽 계몽주의 연구소에서 연구원으로 활동. 1995년부터 작센 학술 아카데미의 사서.

사무엘 푸펜도르프의 인물 및 작품에 관한 여러 편찬서 및 출판물과 계몽주의(예: "Frühaufklärung und obrigkeitliche Zensur in Brandenburg", 1995), 라이프치히의 학문의 역사(예: "Der junge Leibniz und Leipzig", 1996), 천문학의 역사(예: "Der Briefwechsel zwischen Gottfried Kirch und Adam A. Kochanski 1680~1694", 1997)에 관한 연구서와 논문들이 있음.

한스 마이어 Hans Maier

1931년생. 사학, 독문학, 라틴어문학을 전공한 후 뮌헨 대학교에서 정치학 교수로 재직.(1962~1988) 1970~1986년 바이에른 주 교육문화부 장관. 1988~1999년 뮌헨 대학교에서 그리스도교적 세계관, 종교이론 및 문화이론 담당 교수로 재직. 교회와 민주주의의 관계 그리고 근대의 과정 중에서 그리스도교의 흔적들이 주된 학적 연구의 관심 대상임.

주요 저서로 *Revolution und Kriche*(1959, 1988[5], 영어와 프랑스어와 체코어로 번역됨); *Die ältere deutsche Staats- und Verwaltungslehre*(1966, 1986[3]); *Die christliche Zeitrechnung*(1991, 2000[5], 일본어와 이탈리아어로 번역됨) 등이 있음.

아르노 바루치 Arno Baruzzi

호엔트빌의 징엔에서 1935년 출생. 철학박사. 철학 및 정치이론으로 대학 교수 자격 취득. 막스 뮐러(철학)와 에릭 푀겔린(정치학)의 조교. 1968년부터 뮌헨 정치 대학의 강사. 1972~1975년 뮌헨 대학교 정치학과 보결교수.(1972~1973년 게슈비스터-숄 연구소 소장) 1975년부터 아우그스부르크 대학교 철학과 교수.

주요 저서로 *Mensch und Maschine. Das Denken sub specie machinae*(1973); *Einführung in die politische Philosophie der Neuzeit*(1983); *Freiheit, Recht und Gemeinwohl. Grundfragen einer Rechtsphilosophie*(1990); Philosophie der Lüge(1996); Europas Autonomie(1999) 등이 있음.

로타 R. 바스 Lothar R. Waas

1952년생. 뮌헨 대학교에서 정치학, 철학, 근대사를 전공. 1982/83년 뮌헨 소재 독일 연방군 군사학교 공동 연구원. 1984~1990년 아이히슈태트 가톨릭 대학교의 학술 위원 및 오버바이에른의 에벤하우젠 소재 학술 정치 재단의 연구 조교. 1993년 아이히슈태트 가톨릭 대학교에서 대학 교수 자격 취득. 1994년부터 오스나브뤼크 대학교 베히타 부서, 베히타 대학 및 에센 종합대학에 보결교수로 재직.

주요 저서로 *Ethik und Wissenschaft: Eine logische Untersuchung zum Postulat der Werturteilsfreiheit*(1984); *Nukleare Abschreckung*(Hg., 1989); *Max Weber und die Folgen: Die Krise der Moderne und der moralisch-politische Dualismus des 20. Jahrhunderts*(1995) 등이 있음.

칼 그라프 발레스트렘 Karl Graf Ballestrem

1939년생. 프리부르 대학교와 로마 대학교에서 철학과 소련학을 전공. 1965년 철학박사(프리부르 대학교), 1976년 대학 교수 자격 취득(뮌헨 대학교). 1966~76년 시카고 대학교, 노트르담 대학교, 뮌헨 대학교 조교. 1977~84년 뮌헨 대학교 보결교수. 1984년부터 아이히슈태트 가톨릭 대학교 정치학과 정교수.

주요 저서로 *Russian Philosophical Terminology*(1964); *Die sowjetische Erkenntnismetaphysik und ihr Verhältnis zu Hegel*(1968); *Macht und Moral*(1991); *Adam Smith*(2001) 등이 있으며, 편서로는 *Politische Philosophie des 20. Jhs.*(1990); *Naturrecht und Politik*(1993); *Probleme der internationalen Gerechtigkeit*(1993); *Sozialethik und Politische Bildung, FS f.* Bernhard Sutor(1995); *Theorie und Praxis, FS f*. Nikolaus Lobkowicz(1996) 등이 있음.

에버하르트 슈미트 Eberhard Schmitt

1939년생. 튀빙겐 대학교, 베를린 대학교, 뮌헨 대학교, 파리 대학교에서 사학과 정치학 전공. 1968년 뮌헨 대학교에서 한스 마이어를 지도 교수로 하여 철학박사 학위 취득. 1972~76년에 보쿰 대학교에서, 1976년부터는 밤베르크 대학교에서 근대사를 강의. 1998년 비교 유럽 해외사 연구재단의 회장.

프랑스혁명사와 초기 유럽 확장사에 관한 여러 저서들이 있다. 그 중 주요 저서로 *Repräsentation und Revolution*(1969); *Emmanuel Joseph Sieyes*, *Politische Schriften*(1975, 1981(2)); *Einführung in die Geschichte der Französischen Revolution*(1976, 1980(2)); *Dokumente zur Geschichte der europäischen Expansion*, 현재까지 총 4권(1984~1988); *Das Gold der Neuen Welt*(1996, 1999(2)); *Tod am Tocuyo*(1999) 등이 있음.

테오 슈탐멘 Theo Stammen

1933년생. 프라이부르크 대학교, 본 대학교, 맨체스터 대학교에서 독문학, 사학, 정치학을 전공. 1969년 뮌헨 대학교에서 대학 교수 자격 취득. 1973년부터 아우그스부르크 대학교 정치학 교수.

주요 저서로 *Karl Marx*, *Kritik des Hegelschen Staatsrechts*(1979); *Die Weimarer Republik*, Bd. 1(1987); *Deutschland und die Französische Revolution*(1988); *Politische Tugendlehre und Regierungskunst*(1990); *Einführung in die Politikwissenschaft*(1995(6)); *Programme der politischen Parteien in der Bundesrepublik Deutschland*(1996); *Fürstenspiegel der frühen Neuzeit*(1997); *Hauptwerke der Politischen Theorie*(1997); *Spektrum Politikwissenschaft*, Bde. 1~7(1997~99) 등이 있음.

발터 오이히너 Walter Euchner

철학박사. 1933년생. 튀빙겐 대학교, 뮌헨 대학교, 하이델베르크 대학교, 프랑크푸르트 대학교에서 법학(1차 국가시험), 정치학, 사회학, 사학을 전공. 1963년에서 1971년까지 프랑크푸르트 대학교에서 이링 페처의 조교 및 정치학과 강사로 활동한 후, 괴팅겐 대학교 정치학과 교수로 재직.

정치사상과 독일 국내 정치 분야에서 많은 연구를 남김. 주요 저서로 *Naturrecht und Politik bei John Locke*(1969, 1979, 이탈리아어로 번역됨); *Egoismus und Gemeinwohl*(1973); *Karl Marx*(1982, 이탈리아어로 번역됨); *Die politische Metapher in historischer Perspektive*(F. Rigotti 및 P. Schiera와 공저, 1993); Länder-Enquete-Kommissionen als Instrumente der Politikberatung(F. Hampel 및 Th. Seidl과 공저, 1993). 홉스의 『리바이어던』 영어판을 독일어로 번역(1966).

헤닝 오트만 Henning Ottmann

1944년에 빈에서 출생. 뮌헨 대학교와 예일 대학교에서 철학과 정치학을 전공. 1974년 철학박사 취득. 1984년 사강사. 1986년 아우그스부르크 대학교, 1987~1995년 바젤 대학교 철학 교수. 1995년부터 뮌헨 대학교에서 정치이론과 철학 담당 교수.

주요 저서로 *Das Scheitern einer Einleitung in Hegels Philosophie*(1973); *Individuum und Gemeinschaft bei Hegel*(1977); *Philosophie und Politik bei Nietzsche*(1987, 수정판: 1999); *Politische Philosophie des 20. Jahrhunderts*(K. Graf Ballestrem과 공저, 1990); *Nietzsche-Handbuch*(2000); *Geschichte des politischen Denkens von den Anfängen bei den Griechen bis auf unsere Zeit*(2001 ff.) 등이 있음.

미하엘 쵤러 Michael Zöller

1946년생. 언론학 교육을 받은 후에 프랑크푸르트 대학교, 뷔르츠부르크 대학교, 뮌헨 대학교에서 사회학, 정치학, 사학, 철학을 전공. 1975년 뮌헨 대학교에서 박사학위 취득. 바이로이트 대학교에서 정치 사회학을 강의하고 교수직과 연계된 미국 연구 부서를 이끌고 있으며, 초청교수와 초청 연구자로 시카고 대학교, 노트르담 대학교, 스탠퍼드 대학교를 방문.

주요 저서로 *Die Unfähigkeit zur Politik. Politikbegriff und Wissenschaftsverständnis*(1975); *Das Prokrustes-System. Der organisierte Pluralismus als Gewißheitsillusion*(1988); "*Politiksoziologie*", *Wörterbuch der Soziologie*(1989); *Washington und

Rom(1995, 영어판: 1999) 등이 있음.

베르톨드 팔크 Berthold Falk

1938년생. 약사. 함부르크 대학교, 보르도 대학교, 프라이부르크 대학교, 뮌헨 대학교에서 정치학, 사학, 라틴어문학을 전공. 몽테스키외 학회의 회원.

칼프리드리히 헤르프 Karlfriedrich Herb

1957년생. 본 대학교에서 철학, 종교학, 심리학을 전공. 1986년 본 대학교에서 박사학위 취득. 1997년 뮌헨 대학교에서 대학 교수 자격 취득. 뮌헨 대학교 사강사. 파리와 브라질리아와 상 파울루에서 연구 및 강의 활동.

주요 저서로 *Rousseaus Theorie legitimer Herrschaft*(1989); *Bürgerliche Freiheit. Politische Philosophie von Hobbes bis Constant*(1999); *Rousseau, Vom Gesellschaftsvertrag oder Prinzipien des Staatsrechts*(2000) 등이 있으며, 실천철학과 계몽주의를 다룬 여러 편의 논문이 있음.

정치사상의 거장들 Ⅱ

−근 · 현대편: J. 로크에서 M. 베버까지−

1판 1쇄 찍음 2008년 9월 5일
1판 1쇄 펴냄 2008년 9월 10일

엮 은 이 : 한스 마이어 / 호르스트 덴처
옮 긴 이 : 김 준 수

펴 낸 이 : 최 두 환
펴 낸 곳 : 도서출판 **시와 진실**
출판등록 : 1997. 6. 11 제 2−2389호
주 소 : 서울시 동작구 상도 1동 557
TEL : 02) 813−8371
FAX : 02) 813−8377
E-mail : ambros@hanafos.com

정가 : 18,000원
ISBN : 978-89-90890-28-3 94340
978-89-90890-26-9 94340 (세트)